I0644617

Kohlhammer

Praktische Theologie heute

Band 166

Ulrike Wagner-Rau
Emilia Handke (Hrsg.)

Provozierte Kasualpraxis

Rituale in Bewegung

Verlag W. Kohlhammer

1. Auflage 2019

Gesamtherstellung: W. Kohlhammer GmbH, Stuttgart
Reproduktionsvorlage: Dörte Mohme

Print:
ISBN 978-3-17-037060-9

E-Book-Format:
pdf: ISBN 978-3-17-037061-6

Inhaltsverzeichnis

Vorwort

Die Beiträge des vorliegenden Buches stellen überarbeitete und erweiterte Fassungen der Vorträge dar, die am 12. und 13. Oktober 2018 während der Tagung „Rituale in Bewegung. Kirchentheoretische und pastoraltheologische Herausforderungen" an der Philipps-Universität Marburg gehalten wurden. Sie führte Akteur*innen aus dem kirchlichen und nichtkirchlichen Bereich sowie aus Wissenschaft und Praxis zusammen. Wir danken allen Verfasser*innen für die Bereitschaft, ihre mündlichen Ausführungen weiter auszuarbeiten.

Überlegungen im Rahmen des DFG-Forschungsprojektes „Bestattungen im naturnahen Raum. Kirchliche Reaktion und theologische Verarbeitung" haben den Anstoß für diese Tagung gegeben. Sie und die Drucklegung des Buches wurden aus Mitteln dieses Projektes finanziert. Weiterhin danken wir für Druckkostenzuschüsse der Evangelischen Kirche in Hessen und Nassau, der Evangelisch-Lutherischen Kirche in Norddeutschland und der Evangelischen Kirche von Kurhessen-Waldeck.

Die Druckvorlage wurde umsichtig von Dörte Mohme erstellt. Florian Specker hat das Projekt vonseiten des Verlages unterstützt und begleitet. Auch ihnen gilt unser Dank.

Wenn wir von einer „Provozierte[n] Kasualpraxis" sprechen, dann macht dieser Titel deutlich, wie unterschiedlich die rituellen Veränderungsprozesse empfunden werden können: Als „Aufforderung", sich „anregen" und aus eigenen Selbstverständlichkeiten „herausrufen" zu lassen oder auch als „Reiz"-Thema, das verunsichert und Konflikte hervorruft (vgl. die unterschiedlichen Akzentuierungen des lat. „*provoco*"). Wir verstehen dieses Buch als Beitrag zu einer Ermutigung, sowohl in der Wissenschaft als auch in der Praxis vor Ort nach einer tragfähigen Kasualpraxis der Zukunft zu fragen und sich im rituellen Feld als Kirche im Dialog zu begreifen.

Marburg und Hamburg im Juli 2019

Ulrike Wagner-Rau und Emilia Handke

I Einführung

Provozierte Kasualpraxis

Zur Einleitung

Ulrike Wagner-Rau

1 Rituale in Bewegung

Rituale haben in den vergangenen Jahren nicht nur in der Theologie und in den Kirchen, sondern in Wissenschaft und Praxis überhaupt eine wachsende Aufmerksamkeit auf sich gezogen. In unübersichtlichen Zeiten, so schreiben Christoph Wulf und Jörg Zirfas, sollen sie „als lebensweltliche Scharniere [...] durch ihren ethischen und ästhetischen Gehalt eine unhintergehbare Sicherheit [...] gewähren".[1] Rituale ermöglichen das Umgehen mit dem Erleben von Kontingenz. Sie versprechen und inszenieren Gemeinsamkeit in individualisierten Lebensverhältnissen. Sie unterbrechen als Inseln[2] der Besinnung und des Feierns das oft rasende und überfordernde Tempo des Alltags. Mit klaren Strukturen ordnen und stabilisieren sie das Leben vor allem in erschütternden und bewegenden Schwellensituationen. Zugleich sind sie ein Spielfeld, auf dem vielfältige Lebensperspektiven sich probeweise entfalten können. Indem Vergangenes und Zukünftiges imaginiert, Ängste und Trauer ebenso wie Hoffnungsvolles und Vertrauensstiftendes in den rituellen Vollzügen inszeniert werden, deuten sich Schritte für den weiteren Weg an.[3]

Die Ritualpraxis schreibt sich in Körper, Psyche und Geist ein und stiftet einen sozialen und kulturellen Zusammenhang. Sie konstituiert und sucht sich besondere Orte und Zeiten. Sie benutzt Artefakte, die auch über den Moment hinaus bedeutungsvoll werden können. Durch Worte, Gesten, Bilder und Musik

---

1 *Christoph Wulf / Jörg Zirfas*, Performative Welten. Einführung in die historischen, systematischen und methodischen Dimensionen des Rituals, in: *Dies.* (Hg.), Die Kultur des Rituals. Inszenierungen, Praktiken, Symbole, München 2004, 7–45, 7.

2 Vgl. den – von Hartmut Rosa geprägten – Gebrauch des Begriffs der „Resonanzinsel" zum Verständnis der Kasualgottesdienste in: *Lutz Friedrichs*, Taufpraxis in liturgischer Perspektive, in: *Franziska Beetschen / Christian Grethlein / Fritz Lienhard* (Hg.), Taufpraxis. Ein interdisziplinäres Projekt, Leipzig 2017, 185–208.

3 Vgl. die ritualtheoretische Einführung zu diesem Thema in: *Ulrike Wagner-Rau*, Segensraum. Kasualpraxis in der modernen Gesellschaft, Stuttgart [2]2008, 114–129.

eröffnet sie einen Raum für die aktuell lebendigen Bedürfnisse nach Selbstreflexivität, Selbstinszenierung und Selbstvergewisserung, in dem Lebensübergänge im wahrsten Sinne des Wortes *begangen* werden. Dies zeigt sich nicht zuletzt im Bereich der lebensbegleitenden Rituale, die in diesem Band im Vordergrund des Interesses stehen.

Zugleich ist die Ritualpraxis als eine öffentlich geteilte Praxis erschüttert. Rituale, die von allen Mitgliedern der Gesellschaft als selbstverständliche Handlungen akzeptiert und praktiziert werden, gehören der Vergangenheit an. Liminale Vollzüge sind von liminoiden Phänomenen abgelöst worden.[4] Auch innerhalb der traditionsgebundenen christlichen Kirchen sind die Rituale mittlerwiele fluide, die Erwartungen der Menschen, die sie in Anspruch nehmen, vielfältig. Die klassischen liturgischen Vorgaben finden kaum noch unhinterfragte Zustimmung. Neu bearbeitete Agenden versuchen deshalb, den gesellschaftlichen Wandel zu berücksichtigen, indem sie von vornherein eine größere Auswahl von Handlungsmöglichkeiten anbieten. Aber auch die theologischen Deutungen z.B. des Todes oder der Ehe stehen zur Debatte, fordern eine hermeneutische Reflexion und Sprache, die sensibel ist für die religiösen Fragen und Ausdrucksformen der Gegenwart. Die Ritualpraxis – das zeigt sich auf allen Ebenen – sprengt allgemeine normative Vorgaben, sie wird immer bunter, individueller, beweglicher, teilweise auch schriller. Tendenzen zur Privatisierung drängen ihren öffentlichen Charakter zurück.

Wer wollte noch von sich wiederholenden, im sozialen Zusammenhang selbstverständlichen rituellen Strukturen sprechen, die im Sinne Arnold van Genneps einer Stabilisierung der Gesellschaft dienen?[5] Vielmehr ist die Ritualpraxis zunehmend zum spielerischen Schmelztiegel unterschiedlicher ästhetischer, religiöser und ethischer Vorstellungen geworden, trifft sie nicht selten eine eklektische Auswahl aus religiösen und ethnischen Traditionen. Gegenüber ästhetischen Argumenten spielen Traditionsbindung oder historische Bewusstheit eine geringere Rolle. Dies zeigt sich, wenn einzelne Vollzüge aus ihrer traditionellen Bindung herausgelöst und unter primär an der Performance orientierten Gesichtspunkten neu in Gebrauch genommen werden. Viel besprochenes Beispiel dafür ist der Wunsch der Braut, sich vom Vater in den Kirchraum hineinführen zu lassen – ein Wunsch, der meist jeder Aufklärung über den historischen Hintergrund dieses Rituals widersteht. Vorrangiges Motiv ist hier nicht, ob diese Geste der Vorstellung des Geschlechterverhältnisses innerhalb der

---

4 Vgl. *Victor Turner*, Vom Ritual zum Theater. Der Ernst des menschlichen Spiels, Frankfurt / M. 1995.

5 Vgl. *Arnold van Gennep*, Übergangsriten, Frankfurt / M. 1986 (dt. Übersetzung der Originalausgabe, Paris 1909).

Partnerschaft entspricht, vielleicht auch weniger der Wunsch, einen Loslösungsprozess von der Familie rituell zu inszenieren, wie man psychologisch deuten könnte, sondern der ästhetische Reiz einer Handlungsweise, die sich über Filme und Fernsehshows popularisiert hat.

Die neue Vielfalt erfordert ein hohes Maß an Abstimmung zwischen den Professionellen und denen, die Rituale in Anspruch nehmen. Eine Anbahnung des gemeinsamen Handelns braucht Zeit, Dialogbereitschaft und Konfliktfähigkeit. Die Einzelnen, Paare oder (familialen) Gruppen, die nach Ritualen fragen, wollen gehört, gewürdigt und in ihrer jeweiligen Lebenssituation ernst genommen werden. Sie bringen eigene Vorstellungen mit in den Prozess der Vorbereitung eines Rituals, denen die Anbietenden nicht immer folgen, aber mit denen sie sich jedenfalls respektvoll auseinandersetzen müssen. Die Vorbereitung ist bereits Teil des rituellen Prozesses. Denn die Potenz des Rituals, den Umgang mit Kontingenz zu unterstützen, entfaltet sich nicht zuletzt darin, dass man sich gemeinsam Gedanken über Ablauf und Gestaltung macht. Nicht nur die Auswahl von Bestattungsart, Grabstätte, Sarg und Blumenschmuck z.B. ist ja integraler Bestandteil eines aktiven Umgangs mit der Trauer, sondern ebenso das Nachdenken über Musik, Texte und mögliche Vollzüge, die in die Trauerfeier integriert werden sollen, und das Gespräch darüber mit einem kompetenten Gegenüber.

Die Berechtigung des Wunsches nach individueller Passung eines lebensbegleitenden Rituals ist unbestritten. Die Mehrzahl der Anbietenden von Ritualen – so wird es über die diversen weltanschaulichen Hintergründe der Autor*innen in diesem Band hinweg deutlich – ist sich einig in dem Bemühen, entsprechende Bedürfnisse aufmerksam wahrzunehmen und sorgfältig zu beantworten. Auch im kirchlichen und theologischen Kontext ist es weitgehend selbstverständlich, die Würdigung der jeweiligen lebensgeschichtlichen Themen und das theologische Profil der Kasualgottesdienste nicht als Widerspruch zu verstehen.[6] Freilich ist es für Pfarrpersonen, die traditionell als dominant Leitende des Rituals verstanden wurden, nach wie vor eine herausfordernde Umstellung, ihre Rolle in diesem Kontext stärker partizipativ zu bestimmen und anderen Beteiligten Spielraum und Einfluss in der Gestaltung zu geben. Das wird bei jeder Debatte in Pfarrkonventen deutlich, in denen dieses Thema auf der Agenda steht.

6 So argumentiert theoretisch bereits *Wilhelm Gräb*, Rechtfertigung von Lebensgeschichten. Erwägungen zu einer theologischen Theorie der kirchlichen Amtshandlungen, in: PTh 76 (1987), 21–38. In der pastoralen Praxis freilich wirkt das Postulat eines solchen Gegensatzes noch bis heute nach.

2 Ein signifikantes Forschungsfeld Praktischer Theologie

Die Kasualtheorie ist in den letzten Jahrzehnten zu einem der dominierenden Forschungsgebiete der Praktischen Theologie geworden. Dies ist nicht allein darin begründet, dass die große Bedeutung der lebensbegleitenden Gottesdienste für die Kirchenmitglieder durch die Kirchenmitgliedschaftsuntersuchungen der EKD in den Blick gekommen ist. Vielmehr erweist es sich immer wieder, dass die Praxis der Kasualien ein Feld darstellt, in dem sich der religionskulturelle Wandel der Gegenwart exemplarisch abbildet und das damit eine Fülle praktisch-theologischer Forschungsfragen generiert. Bedeutung und Charakter der kirchlichen Praxis insgesamt verändern sich im Kontext des gesellschaftlichen religiösen Feldes. Viele der damit verbundenen Herausforderungen zeigen sich gebündelt im Zusammenhang der Kasualpraxis und in den Debatten über sie. Folgende Aspekte stehen dabei im Vordergrund:

- Im Rahmen der Kasualien ist die kirchliche Praxis mit einer individualisierten und in vieler Hinsicht selbstbewussten Religiosität der Kirchenmitglieder konfrontiert. Gerade im Kasualgespräch zeigt sich oft, dass sich das religiöse Selbstverständnis kaum noch an institutionellen Vorgaben orientiert. Gleichwohl haben viele Menschen Gesprächs- und auch Informationsbedarf in religiöser und theologischer Hinsicht, sind sie offen für den Dialog, wenn man ihnen mit Interesse und Respekt begegnet.
- Die Inanspruchnahme der lebensbegleitenden Gottesdienste – lange als stabile Basis der Volkskirchlichkeit gesehen – geht kontinuierlich zurück. Es ist auch für Kirchenmitglieder nicht mehr selbstverständlich, die Kinder taufen zu lassen, kirchlich zu heiraten oder die Pfarrperson um die Gestaltung der Trauerfeier zu bitten. Die Frage der werbenden Präsentation der kirchlichen Angebote und auch der Personen, die für sie stehen, gewinnt damit an Bedeutung.
- Nach wie vor sind die Pfarrpersonen äußerst wichtig für die seelsorgliche, theologisch versierte, religiös und ästhetisch überzeugende Gestaltung der Kasualien und ihres Umfeldes. Zugleich aber vermindert sich ihre Deutungsmacht, wandelt sich ihre Rolle und verändert sich ihre Funktion von der unbestrittenen Leitung zum kooperierenden Mitspielen in einem Ensemble miteinander agierender Personen.
- Die wachsende religiöse Pluralität in unserer Gesellschaft ebenso wie die Herausforderungen des Dialoges mit Konfessionslosen spiegelt sich in der Kasualpraxis. Wie ist damit umzugehen, dass Eltern sich Paten für die Taufe

ihres Kindes wünschen, die keiner christlichen Kirche angehören? Wie sieht die angemessene Gestaltung des Traugottesdienstes für ein religiös diverses Paar aus? Wie berücksichtigt man die Tatsache, dass vor allem bei Beerdigungen und Konfirmationen meist eine Gottesdienstgemeinde versammelt ist, die weltanschaulich so bunt ist wie die Gesellschaft insgesamt? Pluralität gehört zum Wesenskern der protestantischen Kirchen. Trotzdem entstehen durch die Diversität in der je einzelnen Situation Fragen, um die in Theorie und Praxis gerungen wird. Dabei steht zur Debatte, wie jeweils eine unverwechselbare Positionalität, die sich gegebenenfalls vor klaren Abgrenzungen nicht scheut, mit einer offeneren, die impliziten und fluiden Religionsformen der Gegenwart integrierenden Haltung zu vermitteln ist. In den teils kontroversen Debatten über diese Fragen wird zugleich verhandelt, wie sich die Landeskirchen im Prozess des religionskulturellen Wandels formieren, wie weit oder wie eng die Orientierung am Bekenntnis ausgelegt wird, die das kirchliche Handeln leitet. Ebenso geht es darum, wie man im gesellschaftlichen Diskurs theologisch-hermeneutisch und sprachlich anschlussfähig bleibt angesichts des Plausibilitätsverlustes traditioneller Glaubensaussagen und Frömmigkeitspraktiken.

– Nicht zuletzt zeigt sich in der Kasualpraxis, dass zum Angebot der Kirchen in Fragen der Lebensbegleitung vielfältige Alternativen entstanden sind. Nicht nur therapeutische Berufe haben dem Pfarrberuf Funktionen genommen, sondern zunehmend gerät auch die rituelle Kompetenz der Pfarrpersonen unter den Druck, sich in einem diversen Feld von Angeboten behaupten zu müssen. Was das je Spezifische und Unverwechselbare des kirchlichen Angebotes ist, ist neu zu verhandeln. Außerdem entsteht die Frage, ob und wie der Pfarrberuf, dem im Kontext des parochialen Systems eine Fülle von Aufgaben zugeschrieben wird, der Konkurrenz der spezialisierten Anbieter*innen standhalten kann. Welche Vorteile hat es auch für die Gestaltung der Kasualgottesdienste, dass diese im Spektrum des pastoralen Aufgabenfeldes nur einen Ausschnitt darstellen? Und wo geraten die Pfarrpersonen strukturell bedingt gegenüber den Möglichkeiten anderer ins Hintertreffen?

In praktisch-theologischer Perspektive sind aber nicht nur die Herausforderungen für die Kirchen zu benennen, sondern entstehen auch kritische Rückfragen an die gegenwärtigen Entwicklungen der lebensbegleitenden Ritualpraxis. Was tut den Menschen gut und ist insgesamt lebensdienlich? Was entspricht dem christlichen Menschenbild und dem Zusammenleben in einer letztlich universal geglaubten Gemeinschaft? Und wie wird das christliche Grenzbewusstsein zur Geltung gebracht – die Überzeugung, dass der Mensch sein Leben nicht in der

Hand hat, sondern in entscheidenden Aspekten angewiesen und abhängig ist? Weil diese Fragen unterschiedlich beantwortet werden, ist es auch in der Theologie und in der Kirche umstritten, wo Kooperation gefragt ist und wo Unterscheidung, welche Wünsche und Bedürfnisse auf Akzeptanz stoßen und welche Konfrontation oder gar Ablehnung erfordern. Exemplarische Aspekte solchen kritischen Rückfragens sind die Folgenden:

- Wo liegt die Grenze zwischen einer respektvollen und heilsamen Würdigung von Menschen im Kontext eines lebensbegleitenden Rituals und einer tendenziell unheilvollen, im problematischen Sinn narzisstischen Inszenierung, bei der die Wahrhaftigkeit und die Ambivalenz der Lebenswirklichkeit der Beteiligten auf der Strecke bleibt? Mit diesem Aspekt hängt die Frage zusammen, welche Momente in der Ritualpraxis die Beteiligten nicht nur bestätigen, sondern sie auch produktiv erschüttern. Hier geht es also um eine Balance in der begleitenden Funktion des Rituals auf der einen und seiner begegnenden, konfrontierenden Funktion auf der anderen Seite.[7]
- Ebenfalls bedenkenswert ist das Verhältnis zwischen aktiver Mitgestaltung der Beteiligten und passivem Empfangen. Was heißt und bewirkt es, selbst aktiv zu werden, und was, die Kontrolle aufzugeben und sich etwas sagen oder widerfahren zu lassen? Dieses Spannungsverhältnis steht nicht nur im Blick auf die Formen der Gestaltung zur Debatte, sondern es impliziert auch ein spezifisches Verständnis der fraglichen Lebenssituation in psychologischer wie in geistiger und geistlicher Hinsicht.
- Nicht zuletzt ist die Frage zu stellen, ob und wie jeweils ein überpersönlicher, im weitesten Sinn transzendenter Bezugspunkt im Ritual zu erkennen ist, von dem her potenziell Lebensgewissheit und Hoffnung in beunruhigenden Lebensverhältnissen zu finden ist. Dass Menschen im Ritual etwas erfahren und hören wollen, was sie sich nicht selbst geben und sagen können, hat Wilhelm Gräb im Blick auf die christliche Kasualpraxis postuliert.[8] Gilt dieser Anspruch nicht generell für lebensbegleitende Rituale, auch wenn die, die sie anbieten, sich keiner religiösen Tradition zugehörig fühlen?

---

7 Vgl. die Darstellung der entsprechenden Beziehungsmodi in der Seelsorge in: *Michael Klessmann*, Seelsorge. Begleitung, Begegnung, Deutung im Horizont des christlichen Glaubens. Ein Lehrbuch, Neukirchen / Vluyn [2]2009, 35–40.

8 Vgl. *Gräb* (Anm. 6), 33.

- Schließlich ist es ein Problem, inwieweit Rituale ohne eine traditionelle Ritualisierung funktionieren oder wie Menschen ohne rituelle Übung und Erfahrung sich in einem Ritual so einfinden können, dass sie Gewinn davon haben. Denn Vertrautheit und Selbstverständlichkeit auf der einen und Individualität bzw. Kreativität auf der anderen Seite ergänzen sich nicht ohne weiteres zu einem überzeugenden Zusammenspiel.

3 Die Konzeption dieses Buches

Die Pluralisierung der lebensbegleitenden Ritualpraxis macht sich nicht nur an der wachsenden Vielfalt ihrer Formen und Gestaltungen fest, sondern zeigt sich ebenso – wie oben bereits erwähnt – in einer Erweiterung des Kreises derer, die solche Rituale anbieten. Bis in die letzten Jahrzehnte des 20. Jahrhunderts hinein dominierten in der BRD die Kirchen dieses Feld. Einzig die Bestattungspraxis wurde in einem kleinen Segment auch von Bestattungsunternehmen und konfessionsfreien Trauerredner*innen wahrgenommen.

Anders freilich war bereits seit längerem in der DDR nicht nur die Bestattungspraxis bei zunehmender Konfessionslosigkeit der Menschen weitgehend in der Hand der Bestattungsinstitute. Neben Konfirmation und Firmung, die schließlich nur noch wenig Resonanz fanden, hatte sich mit der Jugendweihe ein vom DDR-Staat mit Druck gefördertes und – anders als die marginal bleibende sozialistische Namensweihe – zunehmend stark nachgefragtes Adoleszenz-Ritual etabliert.[9]

Spätestens nach der Wiedervereinigung machte sich insgesamt in Deutschland der abnehmende Einfluss der Kirchen im Bereich der lebensbegleitenden Rituale bemerkbar, während zugleich die Zahl der Ritualangebote auf dem freien Markt beständig wuchs, deren Angebot mittlerweile für alle kirchlichen Handlungen auch nichtkirchliche Äquivalente aufweist. Immer deutlicher wird gesehen und ansatzweise praktisch-theologisch und kirchlich thematisiert, dass unterschiedliche Akteur*innen im Feld der Ritualpraxis nebeneinander, teils auch miteinander aktiv sind.[10] Sie alle sind in die dynamischen Prozesse der gesellschaftlichen Veränderung und die Mediatisierung der Kommunikation verwickelt. Sie suchen ihr jeweiliges Profil und ihren Stil zwischen den Erwartungen

---

9 Vgl. *Albrecht Döhnert*, Jugendweihe zwischen Familie, Politik und Religion. Studien zum Fortbestand der Jugendweihe nach 1989 und die Konfirmationspraxis der Kirchen, Leipzig 2000.

10 Dies gilt z.B. für die Einschulungsgottesdienste, die zuweilen Vertreter*innen verschiedener Religionsgemeinschaften miteinander feiern.

der Menschen und dem je eigenen weltanschaulichen oder religiösen Hintergrund. Sie stehen ohne Zweifel miteinander in Konkurrenz.[11] Aber sie beeinflussen sich auch gegenseitig, können voneinander lernen, sprechen unterschiedliche Bevölkerungsgruppen mit ihrem spezifischen Angebot an. Sie bespielen gemeinsam ein fluides, dynamisches Feld, in dem Differenzen bzw. Verbindungslinien nicht ohne weiteres auf der Hand liegen.

Dieses Feld insgesamt in den Blick zu nehmen, war das Ziel einer Tagung an der Philipps-Universität Marburg im Oktober 2018, deren überarbeitete und erweiterte Beiträge in diesem Band zusammengefasst sind. Das Strukturprinzip der Tagung, das sich als produktiv erwiesen hat, wurde auch für die schriftliche Fassung beibehalten.

Den Auftakt des Buches bildet ein weit angelegtes Panorama der Rituallandschaft aus einer ritualtheoretischen Perspektive, die ihre Kontur in den Niederlanden gewonnen hat. Damit kommt eine religiöse Situation in den Blick, in der Prozesse der Diversifizierung, die sich auch in Deutschland abzeichnen, deutlich weiter fortgeschritten sind. Ohne dass man voraussagen könnte, ob dies der zukünftigen Situation in Deutschland entsprechen wird, ist der Blick über die Grenze aufschlussreich. Er schärft die Wahrnehmung dafür, dass sich ein höchst lebendiges rituelles und religiöses Leben neben und jenseits der kirchlichen Praxis entwickelt hat.

Der Hauptteil des Buches ist dialogisch angelegt. Unterschiedliche Akteur*innen aus den Kirchen und Anbieter*innen auf dem freien Markt stellen ihre jeweiligen Handlungsweisen und Motive vor. Praktisch-theologische Reflexionen reagieren darauf und formulieren Einsichten zur Ritualpraxis insgesamt, stellen kritische Rückfragen und ziehen Folgerungen für die kirchliche Praxis. Dieser Teil des Buches ist darauf angelegt, die jeweiligen Ansätze und Handlungsweisen aus der Perspektive der Anbietenden kennen zu lernen und auf der Basis einer wertschätzenden wechselseitigen Wahrnehmung voneinander zu lernen, sich gegenseitig anzuregen und herauszufordern.

Den Schluss bilden zwei Beiträge, die – in Resonanz auf die vielfältigen Praxisberichte und deren praktisch-theologische Reflexion – die Perspektive auf die kirchentheoretischen Konsequenzen sowie die Auswirkungen auf das Verständnis des Pfarrberufs zuspitzen. Wie kann sich das kirchliche Handeln in der Ritualdynamik der Gegenwart produktiv orientieren?

Es waren zunächst vor allem kirchentheoretische und pastoraltheologische Interessen, die bei der Planung der Tagung leitend waren. Die Herausforderungen an die Pfarrpersonen und anderen kirchlichen Mitarbeitenden, die in der Kasualpraxis der Gegenwart bestehen, sollten präziser fokussiert werden. Zum

---

11 So auch in: *Evangelische Kirche in Deutschland* (Hg.), Herausforderungen evangelischer Bestattungskultur. Ein Diskussionspapier, Hannover 2004.

anderen – und eng mit den pastoraltheologischen Fragen verbunden – standen kirchentheoretische Fragen zur Debatte, besonders die, inwieweit die Möglichkeiten der Ortsgemeinde den Herausforderungen heutiger Kasualpraxis entsprechen. Werden die bestehenden Strukturen auch Menschen gerecht, die sich dem Christentum zugehörig fühlen, aber kaum Kontakt zur Ortsgemeinde haben? Inwieweit ist überhaupt sinnvollerweise von einem Kontakt vieler Kasualbegehrenden zur „Gemeinde" zu sprechen? Welche Formen von Gemeinde verwirklichen sich in diesem Praxisfeld und welche Art von Kommunikation braucht es, um eher fluiden Formen kirchlicher Gemeinschaft gerecht zu werden?

Für viele dieser Fragen bot die Tagung anregende Impulse und weiterführende Gedanken. Ihr besonderer Reiz aber lag darin, dass kirchliche und Anbieter*innen auf dem freien Markt in einen Dialog miteinander eintraten und sich damit der Horizont des begleitenden praktisch-theologischen Nachdenkens produktiv erweiterte. So, wie die Ritual- und Kasualpraxis selbst in zunehmendem Maß Gesprächsbereitschaft und Offenheit dafür braucht, sich mit Gedanken und Handlungsoptionen aus diversen Kontexten auseinanderzusetzen, gewinnt auch das wissenschaftliche Nachdenken über diese Praxis, wenn es vielfältige Perspektiven integriert. Die Veröffentlichung der Tagungsbeiträge in diesem Buch verbindet sich mit dem Wunsch, dass das Anregungspotenzial des begonnenen Austausches eine breitere Wirkung entfalten möge.

Ein Panorama der Ritualdynamik

Bereiche und Trends

Paul Post

1 Ein Panorama der Ritualdynamik

Lassen Sie uns mit einem Überblick anfangen: Welche Arten von Ritualen umgeben uns?[1] Ich beginne mit dem traditionellen, institutionell verankerten religiösen Repertoire. Hier wird zunächst der fortschreitende Verfall etablierter religiöser Rituale sichtbar, der sich im öffentlichen Raum in den überflüssig gewordenen Kirchengebäuden und die Diskussionen über ihren Abriss, Verkauf oder ihre Umnutzung zeigt.[2] Aber zugleich, paradoxerweise, werden neue religiöse Gebäude sichtbar, besonders Moscheen und Kirchen von migrantischen Gemeinschaften. Obwohl all diese leeren, überzähligen Kirchengebäude, Kapellen

---

1 Dies ist eine ausgearbeitete und annotierte Version des Eröffnungsvortrags der Wissenschaftlichen Tagung „Rituale in Bewegung“ die am 12. und 13. Oktober 2018 in der Alten Universität Marburg stattfand. Der englische Originaltext wurde ins Deutsche übersetzt. Für das „Panorama der sakral-rituellen Bereiche“ (2) wiederhole ich den Inhalt früherer englischer und deutscher Vorträge und Publikationen (siehe ausgewählte Literaturhinweise in Anm. 4). Die aktuellste Publikation in diesem Zusammenhang ist: *Paul Post*, Sakrale Dynamik: Mapping the fields, in: *Johannes Stückelberger* (Hg.), Die Stadt als religiöser Raum (Papers of the Symposium, Bern 17 bis 18 Febr. 2017) [im Druck]. Der Abschnitt über Ritualkritik, gegenwärtige Trends und Tendenzen (4) ist bereits auf Holländisch erschienen in: *Paul Post*, Goede wijn behoeft geen krans. Over actuele rituele competentie (Funeraire Academie Teksten 1), Utrecht 2018, 1–6, vgl. www.totzover.nl/media/filer_public/42/e8/42e88656-4bc2-4dbb-94b8-cb03c574643b/funeraire_academie_tekst_1_paul_post_2018.pdf (Abruf 22.03.2019).

2 *Paul Post*, Voorbij het kerkgebouw. De speelruimte van een ander sacraal domein, Heeswijk 2010; *Ders.*, De actuele positie van kerkgebouwen in Nederland. Het perspectief van ‘open sacraliteit’ nader verkend, in Jaarboek voor liturgieonderzoek / Yearbook for Ritual and Liturgical Studies 32 (2016) 143–166; *Ders.*, Die aktuelle Lage der Kirchenbauten in den Niederlanden: Die Perspektive der „offenen Sakralität“, in: *Albert Gerhards / Kim de Wildt* (Hg.), Wandel und Wertschätzung. Synergien für die Zukunft von Kirchenräumen (Bild – Raum – Feier. Studien zu Kirche und Kunst), Regensburg 2017, 137–154; *Ders.*, Complexity and conflict. The contemporary European church building as ambiguous sacred space, in: *Paul Post / Philip Nel / Walter van Beek* (Hg.), Sacred spaces and contested identities. Space and ritual dynamics in Europe and Africa, Trenton 2014, 241–265.

und Klöster ein großes Problem darstellen, wäre es daher einseitig, sich nur auf den Verfall und auf traditionelle, institutionalisierte Formen von Ritual und Religion zu konzentrieren. Meine Intention in diesem Beitrag ist es zu zeigen, dass eine umfassendere Perspektive nötig ist: Welche Zonen oder Bereiche sind in unserer Kultur „sakral“, durch Rituale hervorgehoben und markiert?

Ein solch weiter und offener Blick auf die gegenwärtige Ritualdynamik ist notwendig, um die Landschaft religiöser Rituale zu kartografieren. Denn das ist das „sakrale Milieu“: die Umgebung, in der wir leben. Was für eine Art von Panorama eröffnet eine solch weite Perspektive?

Ich benutze bewusst den Begriff der Panoramaperspektive. Von einem bestimmten, persönlichen Standpunkt aus sehe ich mich um, übersehe die Landschaft, den Bereich vor mir. Das kann eine sehr allgemeine Übersicht sein oder eine detailliertere, geordnete. Ich kann verschiedene Gegenden und Bereiche unterscheiden, ähnlich wie vom höchsten Punkt der alten (holländischen) Tafelberge aus mithilfe eines Orientierungssteins ein Panorama angeordnet und mit Texten erklärt wurde.[3] In den Niederlanden gibt es eine lange Tradition von Panoramen auch auf Papier, als Druck oder als Gemälde.

In der Tradition dieser Panoramen stelle ich in meinem Beitrag einen Überblick über aktuelle Ritualdynamik vor. Dabei möchte ich als zentrales Element den Standort eines Betrachters in einem Panorama einnehmen: in diesem Fall die Perspektive eines Wissenschaftlers aus den Niederlanden, der *ritual studies* mit einem theologischen und liturgischen Forschungshintergrund betreibt.

2 Das Panorama der sakral-rituellen Bereiche

Ich habe mit einem sehr allgemeinen Panorama begonnen, indem ich den Rückgang und die Krise traditioneller religiöser Rituale in den Blick genommen habe, wie er sich im Phänomen der ungenutzten Kirchengebäude widerspiegelt. Lassen Sie uns nun vier große Bereiche – oder sakral-rituelle Felder – unterschei-

3 *Paul Post*, Panorama of current ritual-liturgical inculturation and participation in the Netherlands: sketch and perspective, in: Questions liturgiques / Studies in Liturgy 85, 1–2 (2004) 30–67; *Ders.*, Das aktuelle Panorama rituell-liturgischer Inkultuation und Partizipazion in den Niederlanden, in: *Martin Klöckener / Benedikt Kranemann* (Hg.), Gottesdienst in Zeitgenossenschaft. Positionbestimmungen 40 Jahre nach der Liturgiekonstitution des zweiten Vatikanischen Konzils, Fribourg / Freiburg Schweiz 2006, 221–261.

den, in denen wir zusammenhängende, wiedererkennbare und lokalisierbare rituelle Repertoires erkennen können.[4] Auf den theoretischen Hintergrund der Konzepte „Ritual", „Sakralität" und „Religion" gehe ich später ein.

2.1 *Der Bereich der Religion*

Zunächst gibt es den Bereich der Religion, auf den ich nun kurz eingehe. Hier gibt es immer noch sakrale Räume, Kirchen, Moscheen, Synagogen und Tempel. Und, wie bereits erwähnt, sollte man hier nicht nur auf den Rückgang schauen. Für Großbritannien gibt es dank der Kirchenstatistik Daten, die ein interessantes Bild ergeben:[5]

Jahr	**Gesamtzahl der Kirchen**
2008	49.727
2013	50.660
2020 (geschätzt)	51.275

4 Siehe Anm. 1; die „Bereiche" wurden bereits veröffentlicht in: *Post*, Voorbij het kerkgebouw (Anm. 2), Teil IV 8–11; *Ders.*, Fields of the sacred: reframing identities of sacred places, in: *Paul Post / Arie L. Molendijk / Justin Kroesen* (Hg.), Sacred places in modern western culture, Leuven / Paris / Walpole, MA 2011, 13–59; *Ders.*, From identity to accent. The ritual studies perspective of fields of the sacred, in: Pastoraltheologische Informationen 33,1 (2013) 149–158; Lexikonartikel „Ritual Studies", in: Oxford Research Encyclopedia of Religion, Oxford UP (New York / Oxford 2015), frei zugänglich unter: www.religion.oxfordre.com/view/10.1093/acrefore/9780199340378.001.0001/acrefore-9780199340378-e-21 , 7 (Abruf 03.07.2019); *Post*, Sakrale Dynamik (Anm. 1); vgl. zwei weitere kurze deutsche Veröffentlichungen über die „Bereiche": *Paul Post*, Cyberspace as ritual space, in: *Albert Gerhards / Kim de Wildt* (Hg.), Der sakrale Ort im Wandel (Studien des Bonner Zentrums für Religion und Gesellschaft vol. 12), Würzburg 2015, 269–282, 272; *Ders.*, De actuele positie van kerkgebouwen in Nederland (Anm.2), 146.

5 www.eauk.org/church/research-and-statistics/how-many-churches-have-opened-or-closed-in-recent-years.cfm (Abruf 02.05.2019). Siehe zusätzlich die neueste Ausgabe: *Peter Brierly* (Hg.) UK Church Statistics no. 3, Tonbridge, Kent 2018.

Es gibt also insgesamt einen Zuwachs an Kirchengebäuden in Großbritannien. Wenn man die Zahlen in Bezug auf die Denominationen im Zeitraum von 2008 bis 2013 betrachtet, differenziert sich das Bild:

Denomination	**Neueröffnungen**	**Schließungen**	**Nettounterschied**
Anglikaner	0	324	- 324
Baptisten	1	76	- 75
Unabhängige	104	112	- 8
Methodisten	4	813	- 809
Neue Kirchen	256	4	+ 252
Pfingstler	640	2	+ 638
Presbyterianer	9	183	- 174
Kleinere Denominationen	1.937	38	+ 1.899

Es ist deutlich erkennbar: Traditionelle Kirchengebäude, vor allem solche im neugotischen Stil, werden geschlossen – neu aufkommende Kirchen, besonders in größeren Städten, verzeichnen einen Zuwachs. In allen Städten Europas lässt sich das feststellen. Migrant*innen gründen überall neue Gemeinschaften mit neuen Kirchen.
Und außerdem: Was genau ist überhaupt ein Kirchengebäude, ein liturgischer Ort? Ghanaische Christ*innen treffen sich in Amsterdam sonntags zum Gottesdienst in Autowerkstätten, und es gibt ein riesiges Netzwerk von Stille- und Meditationszentren in ganz Europa.[6]

2.2 *Erinnerungskultur*

Der zweite Bereich ist der der Erinnerungskultur, der Denkmäler und Gedenkstätten, unserer Beschäftigung mit der Vergangenheit. Dieser Bereich boomt und ist in unserer Kultur eindeutig dominant. In den Ritualen rund um den Tod lässt sich vielleicht die größte Dynamik und Kreativität finden. Aber es gibt auch ein großes Repertoire des Gedenkens in Bezug auf die beiden Weltkriege, des Gedenkens an Katastrophen, Krisen, Terrorattacken und Amokläufe.

6 *Jorien Holsappel-Brons*, Ruimte voor stilte. Stiltecentra in Nederland als speelveld van traditie en vernieuwing (Netherlands Studies in Ritual and Liturgy 10), Groningen / Tilburg 2010.

Die Palette der Erinnerungskultur ist breit gefächert. Sie reicht von spontanen Reaktionen auf plötzlichen unverschuldeten Tod, Unfall, Selbstmord oder Terrorattacken, wenn die Bevölkerung den Ort mit Blumen, Lichtern, Stofftieren, kurzen Botschaften und Gedichten markiert,[7] bis zu verschiedensten nachträglichen Ritualen, die oft erst Jahrzehnte nach einem Ereignis auftauchen.[8]
In vielen Europäischen Ländern besteht die Holocaust-Erinnerungskultur vor allem aus solchen verschobenen Ritualen, die sich erst Jahrzehnte später – und oft nach kontroversen Diskussionen – etablieren. Ein markantes Beispiel dafür ist das Holocaust-Denkmal in Berlin.[9]

2.3 *Kunst und Kultur*

Den dritten Bereich bezeichne ich als Kunst und Kultur. Dieser rituelle Bereich beinhaltet die Künste, Theater, Denkmäler genauso wie das Thema der *heritage culture*. Hier zeigt sich eine Überschneidung mit dem vorhergehenden Bereich. Man spricht von der *heritagization* unserer Kultur, die auch das Sakrale und die Rituale umfasst.[10] Gregorianische Choräle, Requiems und Passionen erfreuen sich höchster Beliebtheit, aber nicht als liturgische Elemente. Sie sind Teile dessen, was „Alte Musik" genannt oder als entspannende *musica sacra* genossen wird, wobei OSB (*Ordo Sancti Benedicti*) manchmal fälschlicherweise als beliebtes Plattenlabel verstanden wird.[11] Museen werden oft als die modernen Kirchen und Kathedralen bezeichnet. Als Beispiel nenne ich hier das Bonnefantenmuseum in Maastricht, das von dem italienischen Architekten Aldo Rossi nach dem Vorbild von *Santa Maria del Fiore* in Florenz, der berühmten Brunelleschi-Kuppel

---

7 *Peter Jan Margry / Cristina Sánchez-Carretero* (Hg.), Grassroots memorials. The politics of memorializing traumatic death, New York / Oxford 2011.

8 *Laurie Faro*, Postponed monuments in the Netherlands. Manifestation, context, and meaning (PhD study Tilburg University 2015).

9 *Paul Post*, Living memory tussen Zivilreligiös herdenken, kunst, healing en attractie. Over de meervoudige identiteit van een Holocaustmonument, in: Jaarboek voor liturgieonderzoek / Yearbook for Liturgical and Ritual Studies 27 (2011) 87–111; *Faro* (Anm. 8).

10 Vgl. das HERA Projekt, The heritagization of religion and the sacralization of heritage in contemporary Europe, www.heranet.info/projects/hera-2016-uses-of-the-past/the-heritagization-of-religion-and-the-sacralization-of-heritage-in-contemporary-europe/ (Abruf 01.11.2018); *Yaniv Poria*, The story behind the picture: Preferences for the visual display at heritage sites, in: *Emma Waterton / Steve Watson* (Hg.), Culture, heritage and representation, Farnham 2010, 217–228, 218–224.

11 In Bezug auf die Überschneidungen zwischen Musik, Kultur, Ritualen und Religion / dem Sakralen siehe: *Lieke Wijnia*, Making sense through music. Perception of the sacred at Festival Musica Sacra Maastricht (PhD study), Tilburg University 2016.

des Doms, konzipiert wurde.[12] Es ließen sich zahlreiche weitere Beispiele anführen, bei denen Kunst, Sakralität und Religion in Ritualen miteinander verschmelzen.

2.4 *Freizeitkultur*

Einen letzten großen Bereich stellt die Freizeitkultur dar, das weite Feld der Entspannung, der Erholung (besonders in der Natur), des Reisens und Erkundens von Landschaften und der Festivals. Zwei große Teilbereiche hier sind Sport und Tourismus. Unter Soziologen besteht weitgehend Konsens darüber, dass Sport und Tourismus nicht nur die westliche Kultur maßgeblich prägen, sondern zugleich globale Dimensionen haben. Beide Felder sind wirtschaftlich und kulturell enorm einflussreich. In diesen Kontext gehört für mich das Beispiel der „Postchristlichen Kapelle", die in einem Naturschutzgebiet mitten in den Niederlanden gebaut wurde, in *De Oostvaardersplassen*, einer trockengelegten Polderlandschaft. Dabei handelt es sich um ein „Natur-Erlebnis Zentrum", von dem aus man bei einem Sonntagsausflug durch das Fensterglas die Aussicht auf die Natur, die sich vor einem ausbreitet, genießen und meditieren kann.[13]

2.5 *Coping und Heilung*

Bevor ich ausführlicher auf die Dynamik eingehe, die wir mithilfe dieser vier Bereiche des Rituals und des Sakralen nachvollziehen können, möchte ich noch etwas zu den Bereichen insgesamt anmerken. Natürlich bietet die Aufteilung in diese Bereiche nur ein bestimmtes und begrenztes Bild dessen, was sich in Bezug auf Rituale in unserer Kultur abspielt. Und die Gebiete haben selbstverständlich allerlei gemeinsame Charakteristiken und Dimensionen.

Eine dieser Dimensionen sei hier explizit genannt, weil ich sie für grundlegend halte. Alle Rituale zielen auf *Coping* ab, sind Strategien, um Zugang zu Rettung und Heilung zu bekommen. Dieses Moment zieht sich wie ein roter Faden durch alle Bereiche. Rituale sind Beschwörungen, Exorzismen und Bewältigungsstrategien, um das Böse zu bannen und Kontingenzerfahrungen zu bearbeiten. Unsere Rituale sind vor allem Heilungsriten. Schwellenrituale, die die Geburt, den Übergang ins Erwachsenwerden, Partnerschaft, Krankheit und Tod markieren, auch Erinnerungsrituale und Schweigemärsche: Sie alle sind Versuche, das Böse zu vertreiben und uns vor Leid zu beschützen. All unsere Rituale,

12 www.bonnefanten.nl/nl/ (Abruf 01.11.2018).
13 www.deoostvaarders.nl/ (Abruf 01.11.2018).

ausgeklügelt und komplex, traditionell, neu entstehend und klein, öffentlich und privat, sind apotropäisch und prophylaktisch. Die Taufe ist eher ein Ritual, bei dem um Rettung und Segen für das Kleinkind gebeten wird, als eine Einführung in die christliche Tradition und Gemeinschaft; christliche Erstkommunion ist normalerweise die letzte Kommunion, weil sie vor allem ein beschützendes Initiationsritual ist, das kaum noch eine Beziehung zur Eucharistie hat; unser Hochzeitsritual ist ein Beschwörungsritual für eine fröhliche, harmonische und ewigwährende Beziehung, obwohl wir wissen, dass mehr als jede dritte Ehe geschieden wird; und für Krankheit und Todesfälle haben wir Rituale, die sich mit Kontingenz und Unglück beschäftigen und mithilfe derer wir die Todesdrohung abwehren.[14]

2.6 *Dynamische Bereiche*

Zurück zu unseren dynamischen Bereichen. Mit ihrer Hilfe kann ich die Ritualdynamik analytisch erfassen und verfolgen. Sie helfen, Spannungen, Streitfälle und Kontroversen wahrzunehmen und zu verstehen. Es wird ein Ritualtransfer erkennbar. „Erfolg und Misserfolg" von Ritualen können erklärt und sogar vorausgesagt werden. Insgesamt ermöglicht es die Differenzierung der Bereiche ein klareres Bild der grundlegenden Dynamiken, der weitreichenden Komplexität, der Vielfalt und der Fluidität unserer Rituale zu bekommen. Im Folgenden wende ich diese analytischen Perspektiven auf einige Beispiele an.

Wenn Madonna in ihrer Show *Confessions* (2006) singend am Kreuz hängt, spielt sie in ihrer popmusikalischen Performance natürlich mit den Bereichen der Religion und der Kunst.[15] Was für die Einen kreativ und anregend ist, gilt den Anderen als provokativ und gotteslästerlich.

In der preisgekrönten Fotoserie *Auschwitz Tourism* (2008) von Roger Cremers treffen amerikanischer Tourismus und Auschwitz als sakraler Erinnerungsort aufeinander.[16] Der Betrachter sieht und fühlt die Spannung sofort, irgendetwas ist offensichtlich falsch.

---

14 *Paul Post*, Om heil en genezing te vinden... Het perspectief van ritueel-sacrale velden, in: *Rien van Uden / Jos Pieper* (Hg.), Ritualiteit tussen heil en heling (Geestelijke Volksgezondheid 2e Serie), Tilburg 2012, 173–191.

15 Vgl. www.mtv.com/news/1532204/madonna-hangs-on-a-cross-knocks-world-leaders-in-tour-kickoff/ (Abruf 05.10.2018).

16 www.rogercremers.com/world-war-two-today/tourist-behaviour-in-auschwitz/ (Abruf 05.10.2018).

Vor unseren Kathedralen bilden sich lange Menschenschlangen, oft in Tourist*innen bzw. Besucher*innen einerseits und Gläubige bzw. Gottesdienstbesucher*innen andererseits unterschieden. Aber trotzdem besuchen beide Gruppen denselben Ort. Inwiefern unterscheiden sich die Erlebnisse der beiden Gruppen, was unterscheidet ein religiöses Erlebnis von einem touristischen?

In Bezug auf den „Erfolg" eines Rituals im Sinne der Beliebtheit, der Wirkung, des Marktwerts und der Zahl der Teilnehmenden zeigt es sich, dass ein rituelles Repertoire, das in so vielen Bereichen wie möglich und am besten in allen vieren verankert ist, die besten Aussichten auf Erfolg und Einfluss hat, weil es offensichtlich tief in unserer Kultur verwurzelt ist. Ein eindrückliches Beispiel dafür ist der *Camino*, der Pilgerweg nach Santiago de Compostela.[17]
Über Jahre hinweg hat dieses Ritual eine unvergleichliche Erfolgsgeschichte erlebt. Mich überrascht das nicht; denn es ist in allen vier Bereichen der Ritualdynamik verankert. Unübersehbar ist die religiöse Dimension. Der „Weg" ist für viele eine Reise in die Vergangenheit – man folgt mittelalterlichen Spuren, manche kleiden sich wie Pilgernde vergangener Zeiten. Aber gleichzeitig ist der *Camino* eine Kunst- und Kulturreise. Natürlich ist es auch eine Freizeitbeschäftigung, ihn zu begehen – der Topos des Pilgers und Touristen ist ja allseits bekannt.[18] Und die Dimension der Heilung ist auch immer präsent: Man hat einen Grund für die Reise, man versucht, mit einem Burnout zurecht zu kommen, mit dem Verlust des Jobs, mit einer Trennung, dem Verlust eines geliebten Menschen, man sucht spirituelle oder körperliche Heilung. Kurz und gut: Der moderne *Camino* ist ein hermeneutisch offener Raum, den sich verschiedene Menschen auf ihre je eigene Weise aneignen können, und damit ist er *das* Modell moderner Ritualdynamik schlechthin.

Darüber hinaus bietet die Unterscheidung der vier Bereiche Einsicht in das Ineinander-Übergehen und die Wandlungsfähigkeit, die die aktuelle Ritualdynamik charakterisieren. Denn – wie wir anhand des Camino aufgezeigt haben – sind die Bereiche nicht statisch, sondern dynamische Räume ritueller Aneignungen.

---

17 *Suzanne van der Beek*, New pilgrim stories. Narratives, identities, authenticity (PhD study), Tilburg University 2018; *Paul Post*, Profiles of pilgrimage: on identities of religion and ritual in the European public domain, in: Studia Liturgica 41,2 (2011[2012]) 129–155; *Paul Post / Suzanne van der Beek*, Doing ritual criticism in a network society. Online and offline explorations into pilgrimage and sacred place (Liturgia condenda 29), Leuven / Paris / Bris-tol 2016.

18 *Paul Post*, De pelgrim en de Toerist. Verkenning van een topos, in: Nederlands Theologisch Tijdschrift 67,2 (2013) 135–149; *Ders.*, Religion and tourism: Beyond the pilgrim and the tourist. Introduction, in: Jaarboek voor liturgieonderzoek / Yearbook for Liturgical and Ritual Studies 30 (2014) 11–14; *Post / Van der Beek* (Anm. 17), 25–36.

Die Dynamik von Ritualen ist komplex und polyzentrisch. Klöster und Abteien sind immer noch religiöse Zentren, aber gleichzeitig Orte der Entspannung. Moderne Krematorien sind Orte für Rituale im Umgang mit dem Tod, aber gleichzeitig Orte der Begegnung, für Kunst und Kultur, Ausstellungen und Theatervorstellungen, Räume für gesellschaftliche Anlässe und gemeinsames Essen. Huub Oosterhuis, der in seinem hohen Alter noch sehr aktiv ist, träumt von einem Netzwerk, von *bezield verband plekken* – neuen spirituellen Begegnungsorten, die offene, rituelle Orte darstellen. Im Zentrum Amsterdams hat er *De Nieuwe Liefde* gegründet, die „Neue Liebe", der Website zufolge „ein Zentrum für Studium, Kontemplation und Diskussion, ein Raum für Spiritualität und Religion, eine Bühne für Poesie, Musik und Theater".[19]

Diese Aufgabenbeschreibung spiegelt genau die hier differenzierten Bereiche wider, das identische Kontinuum von Religion, Ritualen und dem Sakralen. Und wenn man das Gebäude betritt, sieht man offene, weiße Räume – offen für genau diesen *flow* der Aneignungen!

3 Intermezzo: Einige Bemerkungen zum Ritual

Von unserem imaginären Tafelberg aus haben wir das Panorama der Rituallandschaft überblickt und sie zunächst grundlegend geordnet und klassifiziert. Vom Panorama und den beschriebenen Bereichen ausgehend mache ich nun zwei weitere Schritte, die analytischer und kritischer sind. Zuerst steige ich etwas tiefer in die Triade Ritual – Religion – Sakralität ein, die ich im Zusammenhang der Bereiche eher implizit eingeführt habe. Anschließend mache ich einen normativen Schritt, indem ich frage: Was macht ein „gutes Ritual" aus? Was ist Ritualkompetenz? Und außerdem: Was sind die aktuellen Trends in Bezug auf rituelles Handeln und Performance?

3.1 Ritual

Zuallererst: Die zentrale Frage, die wiederholt aufkommt, auch wenn wir oft versuchen, sie zu umgehen, ist: Was ist ein Ritual? Oder besser: Was verstehe ich unter „Ritual", was ist meine konkrete Arbeitsdefinition? Hier will ich meine Karten auf den Tisch legen. Im Laufe der letzten Jahre habe ich mit einer Beschreibung gearbeitet, die für mich funktioniert, keine endgültige Definition,

---

19 www.denieuweliefde.com/ (Abruf 10.01.2017).

sondern eine Arbeitshypothese. Für mich ist ein Ritual „eine mehr oder weniger wiederholbare Abfolge von Handlungseinheiten, die durch Formalisierung, Stilisierung und ihre lokale und temporale Situierung eine symbolische Dimension erhalten. Einerseits drücken Einzelne und Gruppen ihre Ideen und Ideale, ihre Einstellungen und Identitäten durch Rituale aus, andererseits formen, stärken und verwandeln die rituellen Handlungen diese Ideen, Einstellungen und Identitäten."[20]

Ich könnte jetzt sehr ausführlich auf diese Beschreibung ritueller Handlungen eingehen.[21] Ich könnte versuchen, alle möglichen traditionellen Ideen über Rituale auszuprobieren, zu diskutieren und zu dekonstruieren. Ich könnte z.B. widerlegen, dass Rituale immer wiederholbar sind, dass sie immer etwas mit Religion zu tun haben, dass sie traditionell und unveränderbar oder immer schön und gut sind, dass sie nie versagen, dass sie immer eine kollektive Dimension haben und so weiter. Ich widerstehe hier auch der Versuchung, Eigenschaften und Funktionen von Ritualen aufzuzählen. Stattdessen ergänze ich meine Definition nur um zwei – meiner Meinung nach – wichtige Bemerkungen.

3.2 *Praktiken mit einer rituellen Dimension*

Erstens habe ich meine Beschreibung in letzter Zeit durch das kontextualisiert, was mich zurzeit besonders beschäftigt, nämlich Projekte zu Katastrophenritualen[22], das Fehlen von Ritualen[23] und zu *rituals of victimhood*[24]. Anfangs habe ich mein Verständnis von rituellem Handeln ausgeweitet, um so viel Handlungsformen wie möglich zu erfassen, die ich als „Ritual" verstehen kann: nicht nur Liturgien, Zeremonien, traditionelle Ritualpraktiken, sondern auch kleine Rituale,

20 *Post*, Ritual Studies (Anm. 4), 6.

21 Vgl. *Ronald L. Grimes*, The craft of ritual studies, New York / Oxford 2014; *Post*, Ritual Studies (Anm. 4).

22 Ein neues Buchprojekt über Katastrophenrituale ist für 2020 in Planung, bis dahin siehe: *Paul Post / Albertina Nugteren / Hessel Zondag*, Rituelen na rampen. Verkenning van een opkomend repertoire, Kampen 2002; *Paul Post / Ronald L. Grimes / Albertina Nugteren / Per Petterson / Hessel J. Zondag*, Disaster ritual: Explorations of an emerging ritual repertoire (Liturgia condenda 15), Leuven 2003.

23 *Paul Post / Martin Hoondert* (Hg.), Absent ritual. Exploring the ambivalence and dynamics of ritual (Ritual Studies Monographs), Durham NC 2019 [im Druck].

24 *Paul Post*, The Lampedusa tragedy. Chronicles of absent and emerging ritual repertoires, in: Jaarboek voor liturgieonderzoek / Yearbook for Liturgical and Ritual Studies 31 (2015) 19–43, frei zugänglich unter: www.rjh.ub.rug.nl/index.php/jvlo/article/view/19534/17012 (Abruf 14.05.2019); *Ders.*, Refugee rituals: Exploring ritual repertoire of victimhood, in: *Martin Hoondert / Paul Mutsaers / William Arfman* (Hg.), Cultural practices of victimhood (Victims, Culture and Society), London / New York 2018 [2019], 55–80.

neue Rituale, im Entstehen begriffene Rituale (*emerging rituals*), alltägliche Rituale. Vor Kurzem habe ich meinen Ansatz noch einmal geändert und mich dafür entschieden, die Augen für „Ritual-ähnliche" Handlungen offen zu halten, die – jenseits vom Ritual im engeren Sinn – rituelle Dimensionen haben oder als besondere Typen ritueller Praxis eingeordnet werden können, wie z.B. Rituale des Mitgefühls und der Solidarität. Anstatt das Verständnis des Rituals selbst noch weiter auszudehnen, unterscheide ich jetzt verschiedene Arten oder Typen rituellen Handelns.

Ronald Grimes, der Gründungsvater der *ritual studies*, hat das Konzept des *ritualizing* eingeführt, um über rituelles Handeln zu reden, das noch kein vollständiges Ritual darstellt.[25] Ich ziehe es vor, dieses Konzept so weit wie möglich zu vermeiden, da hier die bewusste oder unbewusste Annahme zugrunde liegt, dass im Prozess der Ritualisierung etwas auf dem Weg ist, ein vollständiges Ritual zu werden, aber noch „grün hinter den Ohren", noch nicht allgemein anerkannt oder kulturell als Ritual akzeptiert.

Im Gegensatz dazu nehme ich viele Praktiken mit rituellen Dimensionen wahr, die ganz und gar nicht auf dem Weg sind, Rituale zu werden. Wenn wir genau hinsehen, merken wir, dass wir überall von Handlungen mit rituellen Dimensionen umgeben sind. Hier stimme ich mit der theoretischen Grundlagenarbeit der amerikanischen Ritualwissenschaftlerin Catherine Bell überein, die Ritualisierung vor allem mit dem verbindet, was sie *ritual-like activities* nennt. Damit bezieht sie sich auf alltägliche Handlungen, die mehr oder weniger ritualisiert sein können.[26] Zusammenfassend plädiert Bell dafür, dass „the examples of ritual-like activity suggest that what's going on in ritual is not unique to religious institutions or traditions"[27].

Es gibt viele verschiedene Arten rituellen Handelns und viele Abstufungen des Ritualisierens. Ich gebe kurz einige Beispiele. Unsere westliche Kultur wird regelmäßig mit Angriffen und Katastrophen konfrontiert. Nach einer Terrorattacke wie in Paris, Barcelona, Nizza und Manchester in den letzten Jahren sehen wir ein relativ gleichbleibendes und wiedererkennbares Repertoire an Ritualen: die Kennzeichnung des Ortes durch Gebetsnotizen und Blumen, Gedenkgottesdienste in Kirchen und beeindruckende öffentliche Bestattungen. Aber wir sehen auch alle möglichen Praktiken des Mitgefühls und der Solidarität, die zweifelsfrei eine rituelle Dimension haben. Als Reaktion auf viele Anschläge lassen sich z.B. Menschen – ob direkt betroffen oder eher unbeteiligt – Tattoos stechen, und signalisieren damit eine Mischung aus Protest, Sympathiebekundung und Trauer.

25 Siehe besonders *Grimes* (Anm. 21), 192.

26 *Catharine Bell*, Ritual, perspectives and dimensions, New York / Oxford 1997, 138–169.

27 A.a.O., 164.

Weithin bekannt ist außerdem die Geste, wichtige Gebäude in Städten in der ganzen Welt in den Farben des Landes anzuleuchten, in dem der Anschlag stattgefunden hat. Ich will keine Diskussion darüber anfangen, ob diese Handlungen „vollständige" Rituale genannt werden können. Stattdessen spreche ich lieber von Handlungen mit rituellen Dimensionen oder benutze gleich die Bezeichnung „Rituelle Handlungen des Mitgefühls und der Solidarität".[28]

3.3 *Die Triade: Ritual - Religion - Sakralität*

Die letzte Anmerkung zu meinem Ritualverständnis betrifft die Beziehung zwischen Ritual, Religion und dem Heiligen. Für mich sind nicht alle Rituale religiös oder sakral. Dennoch gibt es eine enge Verbindung, sodass wir von einer Triade sprechen können. Hier ist es wichtig, was wir unter Religion und dem Sakralen verstehen. Entsprechend meinen Ausführungen zum Ritual möchte ich meine Position kurz darstellen. Ich nutze ein offenes und dynamisches Verständnis von Religion. Dabei beziehe ich mich auf einen anregenden Essay von Martin Stringer, der Religion definiert, indem er zunächst aus ethnografischer Perspektive allerlei fest verwurzelte Vorannahmen und Vorurteile in Bezug auf unser (westliches) Religionsverständnis identifiziert und aufdeckt. Letztendlich bezeichnet er Religion als intime Beziehung zu einem nicht-empirischen Gegenüber, die durch rituelle Handlungen aufrechterhalten wird, aus dem pragmatischen Bedürfnis heraus, mit alltäglichen Problemen zurecht zu kommen.[29]

Hier ist meine vorherige Betonung der Dimension der Heilung und des *Coping* in Ritualen wiederzuerkennen. Von Stringer inspiriert betrachte ich Religion als ein Kontinuum mit zwei Extremen: Einerseits ist Religion *institutionelle* Religion, mit Traditionen und Institutionen verbunden, mit Gebäuden, Ritual-Expert*innen, mit Dogmen und Theologie. Und andererseits betrachte ich Religion als Religiosität, als offene, meist individuell orientierte Spiritualität.

---

28 *Post* (Anm. 24).

29 *Martin Stringer*, Contemporary western ethnography and the definition of religion, London / New York 2008.

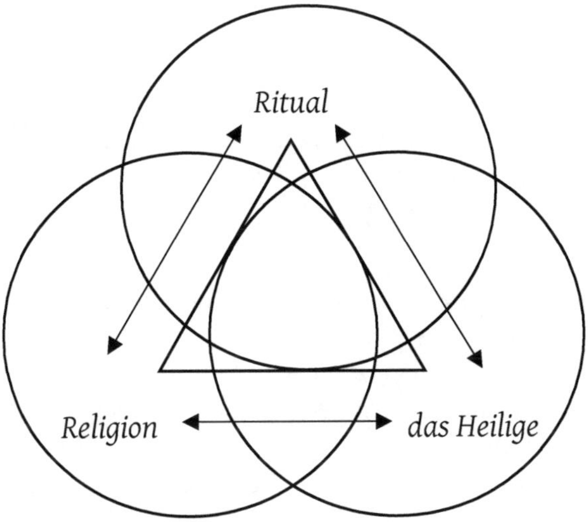

Mir und meinen Studierenden hilft es immer, noch ein drittes Konzept mit einzubeziehen, nämlich das des Heiligen, und so ein Dreieck aus Ritual, Religion und dem Heiligen zu bilden. Ritual und Religion sind letztendlich abhängig von dem Bewusstsein von – und der Konzentration auf – etwas Heiliges.

Es gibt eine lange und einflussreiche Tradition, das Heilige als etwas anzusehen, das in einer Kultur apart gesetzt und durch Handlungen, Rituale und Mythen als besonders markiert wird. Etwas so hervorzuheben und ihm Aufmerksamkeit zu schenken, kann überwältigend sein, etwas Unverhandelbares, für das Menschen sterben würden. Oder es kann unspektakulärer sein: jemand oder etwas, das Menschen erfreut und das sie mit Fürsorge und Aufmerksamkeit bedenken.

Ich arbeite auch mit einer „Matrix der Sakralität", die Mathew Evans vor Jahren entwickelt hat und die auf einer Analyse dessen basiert, wie Zeitungen den Begriff des Sakralen gebrauchen.[30] Evans unterscheidet vier Typen, verbunden durch zwei Arten von Parametern, die die Achsen seiner Matrix bilden: einerseits die *Träger* des Heiligen – individuell und kollektiv – und andererseits die *Quelle* des Heiligen – natürlich und übernatürlich. Daraus ergeben sich vier Typen von Sakralität: persönliche, kollektive bzw. soziale, religiöse und spirituelle Sakralität.

30 *Mathew Evans*, The sacred: differentiating, clarifying and extending concepts, in: Review of Religious Research 45,1 (2003) 32–47.

Matrix der Sakralität (Mathew Evans)

		Quelle des Heiligen	
		Übernatürlich	Natürlich
Träger des Heiligen	Kollektiv	Religiös	Sozial
	Individuell	Spirituell	Persönlich

Diese induktiv entwickelte Typologie ist hilfreich: Ich kann damit verschiedene Manifestationen dessen, was in unserer Kultur „heilig" und mit Ritualen umgeben ist, einordnen und typisieren. In der Typologie von Evans zeigt sich wieder das religiöse Kontinuum zwischen den Extremen des religiösen und des spirituellen Sakralen, und wir sehen immer die Verbindung zum Ritual im Sakralen und in der Religion: Das Sakrale wird durch Rituale oder ritualähnliche Handlungen vermittelt und repräsentiert.

4 Panorama der Ritualkritik: Einige Trends und Tendenzen

4.1 Ritualkritik

Lassen Sie uns einen Schritt weiter gehen. Wir setzen den Fokus wieder auf die aktuelle Ritualdynamik, aber nun aus einer anderen, kritischen Perspektive. Ritualkritik ist ein Teil der Erforschung von Ritualen.[31]

Die kritische Sicht auf Rituale basiert im Allgemeinen auf drei Perspektiven: Erstens konzentriert sie sich auf die rituelle Performanz, die Durchführung von Ritualen („gute" Gesten, „gute" Ausdrucksweise, „guter" Raum, „kompetente" Akteur*innen), oder sie leitet sich zweitens von bestimmten normativen Bezugssystemen ab (moralische oder dogmatische Bezugssysteme; z.B. wird eine weibliche Genitalverstümmelung aus der Perspektive der Menschenrechte abgelehnt). Und drittens kann Ritualkritik auf *ritual studies* beruhen. In diesem Sinne

31 *Post / Van der Beek* (Anm. 17).

kritisiere ich selbst eine Liturgiepolitik, die ihre Rituale in einem engen, geschlossenen religiösen Umfeld isoliert und von anderen relevanten oder sogar notwendigen heiligen Bereichen unserer Kultur abgrenzt (vgl. Abschnitt 2 zu den sakral-rituellen Bereichen).

Lassen Sie mich im letzten Teil meines Beitrags Ritualkritik in Bezug auf einige aktuelle Trends und Tendenzen von Ritualen äußern. Indirekt, und manchmal auch direkt, geht es dabei um „gute" Rituale, um rituelle Kompetenz und rituelles Handwerkszeug.

4.2 Ein allgemeines Panorama der Ritualkritik: Zwei Diagnosen

Wie im ersten Panorama der rituellen Repertoires möchte ich mit zwei allgemeinen und übergreifenden kritischen Diagnosen beginnen, die gegenwärtig in Bezug auf die Dynamik und die Situation unserer Riten in Umlauf sind.[32]

In den Niederlanden ist Antoine Bodar eine medial einflussreiche Persönlichkeit, Priester und Kunstgeschichtsprofessor – eine Art holländischer Martin Mosebach könnte man sagen. Über Rituale pflegt Bodar zu sagen: „Gute Ware lobt sich selbst!"[33]

Er beobachtet mit Sorge, wie traditionelle kirchliche Rituale durch alle möglichen „selbstgemachten" neuen Rituale ersetzt werden. Seiner Auffassung nach können die neu erfundenen Rituale, die er als Pfusch und Patchwork ansieht, nicht mit dem traditionellen (römisch-katholischen) liturgischen Repertoire mithalten: „Gute Ware lobt sich selbst."

Diese Art der Bewertung aktueller Rituale ist omnipräsent. Die enormen Veränderungen in der Ritualpraxis seit den langen 60ern des letzten Jahrhunderts werden als Verfall beschrieben: rituelle Qualität und Kompetenz seien seither verlorengegangen. Seitdem, so wird gesagt, denken Menschen, sie könnten Rituale erfinden, aber man kann Rituale nicht erfinden, sie werden von der Tradition weitergereicht, sie sind vorfindlich, sie sind Geschenke. Die neuen Rituale rund um den Tod sehen viele als exemplarisch für die Tendenz an, den Tod in unserer Kultur nicht angemessen und offen sichtbar zu machen – als wollten wir den Sarg des Todes geschlossen lassen wie die Büchse der Pandora.

---

32 Hier wiederhole ich: *Post*, Goede wijn behoeft geen krans (Anm. 1).

33 A.a.O., 1; siehe außerdem *Antoine Bodar*, Leven alsof God bestaat. Huizinga-lezing 2017, Amsterdam 2017.

In modernen Beerdigungsritualen, so heißt es, werde der Tod oft abgetan oder übergangen, verdeckt mithilfe der persönlichen, oft eigenwilligen Musikauswahl der Verstorbenen, durch Lebensbeschreibungen, die nur der Selbstdarstellung dienen und PowerPoint-Präsentationen der letzten Urlaubsfotos. Die Beerdigungsindustrie werde vor allem durch Geschäft und harten Wettbewerb bestimmt. Es gibt Berichte über die Lukrativität der Feuerbestattungsindustrie und an die Werbungsanzeigen der Bestattungsindustrie seien wir ja inzwischen gewöhnt.

Ich hingegen sehe ein ganz anderes Bild. Statt Qualitäts- und Kompetenzverlust sehe ich Dynamik und Kreativität als positive Entwicklungen in vielerlei Hinsicht. Im Nachgang zu den Ritualen im Umfeld des MH17 Flugzeugunglücks im Jahr 2014 habe ich einen Zeitungsartikel geschrieben mit der Überschrift „Die Niederlande sind rituell kompetent".[34] Davon bin ich immer noch überzeugt. Diese nationalen Rituale waren signifikant für eine neue Entwicklung.

Während der langen 1960er Jahre gab es als Folge des totalen Zusammenbruchs des kirchlichen rituellen Repertoires eine Krise der Rituale. Traditionelle Rituale, laut Bodar der „gute Wein", boten nicht den Selbstausdruck, den die Menschen suchten, das Repertoire hatte alle Glaubwürdigkeit verloren, war irrelevant und unangemessen. Und es gab noch kein neues Repertoire. In den 1970ern und 1980ern wurden in diesem Vakuum neue Formen gesucht. In der Rückschau muss man sagen, dass diese Formen letztendlich nicht in der liturgischen Erneuerungsbewegung von Menschen wie dem schon erwähnten Huub Oosterhuis gefunden wurden, sondern außerhalb der Kirche. Nicht *top-down* von einer Elite von Liturgieexpert*innen, sondern *bottom-up*, und zwar besonders im Bereich der Beerdigungsrituale. Neue Expert*innen meldeten sich, eine neue Sprache wurde gefunden. Das Aufkommen der Feuerbestattung wurde von der Kirche und von offiziellen Liturgien zunächst völlig ignoriert. Und daher sehen wir in den 1990ern das, was mein Vorgänger Gerard Lukken berechtigterweise „Rituellen Überfluss"[35] genannt hat: Durch Suchen, Erproben und Experimentieren, durch Versuch und Irrtum hindurch haben sich neue Repertoires etabliert, sowohl öffentlich als auch privat. Daher habe ich den Niederlanden Ritualkompetenz attestiert. Wenn es eine Katastrophe gibt, wissen wir, was zu tun ist. Die nationale Gedenkveranstaltung des MH17 Unglücks zeigt das ganz klar: eine Zusammenkunft und Zeremonie – nicht in einer Kirche mit prominenten Würden-

---

34 *Paul Post*, Nederland is ritueel competent (Vliegramp Malaysia Airlines), in: Brabants Dagblad, 29. Juli 2014, 32–33 und in: De Gelderlander, 29. Juli 2014.

35 *Gerard Lukken*, Rituelen in overvloed, Baarn 1999; *Ders.*, Rituals in abundance. Critical reflections on the place, form and identity of Christian ritual in our culture (Liturgia condenda), Leuven 2005.

träger*innen in der ersten Reihe –, sondern an einem Ort, der zum Anlass passend ausgewählt, gestaltet und eingerichtet wurde; runde Formen und Kreise strukturieren den Raum, Angehörige sprechen und handeln, Worte sind wichtig, aber darüber hinaus auch und besonders Bilder, Musik, Poesie. Die Auseinandersetzung mit dem hier massiv anwesenden Tod und dem Sterben bleibt schwierig. Aber die Auseinandersetzung mit dem tragischen, unverdienten Tod ist ja genau der Sinn des Rituals. Die Verstorbenen sind präsent, besonders im eindrücklichen Ritual des Verlesens der Namen der Opfer. Aber es gibt auch das Ritual vor der eigentlichen Zeremonie, das Abholen und der Transfer der Leichen, und Rituale im Anschluss: die kleineren, lokalen Feiern und kürzlich die Eröffnung der nationalen Gedenkstätte und die jährliche Feier im Wald des Gedenkens.

4.3 Auf der Suche nach „guten Ritualen"

Ritualkompetenz hat viel mit dem zu tun, was wir „gute Rituale" nennen. Bei Vorlesungen und Workshops wird oft explizit gefragt: „Was ist ein gutes Ritual?" Das ist eine Frage, die unmöglich zu beantworten ist. Man kann alle möglichen Dinge benennen, die man tun oder lassen sollte, was bei „guten" oder „schlechten" Ritualen eine Rolle spielt oder überhaupt nicht. Aber letztendlich entzieht sich die Antwort. Ich habe so viele Rituale erlebt, die aus ritualkritischer Perspektive „schlecht" oder misslungen waren – alle möglichen Dinge, die nicht funktioniert haben, und trotzdem waren es „gute" Rituale.

Erst kürzlich habe ich wieder diese Erfahrung gemacht. Einer meiner Nachbarn, der nach einem arbeitsreichen Leben als Barbesitzer pensioniert war, ist sehr überraschend gestorben. Seine Frau und Kinder haben trotzdem einen Zettel mit einigen Hinweisen darauf gefunden, wie er sich seine Bestattung wünschte. Die Trauerfeier sollte in einer Kirche sein, auch wenn er kein Kirchgänger war. Und außerdem hatte er detailliert angegeben, welche Musik gespielt werden sollte: Deutsche Schlager und Musik von André Rieu.

Also waren wir in der örtlichen Kirchengemeinde, und zusätzlich zum Gesang des örtlichen Beerdigungs- und Hochzeitschors wurden auch eine Auswahl Deutscher Schlager und besonders André Rieu gespielt – Live-Aufnahmen, inklusive Applaus. Zuerst war das ein befremdliches Erlebnis, und wir haben uns etwas amüsiert angesehen, aber das Gefühl war schnell vorbei: Es war gut so.

4.4 *Ein kritisches Panorama einiger Trends*

Als nächstes stelle ich einige Tendenzen vor, die meiner Ansicht nach Ritualkritik benötigen – Elemente, die mit Kompetenz und „gutem" Ritual zu tun haben. Es gibt nämlich Entwicklungen und Tendenzen in der Ritualpraxis, die mich nachdenklich machen. Ich habe einiges aus der extrem komplexen Ritualdynamik in unserer Kultur ausgewählt – Tendenzen, die oft widersprüchlich und paradox erscheinen.

4.4.1 *Veralltäglichung oder Casualization*

Zuallererst die Entwicklung, die ich als *casualization* oder „Veralltäglichung" bezeichne. Unsere Rituale werden immer beiläufiger. Die rituellen Repertoires ähneln immer mehr alltäglichen Aktivitäten: Essen, Parties, Gärtnern, Blumenschmuck, Bäume pflanzen, sich mit Familie und Freunden treffen, gemeinsam essen und trinken, *lounging*.

Rituale werden ununterscheidbar vom sonstigen Verhalten: Nach der Feuerbestattung wird die Asche mit dem Fahrrad abgeholt und lässig im Beutel transportiert – alltägliche Kleidung, kein Sonntagsanzug, sondern Jeans und Pullover, Kaltgetränke und Snacks danach. Beachtenswert in diesem Kontext ist die Verwandlung, die sowohl Meditationszentren als auch Krematorien im letzten Jahrzehnt in den Niederlanden durchlaufen haben. Einstmals besondere, als sakral inszenierte Räume sind sie eher gewöhnliche Orte geworden. Es lassen sich kaum noch Unterschiede in der Inneneinrichtung von Meditationszentren, Krematorien, Hotel-Lobbies und trendigen Wohnhäusern feststellen.[36]

Ich will hier keine Geschmacksurteile über Innenausstattung fällen, aber diese Veralltäglichung oder *casualization* betrifft ein zentrales Element rituellen Handelns, nämlich die schon genannte rituelle Schlüsseldimension des Heraushebens und des Kontrasts.

Rituale sind direkt mit einem Moratorium des Alltags verbunden, mit einer Kontrasterfahrung, mit einer Unterbrechung, mit Abgrenzung, Formalisierung und Stilisierung, einer anderen Zeit, einem anderen Ort, anderer Kleidung, anderer Sprache und anderem Sprechen, anderen Handlungen.

---

36 *Inez Schippers*, Sacred places in the suburbs. Casual sacrality in the Dutch VINEX-district Leidsche Rijn (Netherlands Studies in Ritual and Liturgy 16, PhD study), Tilburg 2015, 227–234.

Beim Ritual geht es darum, Dinge anders zu tun. Es geht um Kontrast, um die intime Beziehung zum anderen oder dem „Anderen", und das geht verloren, wenn Rituale nicht länger „besonders" gestaltetes Handeln sind.

4.4.2 *Eventisierung*

Es lässt sich eine weitere Tendenz feststellen, die *Eventisierung*, das Aufkommen von Ritualen als Event und Manifestation. Für viele ist das Ritual mit Events verbunden, mit den großen Übergangsriten im Lebenslauf, mit den *four wheels moments* der Taufe, Hochzeit und Beerdigung, mit Feierlichkeiten und Festen. Hochzeiten und Beerdigungen spiegeln öffentliche Ereignisse in Monarchie und dem Leben von Prominenten wider. Englische königliche Beerdigungen (Diana!) und Hochzeiten (William, Harry!) sind Trendsetter unter den rituellen Events mit enormem rituellen Einfluss. Rituale sollen ähnlich „einzigartige" und „persönliche" Darstellungen sein.[37]

Diese Sehnsucht nach Events kann uns vergessen lassen, dass ein Ritual nicht immer ein wichtiges Ereignis ist – es gibt auch kleine und unauffällige Rituale. In diesem Zusammenhang mag die vorhergenannte Veralltäglichung oder *casualization* auch eine positive Seite haben. Ein Ritual kommt nie allein, nie nur als großartiger Moment oder als einzigartiges Event, es kommt im Plural. Ich benutze in diesem Zusammenhang gerne das Bild des Flusses. Auf der Reise auf dem Fluss des Lebens wird es manchmal turbulent, und dann kommen die Schleusen, die alles zusammenhalten, dafür sorgen, dass der Fluss befahrbar bleibt, die ruhiges Fahrwasser bieten. Diese Schleusen, groß und klein, sind die Rituale. Bei einer Beerdigung, deren Repertoire ich hier wieder als Beispiel nehmen möchte, gibt es alle möglichen kleinen Rituale zuhause, vor und nach der Beerdigung oder dem Gottesdienst anlässlich einer Einäscherung. Sie besteht nie nur aus der einen Stunde im Krematorium oder in der Kirche, auch wenn das mehr und mehr zum Normalfall zu werden scheint. Die Tatsache, dass immer mehr Menschen die Asche nach der Kremation nicht mehr abholen, ist ein Zeichen dafür.

37 Vgl. *Andreas Reckwitz*, Die Gesellschaft der Singularitäten. Zum Strukturwandel der Moderne, Berlin 2017.

4.4.3 Nutzlosigkeit

Eine weitere Dimension des Rituals, die unter Druck steht, ist seine Nutzlosigkeit. Ein Ritual ist eine besondere Handlung, es hat per Definition keinen Nutzen, ist so wenig auf einen Effekt bedacht wie das Spielen von Kindern. Zu Recht reden wir im Sinne von Johan Huizinga vom *homo ludens.*[38]

Nutzlos ist aber nicht sinnlos, Rituale sind nutzlos in einer Welt, in der Nutzlosigkeit selten toleriert wird, wo Effizienz, Zweckmäßigkeit und Funktionalität die Markenzeichen unseres individuellen und gesellschaftlichen Handelns sind. In diesem Kontext hat nutzloses Handeln einen schweren Stand, und es lassen sich alle möglichen Tendenzen feststellen, es mit Nutzen und Funktionen aufzufüllen, auch in Bezug auf das Ritual.

Seit einiger Zeit gibt es nun schon den therapeutischen Ansatz. Beerdigungsrituale werden als *Coping* gelobt und empfohlen, als Teil eines angemessenen Trauerprozesses. Rituale werden in großem Stil therapeutisch eingesetzt; oft werden Trauerbegleitung und rituelle Beratung in einen direkten Zusammenhang gestellt. Die Beschäftigung mit religiösem und rituellem *Coping* hat eine lange Tradition in der Religionspsychologie.[39]

Seit Kurzem ist die Rolle von Wohltätigkeit in vielen Lebensbereichen wichtiger geworden. Man macht nicht nur einfach so Sport, sondern für einen guten Zweck, man wandert, fährt Fahrrad, schwimmt mit einer Mission, man verreist nicht nur, sondern reist mit einer Mission.[40] Wir werden mit Sponsoren-Aktivitäten überflutet. Das beeinflusst auch das Ritual. Sogar der alte *Camino* nach Santiago de Compostela wird mehr und mehr zu einer gesponserten Reise. Es gibt gemeinnützige Organisationen, die sich mit dem Tod beschäftigen. Nach

---

38 *Johan Huizinga*, Homo ludens. Proeve eener bepaling van het spel-element der cultuur (1938); übersetzt.: Das Spielelement der Kultur, Berlin 2014 / A study of the play-element in culture, London / Boston 1949.

39 Ich führe nur einige Beispiele der holländischen Forschungsgruppe Van Uden & Pieper an: *van Uden / Pieper* (Anm. 14); *Jos Pieper / Marinus van Uden*, Religion and coping in mental health care (International Series in the Psychology of Religion 14), Amsterdam / New York 2005; *Leonie van der Valk*, Steun zoeken bij Allah. Religiositeit, bidden en religieuze coping van Nederlandse hoogopgeleide moslima's van Marokkaanse afkomst (PhD study Tilburg 2016), Delft 2016; *Marinus van Uden / Joseph Pieper / Hessel Zondag*, Knockin' on heaven's door. Religious and receptive coping in mental health (International Series in Mental Health and Religion), Aachen 2014; *Sjaak Körver*, Spirituele coping bij longpatiënten (PhD study), Tilburg 2013.

40 *Paul Post*, Lopen met een missie: Mapping the field, in: *Paul Post / Suzanne van der Beek* (Hg.), Onderweg met een missie. Verkenning van de opkomende trend om te lopen, fietsen, pelgrimeren met een missie of een goed doel (Camino Cahier 1), Utrecht 2017, 11–21; vgl. www.caminoacademie.nl/wp-content/uploads/2017/07/Camino-cahier-1-Post.pdf (Abruf 02.01.2019).

dem Tod wird eine Stiftung gegründet, oft mit dem Namen der verstorbenen Person, mit der Geld für einen guten Zweck gesammelt wird, nicht selten verbunden mit der Krankheit, an der der Mensch verstorben ist. Während des Beerdigungsrituals wird die Stiftung vorgestellt und empfohlen, und in der Anzeige werden Website und Bankdaten angegeben. Ich befürchte, diese Tendenz hat viel mit unseren Schwierigkeiten zu tun, mit der Nutzlosigkeit des Rituals klarzukommen. Fleißig suchen wir nach Möglichkeiten, ihm eine Funktion zu geben.

4.4.4 *Erklärungszwang*

Eine Tendenz, die sich durchzieht, ist zumindest teilweise mit der Unfähigkeit verbunden, zu akzeptieren, dass das Ritual einer anderen Ordnung angehört. Dabei geht es vor allem um die praktische Dimension des Rituals. Wie performen wir das Ritual, wie präsentieren wir es? Ritualexpert*innen setzen sich damit auseinander, Rituale und Symbole sprechen zu lassen. Wie vermittelt man den Symbolcharakter, wie erzeugt man Relevanz, wie den Wiedererkennungseffekt? Nebenbei bemerkt ist es interessant zu sehen, dass neuerdings eine Vielfalt an Expert*innen auftritt. Es gibt immer noch Priester, Vikar*innen und Pastor*innen, Pastoralassistent*innen, aber auch Lehrer*innen, Ehrenamtliche, freie Redner*innen, Ritualberater*innen und vieles mehr.

Ein viel genutzter Weg ist die Erklärung. Dieser Weg scheint alt und bekannt zu sein, da es ja auch die traditionelle Katechese gibt: Erklärungen von Ritualen und Symbolen. Der entscheidende Unterschied ist aber, dass die ursprüngliche Katechese vor allem außerhalb des Rituals stattfand, und ursprünglich auch nicht im Vorhinein, sondern in der Rückschau.[41]

Jetzt neigen wir dazu, die Erklärung *ins* Ritual zu integrieren. Ein dramatischer Schritt, denn durch die Erklärung „tötet" man das Ritual. Ich sehe das so häufig. Selbst während eines Kerzenrituals erklärt die zelebrierende Person detailreich, was passiert, warum wir das machen und was das zu bedeuten hat.

Alles wird ausführlich erklärt, in der Sorge darum, dass der Symbolgehalt den Menschen nicht klar wird. Auch hier stelle ich einen größeren Trend in unserer Kultur fest. Dinge zu erklären liegt in der Natur moderner, westlicher Menschen. Unsere Städte und Dörfer sind voller erklärender Schilder, Informationen über das Alter der Gebäude, Tafeln überall mit Erklärungen über das Gezeigte. Selbst in der Natur setzt sich das durch, selbst da sehe ich immer mehr Texte

41 In Bezug auf die sog. „mystagogische Katechese" siehe: *Paul Post*, Disciplina arcani. Moydern avatars of Christian ritual secrecy, in: *Paul van Geest / Marcel Poorthuis / Els Rose* (Hg.), Sanctifying texts, transforming rituals. Encounters in liturgical studies, Leiden / Boston 2017, 385–406, 387.

und Zeichen darüber, welche Baumsorten da wachsen, welche Grasarten, Informationen zur Tierwelt. Rituale und Symbole werden immer mehr Teile dieses kulturellen Prozesses. Mein Kollege Wouter van Beek, Religionsanthropologe, hat es einmal treffend so formuliert: „Für ein [gutes] funktionierendes Ritual ist eine Erklärung unnötig, für ein [schlechtes] unverständliches Ritual kommt sie zu spät."[42] Und tatsächlich, so ist es.

Ein weiterer unmittelbarer Weg in ein selbstverständlich gutes Ritual ist der Gebrauch dessen, was wir „elementar sakrale" Elemente nennen. Auch das sehen wir verbreitet in unseren Ritualen: selbstverständliche archetypische Ritualität, z.B. Handlungen mit Symbolen wie Licht, Blumen, Bäumen, Feuer, Erde oder Steinen. Aber selbst da sieht man manchmal, wie sich eine Begeisterung für Erklärungen und Informationen breit macht und diese eigentlich selbsterklärenden, elementaren symbolischen Handlungen interpretiert und erklärt werden.

5 Coda: Freiraum für das Ritual

Abschließend möchte ich ein weiteres Merkmal nennen, eines, das ich als generelle Rahmenbedingung für „gute" Rituale hervorheben möchte. Es betrifft die Aufmerksamkeit für Ort und Raum, den Raum für das Ritual im wörtlichen Sinn, aber auch den metaphorischen Raum im Sinne von Offenheit: den Raum für das Handeln und die Performance.

Der Ort ist wichtig, ein ritueller Raum ist nicht nur ein Dach über ein paar Köpfen. Es gibt eine Tendenz, für das Ritual offene Räume anzubieten, z.B. weiße, leere Räume. Solche Offenheit nehme ich wahr in ansprechenden, berühmten Räumen wie z.B. der Kapelle von Ronchamp *Notre Dame du Haut* von Le Corbusier, in der Kirche im Vorort Tor Tre Teste in Rom von Richard Meier,[43] aber auch in Enschede, wo die Evangelische Stadtgemeinde die alte *Vredeskerk* in einen echten Begegnungsort umgewandelt hat – einen offenen Ort für allerlei Gelegenheiten, einschließlich des Gebrauchs durch ein Beerdigungsunternehmen in derselben Straße.[44] Den alternativen Raum für Spiritualität und Ritualität von Huub

---

42 *Wouter van Beek*, De rite is rond (Antrittsvortrag Tilburg University), Tilburg 2007, 49.

43 *Paul Post*, Re-inventing liturgical space as public space: The Jubilee Church in Tor Tre Teste (Rome) of Richard Meier, in: Studia Liturgica 38,2 (2008) 160–170; *Ders.*, The Tor Tre Teste Millennium Church by Richard Meier, Rome, in: *Paul Post / Arie L. Molendijk / Justin E. A. Kroesen*, Sacred places in modern western culture, Leuven 2011, 107–114; *Post*, Voorbij het kerkgebouw (Anm. 2), 222–229.

44 *Post*, De actuele positie (Anm. 1), 151.

Oosterhuis habe ich schon genannt: die *Nieuwe Liefde* im Amsterdammer Kanalgebiet, mit ihren offenen, weißen Räumen. Aber auch ein bunter neugotischer Raum kann ein offener Raum sein, wie die Dominikanerkirche in Amsterdam, die sich eine christliche Gemeinschaft auf ihre Art über Jahre hinweg angeeignet hat.[45]

Entscheidend ist, dass es Raum für eine Vielzahl von Aneignungen gibt, in dem die gegenwärtige Diversität, oder sogar Superdiversität einen Ort für „gute" Rituale finden. Das trifft auch auf das Ritual selbst zu: Es muss Raum für verschiedene Aneignungen anbieten. Das ist, wie wir gesehen haben, auch das Erfolgskonzept des Wegs nach Santiago de Compostela, der einen hermeneutisch offenen Raum anbietet, in dem viele ihren eigenen Weg finden können; er bietet einen Rahmen – einen (deutungs-)offenen Rahmen.

45 www.dominicusamsterdam.nl/ (Abruf 03.01.2019).

II Praxisfelder und Konzepte – wissenschaftlich kommentiert

Freie Trauungen mit „Imke Klie Zeremonien“

Imke Klie

1 Auftakt

Als freie Rednerin gestalte ich seit 2008 hauptberuflich konfessionsfreie Zeremonien und Rituale für Menschen, die sich in Übergangssituationen in ihrem Leben befinden: Eltern, die ihren Nachwuchs auf der Welt offiziell begrüßen möchten, wünschen sich z.B. eine Willkommenszeremonie für ihr kleines Kind. Menschen, die heiraten, versprechen einander die Ehe in einer Hochzeitszeremonie. Familien, die eine verstorbene Person aus ihrer Mitte verabschieden, tun dies in einer persönlich gestalteten Trauerfeier. Hauptsächlich gestalte ich individuelle Hochzeitszeremonien in Norddeutschland, daher möchte ich mich in diesem Beitrag auch ausschließlich darauf beziehen.

Da die Nachfrage nach freien Trauungen so groß war, arbeite ich seit 2009 zusammen im Team mit freien Mitarbeiter*innen, die ich geschult habe und die nach demselben Konzept Zeremonien vorbereiten und durchführen. Alle Redner*innen bringen dabei natürlich ihren eigenen Stil und ihre Persönlichkeit mit ein und sind wunderbare Bereicherungen. Wir inspirieren uns gegenseitig mit neuen Ideen und Gestaltungsmöglichkeiten und treffen uns regelmäßig zum Austausch. Die Geschäftsführung von „Imke Klie Zeremonien“ teile ich mir seit 2018 mit Friederike Holm.

2 Mein Werdegang

Als Jugendliche war ich in der Evangelischen Jugend meiner Kirchengemeinde aktiv. An diese Zeit denke ich nicht nur gerne zurück, weil es ein fantastisches Erleben von Gemeinschaft, Austausch und gelebter Kreativität war, sondern ich bin mir sicher, dass mich diese Jahre sehr positiv geprägt haben und ich viel gelernt habe, was Gruppenleitung, Team-Geist und themenzentrierte Veranstaltungsplanung angeht. Außerdem habe ich mich bewusst immer wieder mit Glaubensfragen auseinandergesetzt. Die großen Sinn-Fragen des Lebens haben mich schon immer nachhaltig beschäftigt. Zum Glück hatte ich meistens gute und empathische Ansprechpartner*innen mit denen ich mich austauschen konnte. An der Universität Hildesheim studierte ich den praxisbezogenen Studiengang Kulturwissenschaften und Ästhetische Praxis mit dem Schwerpunkt Theater (Theaterpädagogik). In dieser Zeit konnte ich viel Bühnen- und Stimmbildungs-erfahrungen sammeln und habe auch dramaturgisch gearbeitet.

Die Idee, konfessionsfreie Hochzeitszeremonien zu gestalten, bekam ich durch eine Weiterbildung am „Interfaith Seminary“ in London. Dort wurde mir eine basale seelsorgerische Qualifikation vermittelt und ich habe gelernt, um welche Fragen es für Menschen und Familien in Übergangssituationen geht, wie man Gespräche zur Vorbereitung von Ritualen führt und wie Abläufe von Hochzeits-, Willkommenszeremonien und Trauerfeiern aussehen könnten. Inspiriert durch die Weiterbildung und das Lesen weiterführender Literatur entdeckte ich meine Leidenschaft: Menschen mit Fragen bei der Bewusstwerdung bzw. in der Reflexion für sie zentraler Themen vor dem Beginn eines neuen Lebenskapitels (hier: der Eheschließung) zu begleiten. Eine freie Trauung zu gestalten heißt für mich: eine authentische, angemessene Form für ganz persönliche Inhalte zu finden, die Geschichte und die Beziehung der Paare mit eigenen, stilvollen Formulierungen zu beschreiben, alle Anwesenden einzuladen, mit dem Herzen präsent zu sein und die Entscheidung zweier Menschen in lebendig-liebevoller, bedeutungsvoller Weise zum Ausdruck zu bringen.

Die Qualität des Sprechens, die Art wie wir Reden halten, ist mir enorm wichtig und aus meiner Sprechausbildung während meiner Mitwirkung in verschiedenen Theaterprojekten erwachsen. Daher ist das Rede-Coaching auch zentraler Aspekt in der Schulung meiner Mitarbeitenden.

3 Unsere Paare

An uns wenden sich Hochzeitspaare, die sich zusätzlich zum Standesamt eine individuelle Zeremonie im Kreise ihrer Lieben wünschen, in der ihre Liebe beschrieben, gefeiert und besiegelt wird. Die Paare sind entweder bereits immer religionslos gewesen, aus der Kirche ausgetreten oder aber eine*r von beiden ist noch in der Kirche, aber passives Mitglied.

Viele kommunizieren gleich zu Beginn: Die Trauung soll feierlich, aber nicht steif sein, romantisch, aber bloß nicht kitschig oder esoterisch. Ganz selten wünscht sich ein Paar ein Gebet oder einen Gottesbezug oder eine explizit spirituelle Geste. Meistens soll es in der Ansprache um ihre ganz persönliche Geschichte, um Anekdoten und Erlebtes gehen, und ihre Wünsche für die gemeinsame Zukunft sollen zum Ausdruck gebracht werden. Viele Paare finden uns über Internetportale, auf denen wir registriert sind, die meisten Buchungen bekommen wir jedoch über Empfehlungen unserer Kooperationspartner*innen: Hochzeitsplaner*innen, Fotograf*innen, Hochzeitslocations. Oder Paare haben eine Zeremonie von uns erlebt und sind dadurch von der Qualität unserer Arbeit überzeugt.

4 Die Gestaltung einer Hochzeitszeremonie

Ein kurz skizzierter Ablauf einer persönlichen Hochzeitszeremonie kann die Besonderheiten und Möglichkeiten, die eine freie Trauung bietet, nicht aufzeigen; der Anschaulichkeit halber sollen hier jedoch kurz die klassischen Gestaltungselemente aufgeführt werden. Eine Trauung dauert im Schnitt 50 Minuten.

4.1 *Skizze eines exemplarischen Ablaufes*

- Musikalischer Auftakt und Einzug des Hochzeitspaares
- Begrüßungsworte
- Ansprache bzw. Rede
- Optionale Gestaltungselemente: Gedichte oder Lesungen, gemeinsam mit den Gästen gestaltetes Wunschritual
- Musikalischer Beitrag (von Musiker*innen oder elektronisch eingespielte Musik)
- Überleitung zur Eheschließung
- Gegebenenfalls persönliche Worte des Hochzeitspaares
- Eine von mir formulierte Traufrage (inhaltlich orientiert sie sich an den Aussagen des Paares während des Trau-Gespräches) Hier ein Beispiel: „Liebe (Namen des Paares) ... möchtet ihr füreinander da sein, aufeinander achten und eure Zeit bewusst gestalten? Versprecht ihr ehrlich zu bleiben, einander zuzuhören und euch darüber auszutauschen, was ihr braucht und was euch am Herzen liegt? Möchtet ihr euch Zeit nehmen für die Dinge, die euch guttun? (..) Liebe (Name der Braut) wenn du all dies möchtest und (Names des Bräutigams) zu deinem Mann nehmen möchtest, so sage bitte: Ja, ich will...“
- Gegebenenfalls Ringritual
- Ringtausch

- Herzenswünsche für das Hochzeitspaar (gegebenenfalls auch von den Trauzeugen, Freunden oder Eltern gesprochen)
- Verkündigung (z.B. „Es ist mir eine Freude zu verkünden, dass Ihr zwei zusammengehört.“)
- Abschlussworte
- Auszug mit Musik

Die Zeremonie soll den Hochzeitspaaren Kraft und Zuversicht geben, Freude schenken, sie berühren und zu einer Art Anker werden, auf den sie sich im Alltag zurückbesinnen können; denn sie haben sich dann schon einmal ganz bewusst und explizit vor Augen geführt, was sie aneinander lieben und was für sie sehr wichtig ist.

Uns ist es wichtig, dass sich das Hochzeitspaar in seiner Art zu leben und zu sein verstanden und gesehen fühlt und seine Liebe von allen Anwesenden bezeugt wird. Dann ist die Zeremonie authentisch, ehrlich und lebendig, und ebendies liegt uns ganz besonders am Herzen.

Am Hochzeitstag sind wir für die aufgeregten Paare gerne der Fels in der Brandung, die Expert*innen, der Ruhepol und auch Koordinator*innen für alle in der Zeremonie Mitwirkenden. Außerdem überprüfen wir das Arrangement der Stühle, Bänke etc., führen „Soundchecks“ durch und heißen die Gäste am Ort der Zeremonie willkommen.

4.2 Die Planungsgespräche mit den Hochzeitspaaren

Die einzelnen Elemente der Zeremonie legen wir mit jedem Hochzeitspaar gemeinsam fest. Nach einem ersten unverbindlichen Treffen zum beiderseitigen Kennenlernen treffen wir uns noch zwei- bis dreimal mit jedem Paar. Die Vorbereitungsgespräche dauern insgesamt circa sechs bis acht Stunden und finden in der Regel bei den Paaren zu Hause statt. Bevor wir die konkreten Inhalte der Trauung planen, ist es uns wichtig, das Paar richtig gut kennenzulernen, denn erst dann können wir passende Vorschläge zur Gestaltung machen.

In dem ersten ausführlichen Planungsgespräch interessiert uns, mit welchen Bildern und Wünschen in Kopf und Herz das Paar beschäftigt ist. Außerdem klären wir die Bedingungen des Ortes, d.h. wir gehen der Frage nach, wo die Zeremonie bei gutem oder schlechtem Wetter stattfindet. Die meisten Trauungen, die wir gestalten, finden zwischen Mai und Oktober statt. Die Paare hoffen daher oft auf eine Trauung unter blauem Himmel und wählen ein Restaurant oder Hotel im Grünen oder einen Ort an Alster oder Elbe, auf einem Deck an Bord eines Schiffes, am Strand, auf der Wiese eines Bauernhofes oder im eigenen Garten. Da das Wetter jedoch auch im Sommer häufig unbeständig ist, müssen wir immer auch über einen Plan B – eine Schlechtwetter-Variante – sprechen, auf die wir gegebenenfalls ausweichen könnten. Des Weiteren interessiert, wer bei der Zeremonie anwesend sein wird, wer gegebenenfalls etwas beitragen wird, ob Musiker*innen gebucht wurden oder ob wir Sänger*innen, Pianist*innen etc. empfehlen sollen.

Dann erzählen die beiden meist ausführlich von ihrem Kennenlernen, von ihren Erlebnissen, Meilensteinen in der Beziehungsgeschichte und von den besonderen, aber auch schwierigen Situationen, die sie erlebt haben. Sie beschreiben sich gegenseitig, erinnern sich daran, was sie am anderen angezogen hat, was sie schätzen gelernt haben, wodurch sie sich bereichert fühlen, was sie gelernt und wie sie sich verändert haben. Auch über ihre Werte, ihre Freundschaften und familiäre Situation sprechen wir. Wir möchten erfahren, was ihnen im Leben wichtig ist, was ihnen guttut, was sie glücklich macht und wie sie gerne ihre Zeit verbringen.

Die Paare erfahren manchmal Dinge voneinander, die sie vorher noch nicht wussten, schlichtweg durch die Tatsache, dass eine neutrale, außenstehende Person sie ausführlich befragt. Wir dokumentieren das Gespräch sehr genau, denn die Antworten helfen uns wesentlich bei der Entwicklung von Ideen für die Ansprache, die wir individuell für jedes Hochzeitspaar verfassen, die ca. 30 Minuten lang und damit zentraler Bestandteil der Zeremonie ist. Die Antworten der Paare inspirieren uns außerdem, nach passenden Texten oder Ritualen zu suchen, die wir dann vorschlagen. Ich habe über die Jahre ein Repertoire aus Texten und Ritualen erschaffen, das stetig wächst und sich wandelt. Einmal haben die Gäste z.B. „Wunsch-Worte" auf Steine geschrieben, die in das Beton-Fundament des Neubaus mit eingegossen wurden. Oder wir haben einen „Wunsch-Baum" direkt während der Zeremonie in den Garten des Paares gepflanzt. Ein Paar hat mal für ein Ritual Treibholz gesammelt und ein anderes spielbegeistertes Pärchen hat seine Gäste „Jenga-Steine" mit Wünschen beschriften lassen. Mit einem Paar, das ständig „To-Do-Listen" abarbeitet, Excell-Tabellen erstellt und alles bis ins Detail plant, habe ich für die Zeremonie eine Aktion entwickelt, in der jeder Gast ein kurzes „To-Do" für das Eheleben des Paares aufschreibt, um sie auf diese Weise zu ermutigen, weiterhin Dinge zu unternehmen, die ihnen gut tun. Gerne recherchieren wir auch neue Rituale, insbesondere wenn eine*r der beiden aus einem anderen Kulturkreis kommt, oder wir entwickeln oder variieren gemeinsam ein (bereits bestehendes) Ritual.

Viele Hochzeitspaare aber sind an zusätzlichen Ritualen nicht sonderlich interessiert. Sie können sich ein einfaches Ringritual oder ein Wunschritual für die Gäste vorstellen, wünschen sich darüber hinaus eine ausführliche Ansprache, die die Beziehung im Fokus hat. Die Ansprache ist kurzweilig, emotional und mit

Zitaten von Angehörigen und Freunden gespickt, damit hält sie den Paaren einen Spiegel vor: So seid ihr, das wünscht ihr euch und darum glauben wir an euch. Nach der Zeremonie erhalten die Paare eine schriftliche Version meiner gesprochenen Worte. Ein schlichter Ablauf, wenig Schnickschnack, Humor, eine lebendige, herzliche Sprache, Leichtigkeit in Kombination mit Bedeutung und Tiefe ist bei den Paaren besonders beliebt, wenn wir sie fragen, was sie sich wünschen.

Im zweiten Planungsgespräch findet das Traugespräch statt, in dem uns das Hochzeitspaar seine Vorstellungen von der Ehe, Erwartungen, Hoffnungen und Ängste mitteilen kann. Sie verraten uns, was sie sich voneinander wünschen, ob sie einander etwas versprechen wollen und was sie füreinander sein möchten. Sie malen sich die gemeinsame Zukunft aus, führen sich aber auch Herausforderungen vor Augen. Nicht selten entsteht dabei ein Gespräch über die persönlichen Gefühle und Assoziationen in Bezug auf das Wort „Versprechen“ und die Auseinandersetzung mit der Frage, was sich eigentlich hinter dem Wort „Eheversprechen“ verbirgt. Die Antwort kann immer nur eine ganz persönliche sein. Mit unseren Fragen helfen wir dem Paar auch für sich zu klären, ob sie während der Zeremonie einander etwas sagen möchten oder ob wir stellvertretend ihre Liebeserklärung und ihre Vorstellungen über die Ehe zum Ausdruck bringen sollen.

Uns ist es wichtig, dass das Hochzeitspaar sich nicht gedrängt fühlt, selber in der Zeremonie aktiv zu werden, sondern es in Ruhe für sich entscheiden kann, ob dies einem inneren Bedürfnis entspricht oder nicht. Nicht selten berührt man in der Vorbereitung sensible Themen: Schwierige familiäre Konstellationen, die am Hochzeitstag entstehen werden; getrennte Eltern, die zum ersten Mal wieder aufeinander treffen; der verstorbene Vater, der schmerzlich vermisst wird; der Bruder, der nicht teilnehmen möchte... Mit feinem Gespür möchten wir den mit diesen Tatsachen verknüpften Emotionen Raum geben. Unsere reflektierte Lebenserfahrung, Empathie und die Qualität des Zuhörens schenken den Paaren das Vertrauen und die Offenheit, auch die für sie schwierigen Themen zu besprechen.

Mir ist es wichtig, dass sich die Paare in der Vorbereitungszeit diesen Raum der Reflexion und der Besinnung auf den bisherigen gemeinsamen Weg schenken, denn so können sie sich ihre Beziehung, ihre Werte und ihre Liebe vor Augen führen und sich noch einmal bewusst werden, warum sie diesen Schritt gehen möchten. Eine Braut mailte mir einmal ganz beglückt, nachdem sie einen meiner Fragebögen ausgefüllt hatte: „Imke, jetzt weiß ich einmal mehr, warum ich ihn heiraten möchte. Das war ganz toll, das einmal aufzuschreiben.“

Nicht selten sagt ein Paar während des Traugespräches: „Das ist ja wie Therapie!“ – und lacht! Natürlich ist es keine Therapie, aber wir stellen tiefgehende Fragen. Auf einmal hat das Paar einen Raum für die Themen des Herzens. Sie formulieren in Anwesenheit einer fremden Person sehr persönliche Dinge und ich glaube fest daran, dass es wichtig ist, einmal konkret auszusprechen, warum mein Lieblingsmensch mein Lieblingsmensch ist und wie ich mich für diese Beziehung engagieren möchte.

5 Räume für Reflexion und Authentizität

Wir leben in einer Multioptionsgesellschaft, in der viele (privilegierte!) Menschen über ihr eigenes Lebenskonzept entscheiden können oder vielmehr eines auswählen müssen. Schon lange wird vom Pluralismus der Lebensstile gesprochen und die Individualisierungstendenzen sind immer weiter vorangeschritten. Es gibt für die meisten von uns keine vorgefertigten Wege mehr, es ist nicht mehr festgelegt, was wann im Leben passiert, sondern wir sind auf uns selbst zurückgeworfen. Wir müssen entscheiden wie und mit wem wir leben möchten, für welche Werte wir einstehen möchten und warum. Diesen Fragen müssen wir uns stellen, wenn wir unser Leben aktiv, bewusst und verantwortungsvoll gestalten möchten. Wir müssen uns in unserer schnelllebigen Zeit den Freiraum nehmen, der es möglich macht, uns selber zu verstehen, uns nahe zu bleiben und vor Augen zu halten, was uns wirklich wichtig ist.

Es gilt im Leben viele Entscheidungen zu treffen. Ob ich heirate, wen ich heirate, wie ich heirate und warum ich heirate, ist dabei nur eine wichtige Entscheidung im Ensemble anderer. Unsere Aufgabe als freie Redner*innen ist es, Menschen in der Zeit vor dem „Ja-Wort“ zu begleiten und uns mit Feingefühl, Intuition und Können in den kreativen, immer neuen Prozess der Entstehung einer Zeremonie zu begeben.

Das Vertrauen und die Wertschätzung, die uns „unsere Paare“ entgegenbringen ist ein Geschenk; und die vielen Stunden, die wir am Schreibtisch verbringen, um an den Reden zu feilen und den Zeremonie-Ablauf insgesamt stimmig zu gestalten, ist unsere Art schöpferisch tätig zu sein und in unserer Gesellschaft „Herzensräume“ zu schaffen. Authentische Zeremonien zu gestalten, heißt für uns auch, uns immer wieder mit den eigenen aktuellen Lebensfragen bewusst zu befassen und uns selbst mit den Fragen auseinander zu setzen, die wir anderen Menschen stellen.

6 Abschließende Gedanken: Neue Herausforderungen

Das Hochzeits-Business boomt! Auf Hochzeitsmessen tummeln sich hunderte Dienstleister, Hochzeitspaare befassen sich inspiriert von diversen Online-Plattformen monatelang mit ausgefallenen Deko-Ideen, originellen Farbkonzepten und lassen aufwändige Gastgeschenke anfertigen.

Es ist völlig normal bis zu anderthalb Jahre vor dem Hochzeitstag mit der Planung zu beginnen. Ich habe einmal einem von der Planung völlig erschöpften Paar als Hausaufgabe mitgegeben, sich zwei Wochen mal gar nicht mit der Hochzeit zu beschäftigen, sondern im Hier und Jetzt zu leben. Viele Dienstleistende haben in den letzten zehn Jahren den „Hochzeits-Markt“ entdeckt und so sind auch mehr und mehr Menschen auf unseren Beruf aufmerksam geworden.

2008 war der Beruf „freie*r Redner*in“ noch recht unbekannt. Ich musste erklären, was ich genau anbiete und was eine „freie Trauung“ eigentlich ist. In den letzten Jahren hat sich das komplett geändert: Es gibt mittlerweile so viele freie Redner*innen, dass ich allein für Hamburg den Überblick verloren habe. Sänger*innen, Sprecher*innen, Texter*innen aus dem PR-Bereich, Mütter nach der Elternzeit: Viele kommen auf die Idee, freie Trauungen anzubieten, gestalten Homepages, sind auf allen social media Kanälen unterwegs oder bieten sogar einen Komplett-Service an, d.h. sie sind zusätzlich noch Hochzeitsplaner*innen und organisieren nicht nur die Zeremonie, sondern auch die Hochzeitsfeier. Es gibt Wochenend-Workshops, die suggerieren, dass man innerhalb von zwei Tagen freie*r Redner*in werden kann; es gibt regionale Treffen, sog. „Redner-Camps“, für kreativen Austausch, Online-Gruppen zur gegenseitigen Inspiration und als Diskussions-Ort, diverse Agenturen, die den Service von Redner*innen überregional anbieten etc.

Diese rasante Entwicklung macht deutlich, dass sich jede*r innerhalb kürzester Zeit „freie*r Redner*in“ nennen kann, der Beruf ist ja nicht geschützt. Eine klassische oder standardisierte Ausbildung gibt es nicht, eine Homepage ist schnell erstellt und für viele beginnt die Laufbahn als freie*r Redner*in mit einer Hochzeit im Freundeskreis. Die Tätigkeit von freien Redner*innen erfordert verschiedenste Fähigkeiten und erfreut sich daher als noch „neuer Beruf“ großer Attraktivität.

Die Redner*innen wie wir, die schon länger „am Markt“ sind, bekommen auf einmal die Konkurrenz zu spüren. Wir werden immer noch gebucht, aber unsere Preise werden sehr kritisch gesehen, weil es auch Redner*innen gibt, die für eine Zeremonie nur die Hälfte nehmen und – um es zu überspitzen – dann auch noch singen. Ich möchte keinesfalls die Qualität der „Newcomer" grundsätzlich infrage stellen! Ich kenne u.a. ehemalige Hochzeitssänger*innen, die nun (auch) wunderbare Redner*innen sind und eine Hochzeitsplanerin, die auch richtig gute Reden schreibt. Problematisch ist nur, dass diejenigen, die nebenberuflich freie*r Redner*in sind, die nicht so intensive Vorgespräche anbieten oder nicht davon leben müssen, denen mit dem wirklich professionellen Anspruch und der langjährigen Berufserfahrung „die Preise kaputt" machen. Deshalb hat sich in Hamburg mittlerweile auch eine Initiative gegründet, um Qualitätskriterien für freie Redner*innen zu erarbeiten. Man kann sicherlich sagen, dass unser Berufsfeld aus einem bequemen Nischen-Dasein (ohne viel Werbung viele Aufträge) auf dem freien Markt angekommen ist. Wie andere Dienstleistende müssen nun auch wir Marketing- und Kommunikationsstrategien entwickeln und uns eindeutig positionieren. Eine Homepage und Kooperationspartner*innen in der Branche reichen nicht mehr aus, um auf sich aufmerksam zu machen und ausreichend gebucht zu werden.

Ich bin meiner ehemaligen Mitarbeiterin, die jetzt meine Geschäftspartnerin ist, sehr dankbar, dass sie mich 2015 vorsichtig fragte, ob sie für „Imke Klie Zeremonien" nicht mal eine Facebook-Seite einrichten dürfte und ob es nicht sinnvoll wäre, wenn man die Website auch auf einem Handy gut lesen könnte. Ich muss gestehen, dass ich mich lange gesträubt habe, mich mit den neuen Technologien mehr als nötig zu befassen und unser Angebot in den sozialen Netzwerken zu präsentieren, aber wenn man selbstständig ist und die Zielgruppe in der Regel zwischen Ende zwanzig und Ende dreißig Jahre alt ist, dann führt an den sozialen Medien kein Weg mehr vorbei.

Es bleibt abzuwarten wie sich dieses Berufsbild entwickelt. Alle Redner*innen haben ihr eigenes Selbstverständnis, ihren ganz persönlichen Werdegang und ihren individuellen Stil und Anspruch, freie Zeremonien zu gestalten. Noch vor einigen Jahren hatten die Hochzeitspaare nicht viel Auswahl, wenn sie nicht kirchlich heiraten wollten, nun gibt es ein reichhaltiges Angebot verschiedener Anbieter*innen. Diese neue Konkurrenz-Situation können wir als Einladung betrachten, uns unseren Ansatz, unser Konzept und das dahinterstehende Anliegen noch einmal vor Augen zu führen. Dabei geht es gar nicht nur darum, durch Werbekampagnen zu zeigen, inwiefern sich unser Angebot von andern unterscheidet; sondern wir können nochmals für uns selbst ergründen, warum *uns* diese Arbeit so viel Freude macht und dass es uns nicht um Event-Gestaltung geht, sondern darum, Räume fürs Innehalten anzubieten und authentische Momente zu gestalten, die Kraft und Freude schenken.

Trauungen außerhalb und innerhalb der Kirche

Praktisch-theologische Beobachtungen und kasualtheoretische Erwägungen

Kristian Fechtner

1 (Neue) Arrangements im Feld der Trauungen

Greta und Hanns haben, nachdem sie sich lieben gelernt haben und vor einigen Jahren zusammengezogen sind, standesamtlich geheiratet und sich anschließend in der Evangelischen Kirche an ihrem Wohnort kirchlich trauen lassen. Gretas Schwester und ihre langjährige Lebensgefährtin haben dasselbe gemacht, nachdem sie aus dem Schwäbischen nach Frankfurt umgezogen sind. Hier ist es, anders als in Württemberg, kirchlich möglich. Der Cousin der beiden Schwestern hingegen hat mit seiner Liebsten die standesamtliche Eheschließung selbst als großes Hochzeitsfest gefeiert, sie im Brautkleid, er im Hochzeitsanzug; mit Kirche haben sie es nicht so. Und die Schwester von Hanns hat es mit ihrem Ehemann noch einmal anders gemacht: Sie haben ihr Lebensbündnis in einer freien Trauung im Kreis ihrer Freundinnen beschlossen; mit Trauversprechen und Ringwechsel. Die Mutter von Greta war bei allen Feiern mit dabei; jede auf ihre Weise schön. Jetzt überlegt sie – als geschiedene Endvierzigerin hat sie einen neuen Lebenspartner –, wo und von wem sie sich noch einmal trauen lassen und ihre neue Liebe feiern möchte: auf dem Standesamt, in der Kirche, im Garten ihres Lieblingshotels ...

In den vergangenen Jahrzehnten hat sich das Feld der Trauungen grundlegend verändert. Der klassische Zweischritt von standesamtlicher Eheschließung und kirchlicher Trauung mit Hochzeitsfest ist heute längst nicht mehr selbstverständlich; lediglich ein Viertel der Paare, die eine Ehe eingehen, lassen sich auch kirchlich trauen. Doch auch diejenigen, die aus unterschiedlichen Gründen keine kirchliche Trauung wollen, haben mittlerweile die Möglichkeit, ihre Entscheidung für ein dauerhaftes Leben zu zweit in einer (konfessions-)freien Trauzeremonie zu begehen. Haben sich in Gestalt nichtkirchlicher Bestattungen schon länger Alternativen zum kirchlichen Begräbnis etabliert, so hat sich in den vergangenen Jahren das Kasualangebot jenseits der Kirche mittlerweile ausgeweitet.[1]

Seit geraumer Zeit bieten selbständige Rednerinnen wie Imke Klie und ihre Mitarbeiterinnen in Norddeutschland oder freiberuflich arbeitende Theologen[2] neben „Willkommensfeiern“ für den Nachwuchs auch „freie Trauungen“ in ritueller Form an. „Ihr sagt Ja – wir trauen euch! – so lautet das interaktive Angebot auf der Homepage von Imke Klie.[3] Mit Sorgfalt, persönlich zugewandt und passgenau gestaltet – so nehme ich Skripte von Trauungen Imke Klies wahr, die ich einsehen konnte –, werden von Fall zu Fall individuelle Hochzeitszeremonien und Ansprachen entworfen. Welche kasualtheoretischen Einsichten ergeben sich aus Beobachtungen in diesem vergleichsweise jungen Feld? In welchem theoretischen Referenzrahmen lassen sich die Befunde interpretieren? Inwiefern ergeben sich Rückfragen an die kirchliche Traupraxis?

2 Beobachtungen und Einsichten im Feld der freien Trauungen

Wie die kirchliche so verortet sich auch die freie Trauung in einer doppelten Gegenüberstellung: Einerseits setzt sie in der Regel die standesamtliche Eheschließung als einen rechtlichen Akt voraus, von der sie sich als Zeremonie im Kontext einer privaten Hochzeitsfeier absetzt.[4] Andererseits bildet sie einen abgegrenzten feierlichen Ritus, der vor dem Hochzeitsfest zeremoniell begangen wird und das nachfolgende Fest eröffnet. Beide Formen der Trauung, die kirchliche wie die freie, haben einen signifikanten Ort, der (re-)präsentierende Bedeutung hat und für die Beteiligten erinnerungsfähig ist: dort die Kirche mit dem Hochzeitspaar vor dem Altar; hier häufig ein individuell ausgewählter Ort

1 Vgl. *Birgit Janetzky*, Unsere Liebe ist einzigartig – wir wollen ein einzigartiges Ritual. Die Gestaltung nichtkirchlicher Hochzeitszeremonien, in: *Benedikt Kranemann / Joachim Hake* (Hg.), Hochzeit – Rituale der Intimität, Stuttgart 2006, 71–93. Janetzky berichtet, dass seit „Ende der achtziger Jahre“, mithin seit ca. drei Jahrzehnten, „in freier Praxis Rituale an den Lebenswenden“ (72) angeboten werden.

2 Vgl. die Homepage der „Arbeitsgemeinschaft freier Theologen“, www.freie-theologen.de/ (Abruf 22.03.2019), die sich als Netzwerk 2002 gegründet hat.

3 www.imkeklie.de/freie-trauungen (Abruf 25.02.2019).

4 Imke Klie gibt auf meine Nachfrage an, dass die meisten der von ihr getrauten Paare vorher standesamtlich geheiratet haben. Gelegentlich kann, so in einem Beispiel, die standesamtliche Eheschließung in die Gestaltung einer freien Trauung integriert werden.

„draußen“ unter freiem Himmel (am Strand, im Park, auf einer Terrasse etc.). Als Trauung sind die kirchliche wie die freie Feier ein „Zeige-Ritus“[5], der durch die ritualisierten Interaktionen zwischen Rednerin bzw. Liturg, Hochzeitspaar und Festgesellschaft bzw. Gemeinde ausgestaltet wird. In ihm – so die semantische Spur der freien Trauungen von Imke Klie, von denen ich Manuskripte einsehen konnte – „bekennen“ sich zwei Menschen zueinander, „bezeugen“ die Festgäste die Verbindung, die die beiden eingegangen sind, und „verkündet“ die Ritualgestalterin, dass die beiden zueinander gehören. Anders jedoch als die Kasualie im kirchlich-institutionellen Kontext stellt eine freie Trauung keine Amtshandlung dar. Hier handelt die freiberufliche Ritualakteurin nicht qua „Amt“, sie ist vielmehr Beauftragte des Hochzeitspaares. Drei Beobachtungen lassen sich in der Zusammenschau von Imke Klies Darlegungen mit Beispielen aus ihrer Praxis hervorheben und mit Einsichten in den Charakter kirchlicher Kasualpraxis verbinden.

2.1 *Gestaltungslogiken*

Bei einer freien Trauung passiert Wesentliches vorab; sie geht in ihrer konkreten Gestaltung aus den „Planungsgesprächen mit den Hochzeitspaaren“ hervor. Die rituellen Formen sind nicht festgelegt, sie sollen sich aus den Anliegen, Bedürfnissen und Wünschen des Paares ergeben. „Alles darf – nichts muss“[6] ist das Versprechen, dass dem Angebot innewohnt. Während die geprägten Formen und liturgischen Elemente einer kirchlichen Trauung durch Tradition und kirchliche Ordnung vorgegeben sind, speist sich die Feier einer freien Trauung aus einem Reservoir divergierender Möglichkeiten, die (durch das Hochzeitspaar) wählbar und (von der Ritualdesignerin[7] bzw. dem Ritualbegleiter[8]) gestaltbar sind. Aller-

---

5 Der Begriff stammt ursprünglich aus der katholischen Liturgik und bezeichnet den Akt der Elevation in der Eucharistie. Hier charakterisiert er das Trauzeremoniell, dessen Bedeutung wesentlich durch Riten des „Sich-Zeigens“ zur Geltung gebracht wird: so bspw. durch den Einzug, die besondere Kleidung, das exponierte Sitzen bzw. Stehen, das Einander-die-Hand-reichen, den Ringwechsel, den Kuss etc. des Braupaares.

6 So eine Überschrift auf der Homepage (Anm. 3) zum Charakter des Angebots.

7 So die Bezeichnung von *Daniela Leitner*, „Ritualdesign“ als Beruf. Religionswissenschaftliche Überlegungen zur (In-)Varianz freier Trauungen, in: Forum Ritualdynamik 19 (2013), 1–17, www.journals.ub.uni-heidelberg.de/index.php/ritualdynamik/article/view/11459 (Abruf 18.02.2019).

8 So die Bezeichnung bei *Marianne Kramer Abebe*, Aufbruch zu neuen Ritualen. Eine Annäherung an die Praxis freiberuflicher Ritualbegleiter und Ritualbegleiterinnen, in: JLH 39 (2000), 35–64.

dings ist die schlichte Entgegensetzung von *traditionsbestimmt versus optional* keineswegs trennscharf; dies gilt für beide Seiten. Auch die Kasualpraxis der Kirche ist, insbesondere bei Trauungen, zunehmend zu einem „Aushandlungsprozess“[9] mit den Beteiligten geworden, so dass auch hier nicht mehr ein Ritual vollzogen, sondern das Traugeschehen jeweils situationsgemäß rituell inszeniert wird.[10]

Umgekehrt kreieren Paare ihre freie Trauung keineswegs im kulturell luftleeren Raum. Die individuellen Hochzeitszeremonien, die von der Ritualverantwortlichen gestaltet werden, lehnen sich in ihrer Dramaturgie, ihren Grundgesten und ihren Semantiken an geprägte Formen und ererbte Sprechweisen an. Unschwer lässt sich erkennen, dass der typische Ablauf einer freien Trauung mit dem evangelischen Trauritual korrespondiert: Einzug, Ansprache, Lesung, Traufrage, Ringwechsel, Herzenswünsche (Fürbitte), Verkündigung (Zusammensprechen), Auszug. Als liebespoetische, gelegentlich auch freireligiöse *Alternative* zum kirchlichen Akt ist die freie Trauung zugleich auch eine nichtkirchliche *Variante* der kirchlichen Trauung.[11]

2.2 Biografische Zentrierung

Zentrales Kriterium einer freien Trauung ist, dass mit ihr eine „authentische, angemessene Form für ganz persönliche Inhalte“[12] gefunden wird, in der sich die *Individualität des Hochzeitspaares* zum Ausdruck bringt. Was geschieht und gesagt wird, soll passen. Vor diesem Hintergrund wird der Gesamtprozess der Trauung von den Vorbereitungsgesprächen bis zur Feier durchgängig biografisiert: In den Gesprächen artikulieren die Paare ihre persönlichen Vorstellungen, Geschichten und Beweggründe, die in der Feier und der Ansprache aufgenommen und zur Geltung gebracht werden. Entsprechend sind alle partizipativen Elemente der Feier – ein „Memory“ beispielsweise, in dem die Gäste aufzeichnen, was sie mit dem Paar verbinden, oder „Wunschworte“, die den beiden mit auf

---

9 *Lars Charbonnier*, Kasualien als Aushandlungsprozess. Ein Plädoyer für die stärkere Gestaltung einer bisher vernachlässigten Dimension kasuellen Handelns der Kirche, in: *Thomas Klie / Folkert Fendler / Hilmar Gattwinkel* (Hg.), On Demand. Kasualkultur der Gegenwart (Kirche im Aufbruch 24), Leipzig 2017, 37–60.

10 Vgl. auch *Konrad Merzyn*, Die Rezeption der kirchlichen Trauung. Eine empirisch-theologische Untersuchung, Leipzig 2010, der davon spricht, dass der Gestaltung kirchlicher Trauungen heute „affirmative, kreative und distinktive Auswahlprozesse“ (352) zugrunde liegen.

11 Vgl. eine ähnliche Diagnose hinsichtlich „weltlicher“ Bestattungen von *Jan Hermelink*, „Christlich, weltlich und von allem ein wenig“. Gegenwärtige Bestattungsfeiern jenseits der kirchlichen Institution, in: PrTh 37 (2002), 206–209.

12 Siehe: Beitrag von *Imke Klie* in diesem Band.

den Weg gegeben werden – persönlich adressiert und speisen sich aus den individuellen Beziehungsgeschichten mit dem Paar. Als biografisches Ereignis verwandelt die freie Trauung Lebensgeschichte in zweifacher Weise: Im wechselseitigen Versprechen vor Zeuginnen und Zeugen wird die Verbindung zu einer gemeinsamen Geschichte erklärt, die ausdrücklich gewollt ist und in dieser Weise auf Zukunft hin verbindlich gemacht wird. Lebensgeschichte wird damit zu einem gemeinschaftlichen *Lebensentwurf*, der auf einer bewussten Entscheidung beruht. Zugleich wird Lebensgeschichte zurückerinnert an den Anfang der Beziehung, mithin an die Liebe zueinander *in statu nascendi*. Dass es und wie es damals begann, war gerade keine Sache der Entscheidung, sondern Ereignis oder Fügung. Lebensgeschichte wird damit zu einem kontingenten *Lebensgeschick*. Es ist dieses Zusammenspiel von Lebensentwurf und Lebensgeschick, das insbesondere in der Ansprache biografisch konstruiert und zur Geltung gebracht wird. Sie bildet, so Imke Klie, als dreißigminütige Rede an das Hochzeitspaar den zentralen Baustein der Zeremonie, während die Paare an „zusätzlichen Ritualen nicht sonderlich interessiert“[13] sind. Beides ist überraschend, weil in der gegenwärtigen Kasualtheorie und -praxis die Traupredigt eher als der schwächere Part gegenüber den symbolischen Handlungen gilt. In der freien Trauung ist der Fokus auf die Rede insofern plausibel, weil die Ansprache eine durchgestaltete biografische Rede ist, die das Allgemeine (der Liebe) konsequent im Modus des Besonderen (dieser Liebesgeschichte) thematisiert. Der Fluchtpunkt ist dabei die Situation des Kennenlernens als kontingentes und zugleich bindendes Ereignis: „Kennengelernt habt ihr euch […] – Eine [gemeinsame Erfahrung] wird euch auf ewig in Erinnerung bleiben“. Oder: „Aber wie kam es überhaupt zur ersten Begegnung? – Ein Moment ohne Fragen und Zweifel“. Oder: „Eure Wege kreuzten sich in […] – beieinander habt ihr Euer Zuhause gefunden“.[14] Das Narrativ vom verheißungsvollen Anfang, der erinnert und vergegenwärtigt wird, ist eine Art *biografischer Ursprungsmythos*, in dem das Individuelle und das Geheimnis dieser Lebensverbindung aufscheinen; als Erzählung ist er zugleich Bürge für die Zukünftigkeit der Liebe, die sich in Freiheit bindet.

---

13 A.a.O., 43.

14 Schlüsselformulierungen aus verschiedenen Ansprachen von Imke Klie, die ich freundlicherweise einsehen konnte.

2.3 *Autorisierung*

Die *Authentizität* des Ritus hängt nun allerdings nicht alleine daran, dass er die besondere Geschichte des Paares in der Situation der Feier trifft, und seine *Verifikation* ist weder durch die Tradition noch durch eine Institution gewährleistet. Beides braucht als autorisierende Instanz die *ritualgestaltende Person*. Sie verkörpert, indem wie sie sich zeigt und den Beteiligten begegnet, das, was sie im Ritus zu gestalten unternimmt: Sie artikuliert Interesse an konkreter Lebensgeschichte, kommuniziert im Gespräch und in der Rede Wertschätzung, agiert in der Interaktion persönlich. Dass das, was gesagt und dargestellt wird, „echt" ist und dass es „gilt", wird durch ihre Person verbürgt und vermittelt. In der gegenwärtigen Ritualpraxis außerhalb der Kirchen lassen sich idealtypisch drei berufliche Prägungen unterscheiden:

a) Freie Theologinnen, die am ererbten Wissensbestand der kirchlichen Tradition partizipieren und sich zugleich dezidiert von den Ansprüchen abgrenzen, die der verfassten Kirche zugeschrieben werden.[15]
b) Institute und Anbieter mit einem Qualifikationshintergrund aus dem pädagogischen oder sozialen Feld; dies gilt vor allem im Bereich (alternativer) Bestattungsinstitute.
c) Kulturwissenschaftlich Ausgebildete und kulturell Tätige – so durchweg die Mitarbeitenden bei „Imke Klie Zeremonien" –, die aus dem Bereich der *performing arts* (Theater, Musik u.a.) oder der Medienpraxis stammen.

In diesen drei Spielarten wird jeweils ein religiöses, sozialpädagogisches und / oder ästhetisch-gestalterisches Profil außerkirchlicher Kasualpraxis akzentuiert. In jedem Fall muss die Kompetenz *ad personam* ausgewiesen werden. Während die Anbieterin freier Trauungen auf ihrer Homepage an erster Stelle mit Bild und als Person in Erscheinung tritt, ist die Kasualverantwortlichkeit für Trauungen in der Evangelischen Kirche zumeist im Gefüge einer ortsgemeindlichen Homepage versteckt. Abgesehen davon, dass es im kirchlichen Kontext für Gemeindeferne nicht selten schwer nachvollziehbar ist, wer institutionell „zuständig" ist, gewinnt auch hier für die Kasualbegehrenden die Frage an Bedeutung, wer persönlich „ansprechbar" ist.

---

15 Vgl. die Unterscheidungsliste auf der Homepage der Arbeitsgemeinschaft freier Theologen (Anm. 2): keine Amtskleidung, keine missionarische Intention, keine Aufnahme in eine Glaubensgemeinschaft etc.

Aus deren Sicht fällt das eine mit dem anderen keineswegs mehr zwingend zusammen, denn auch für die „positive Deutung" des kirchlichen Trauhandelns durch die Beteiligten ist deren „persönlicher Kontakt mit der Pfarrperson"[16] heute eine wesentliche Voraussetzung.

3 Theoretische Referenzen: Die Logik des Besonderen, das kuratierte Selbst und die spätmoderne Nachreligion der Liebe

Sucht man nach einem theoretischen Horizont, innerhalb dessen die Beobachtungen eingeordnet und interpretiert werden können, dann lassen sich m.E. zwei kultursoziologische Beiträge heranziehen.

3.1 *Die Logik des Besonderen und das kuratierte Selbst*

Wert und Bedeutung haben heute – so fokussiert Andreas Reckwitz seine Studien zur spätmodernen „Gesellschaft der Singularitäten"[17] – diejenigen Dinge und Ereignisse, die als etwas „Besonderes" gelten können. Auf dem Boden einer postindustriellen Ökonomie hat sich eine neue Mittelklasse etabliert, die akademisch gebildet, sozial gut positioniert und für das kulturelle Lebensgefühl bestimmend ist. Sie bildet auch weitgehend das Milieu, für welches das Angebot freier Trauungen ausgelegt ist. Für die kulturell in der neuen Mittelklasse Situierten bemisst sich der Lebensstandard an der Lebensqualität, die sich in den (Alltags-)Praktiken des „guten Lebens" zeigt: beim Essen und Wohnen ebenso wie beim Reisen und der Art und Weise, wie Feste gefeiert werden. Nicht zufällig spielen für die Gestaltung der Feiern und ebenso für die Erfahrungen, die in den Traupredigten angesprochen werden, gemeinsame Erlebnisse beim Essen oder Reisen eine hervorgehobene Rolle. Die Maßgabe für das gute Leben ist die erfolgreiche Selbstverwirklichung, die sich an einer sozial induzierten *Logik des Besonderen* orientiert: „Das eigene Selbst soll in seiner Besonderheit entfaltet werden."[18]

16 *Merzyn* (Anm. 10), 358.
17 *Andreas Reckwitz*, Die Gesellschaft der Singularitäten. Zum Strukturwandel der Moderne, Berlin 2017.
18 A.a.O., 104.

Dies gilt auch und insbesondere für die eigene Trauung, die als etwas Einzigartiges, jedenfalls als etwas Singuläres erlebt werden will. Dafür ist es wichtig, dass sie als ein besonderes Fest erscheint, an einem besonderen Ort stattfindet und eine besondere Gestalt hat.

Leitbild für das spätmoderne Subjekt ist, so Andreas Reckwitz, der Kurator. Im Kulturbetrieb ist die Kuratorin (einer Ausstellung, eines Festivals) nicht selbst die Künstlerin der Werke, die sie zusammenstellt. Und ebenso wenig ist das Subjekt als Kurator auch selbst Lebenskünstler und erschafft frei das eigene Leben als Kunstwerk. Aber es konzipiert und gestaltet sein Leben als ein je besonderes, indem es die Dinge, Praktiken, Beziehungen und Ereignisse individuell arrangiert. Dafür schöpft das *kuratierte Selbst* aus dem Reservoir der Formen, die kulturell zur Verfügung stehen. So kompiliert die Ritualgestalterin für das Hochzeitspaar eine Trauung aus unterschiedlichen Elementen: Popmusik und / oder Choral; am Strand der Lieblingsinsel oder in der Bergkapelle; mit klassischer Fürbitte und / oder Wunschritual; durch ein selbstformuliertes und / oder an Traditionsworte angelehntes Eheversprechen; angereichert durch ein afrikanisches Vermählungsritual und / oder durch den kulturell vertrauten Ringwechsel und vieles mehr. Ähnlich wie bei der Kuratortätigkeit im Kulturbetrieb muss das, was als Feier arrangiert wird, nicht einheitlich sein. Aber auch eine Dramaturgie des Disparaten ist nicht beliebig, sondern folgt der Intention, das je Eigene als das Besondere (dieses Ereignisses, der gemeinsamen Lebensgeschichte, der Individuen) zum Ausdruck und zur Geltung zu bringen: So will ich mich sehen, so wollen wir uns sehen – und so wollen wir von den anderen gesehen werden. In diesem Sinne geht es in der spätmodernen Trauung auch um Anerkennung.

Im Modus der Selbstverwirklichung steht damit die Trauung unter „erhöhten Ansprüchen“[19]. Zum einen hat das Besondere des eigenen Lebens *nolens volens* dem Vergleich standzuhalten: Es genügt nicht, dass es bei der eigenen Trauung so zugeht wie üblich oder wie bei anderen. Zum anderen reicht es nicht, dass die Feier besonders gestaltet wird, sie soll auch – von allen Beteiligten – als etwas Einzigartiges erlebt werden. Der spätmoderne „Selbstverwirklichungsimperativ“ ist in hohem Maße „enttäuschungsanfällig“, weil das intendierte Erleben – in der Feier selbst und mehr noch in Bezug auf den Lebensentwurf, der in ihr zur Darstellung kommen soll – unverfügbar bleibt.[20] Angesichts der aufgeladenen Erwartungen und damit einhergehender Versagensängste nicht weniger Hochzeitspaare im Vorfeld ihrer Trauungen haben freie Ritualbegleiterinnen wie Pfarrer auch eine spezifisch seelsorgliche Aufgabe: Die Trauung beruht auf einer Lebensentscheidung, aber lebensentscheidend ist die Trauung als (mehr oder weniger gelungene) Feier nicht.

---

19 Zu den Spannungsfeldern der Lebensführung: A.a.O., 342–349, 342.

20 A.a.O., 344.

3.2 *Der Ritus einer säkularisierten Liebes-Religiosität*

In der Moderne – so die These, die Ulrich Beck vor etlichen Jahren entfaltet hat – ist die Liebe zwischen zwei Menschen als umfassende Glücksverheißung aufgeladen worden, sie fungiert in einer individualisierten Gesellschaft als „zentrales Sinnmuster" und hat geradezu den Rang einer „*Nachreligion*" gewonnen.[21] Unter dem romantischen Leitmotiv der Liebespartnerschaft begründet die wechselseitige Zuneigung nunmehr die Entscheidung, sich als Ehepaar oder Lebensbündnis trauen zu lassen. „Der Rechtfertigungsmodus der Liebe" – so zeigt sich in den Trauansprachen, die auf die gemeinsame Geschichte und auf die Gefühle, die beide füreinander empfinden, abheben – ist auch im Blick auf die eheliche Gemeinschaft „nicht traditional oder formal, sondern emotional und individuell".[22] Das Eheversprechen ist ein Versprechen aus Liebe; es folgt nicht einem Kalkül und wird nicht als Eintritt in eine Ordnung zelebriert, es gründet vielmehr in der Liebesbeziehung zweier Menschen, die öffentlich bekundet wird. Sinngebend wird die (eheliche) Liebe in einem doppelten Sinne: Zum einen bildet sie ein „Gegenmuster zur Zweckrationalität"[23], das als Grundprinzip gesellschaftlich dominant geworden ist und die Handlungs- und Begründungsmuster mehr und mehr bestimmt. Dass es in der Liebe anders zugehe als im übrigen Leben, macht sie außergewöhnlich und eben dies gilt es in der Trauung zu ratifizieren und im Hochzeitsfest zu feiern. Zum anderen ist sie als authentisches Gefühl der Inbegriff von Individualität, sie ist Ausdruck dessen, was ein Ich empfindet, und zugleich ist sie die Kraft, die zwei Menschen aufs Innigste miteinander verbindet. Wo dies geschieht, steht sie für die Verheißung eines erfüllten Lebens. In diesem Sinne kann Liebe heute, so Ulrich Beck, als „Subjektivitätsreligion"[24] gelten, in der das, was sie zu geben verspricht, nur durch sie selbst eingelöst werden kann. Als „irdische Religion"[25] hat sie jedoch ihre Grenze an sich selbst; ihr Sinnanspruch endet, wo sie selbst endet. Von Haus aus ein unwillkürliches Gefühl braucht sie Ausdrucksformen des Wollens (Versprechen), Symbole und Rituale (Trauung, Trauansprache), die sie vergegenwärtigen und erneuern.

Versteht man Liebe als Nachreligion, kann man freie Trauungen als spätmodernen Ritus einer *säkularisierten Liebes-Religiosität* interpretieren. Dass sich deren Gestaltungsweisen an die Dramaturgie und die Elemente der kirchlichen

---

21 *Ulrich Beck*, Die irdische Religion der Liebe, in: *Ders. / Elisabeth Beck-Gernsheim*, Das ganz normale Chaos der Liebe, Frankfurt / M. 1990, 222–266, 224.

22 A.a.O., 254.

23 A.a.O., 256.

24 Ebd.

25 A.a.O., 237.

Trauung anlehnen, wäre dann mehr als lediglich eine Übernahme ihrer (äußerlichen) Formen. Die freie Trauung partizipiert vielmehr auch an dem, was diese im kirchlichen Kontext kommunizieren; indem sie die rituellen Formen der kirchlichen Trauung zitiert, wird auch das säkulare Ritual religiös grundiert.

Im Gegenzug wäre es lohnenswert, kirchliche Trauansprachen daraufhin anzuschauen, ob und in welcher Weise sie christliche Verkündigung in Semantiken einer spätmodernen Religion der Liebe übersetzen, um sie zeitgenössisch zu plausibilisieren.

4 Impulse für die kasualtheoretische Diskussion

Wenn zwei Menschen ein Lebensbündnis eingehen, dann ist dies ein guter Grund zu feiern und zugleich ein riskantes Unterfangen. Eine Entscheidung füreinander zu treffen, bedeutet immer auch: Man könnte auch anders und es kann auch anders kommen als gewollt. Kirchliche und freie Trauungen bewegen sich in einem spannungsvollen Gefühlsfeld:[26] zwischen Gewissheit und Zweifel; zwischen Hoffnungen und Befürchtungen; zwischen dem Reiz des Außergewöhnlichen und dem Bedürfnis nach Sicherheit; zwischen der Bestätigung dessen, was ist, und der Initiation in eine neue Form der Verbindung. Die rituelle Gestaltung und Begleitung einer Eheschließung im Trauritual hat die Aufgabe, die lebensgeschichtliche Situation zu vereindeutigen, ohne die Ambivalenzen auflösen zu können und zu wollen. Unter diesem Vorzeichen ist es einsichtig, dass sowohl in der Gestaltung freier Trauungen als auch im Erleben einer evangelischen Trauung[27] das Trauversprechen den Fluchtpunkt bilden. Als „öffentliche Inszenierung einer wechselseitigen Selbstfestlegung"[28] – so die spröde, aber zutreffende Kennzeichnung – artikuliert es ein *Wollen*. Genau genommen ist es deshalb kein Liebesversprechen, sondern die Bereitschaft, sich der oder dem anderen in einer Lebenspartnerschaft verbindlich anvertrauen zu lassen. Dies gilt auch für das Ritual einer spätmodernen Liebesreligiosität.

Nur eine Nebenbemerkung: Der Rückgang der kirchlich gewünschten Trauungen in den vergangenen Jahrzehnten hat vermutlich nicht nur mit der Pluralisierung der Lebensformen zu tun, in der das Institut der Ehe zu einer Lebensform neben anderen geworden ist, und mit der größer werdenden Zahl von Menschen, die nicht mehr

26 Vgl. die Studie von *Simone Fopp*, Trauung – Spannungsfelder und Segensräume. Empirisch-theologischer Entwurf eines Rituals im Übergang, Stuttgart 2007, 305ff.415ff.

27 Vgl. den entsprechenden Befund bei *Fopp* (Anm. 26), 417; und *Merzyn* (Anm. 10), 355.

28 *Merzyn* (Anm. 10), 349.

kirchlich gebunden sind. Vermutlich spiegeln sich darin auch zwei weitere Tendenzen wider: Zum einen erscheint die Wahl und Gestaltung der eigenen Lebensform stärker als früher zur Privatsphäre zu gehören, an der öffentliche Institutionen wie die Kirche keinen Anteil haben (sollen). Zum anderen könnte sich darin auch dokumentieren, dass den Kirchen schon seit längerem kaum mehr eine Zuständigkeit hinsichtlich der persönlichen Lebensführung zugemessen wird, wenn es um Aspekte von Partnerschaft, Intimität und Sexualität geht. Die Vorbehalte dürften sich durch das, was derzeit auf katholischer Seite ans Licht kommt, nachhaltig verstärken.

Die Aufmerksamkeit liegt aber hier auf freien Trauungen und auf der Frage, welche kasualtheoretischen Impulse und kasualpraktischen Herausforderungen sich aus ihnen ergeben. Ich konzentriere mich aus evangelischer Sicht auf zwei Gesichtspunkte; der erste ist ekklesiologisch, der zweite liturgisch perspektiviert.

4.1 *Kasualien im kirchlichen Kontext*

Freie Trauungen sind *Angebote von Dienstleistungen.* Und sie geben zu erkennen, dass auch kirchliche Trauungen als Angebote wahrgenommen werden; sie folgen der Logik „on demand“[29]. Unbeschadet weiterer theologischer Bestimmungen gilt es zunächst, auch in der kirchlichen Praxis den eigenen Angebotscharakter ernst zu nehmen. In ihren abschließenden Gedanken skizziert Imke Klie, was es bedeutet, sich als Ritualanbieterin auf einem „freien Markt“ und in einer Konkurrenzsituation zu bewegen. Für eine Kirche, die ihr Ritenmonopol (nicht nur) hinsichtlich von Trauungen verloren hat, sind mindestens drei Dinge herausfordernd: Erstens wird sie darauf aus sein müssen, ihr Angebot sichtbar und in einer Weise zugänglich zu machen, dass sich auch kirchlich Interessierte direkt angesprochen fühlen, die mit kirchengemeindlichen Verhältnissen unvertraut sind: Wie macht man die kirchliche Trauszenerie sichtbar, wer ist das (pastorale) Gesicht, welche Gestaltungsmöglichkeiten werden eröffnet etc.? Zweitens ist das Feld der Trau- und insgesamt der Kasualpraxis gesamtkirchlich zu pflegen und zu entwickeln. Wie können „Hochzeitskirchen“ (in Rheinhessen, auf der Insel Mainau und andernorts) ausgestattet werden, wie können kirchliche Trauangebote in und quer zu ortsgemeindlichen Strukturen gestärkt werden, welche Kompetenzen brauchen Pfarrpersonen die schwerpunktmäßig Kasualaufgaben wahrnehmen? Und drittens wird in Korrespondenz zu den freien Trauungen, die Imke Klie gestaltet, hervorgehoben, dass auch kirchliche Trauungen seit langem im Arrangement mit vielfältigen Co-Inszenierungen Gestaltungsauf-

29 Vgl. *Klie / Fendler / Gattwinkel* (Anm. 9).

gaben individueller Fälle sind, die schon in der Vorbereitung Zeit und Engagement brauchen. Hier kommen Gemeindepfarrer nicht selten an Grenzen, zeitlich und örtlich, auch inhaltlich. Welchen pastoraltheologischen Platz haben Trauungen und Kasualien insgesamt, damit Pfarrerinnen „konkurrenzfähig" bleiben?

Nun sind aber Trauungen als evangelische Kasualien in praktisch-theologischer Perspektive ein Angebot *sui generis*, weil sie als Element kirchlicher Praxis immer auch eine *Ausdrucksform gelebten Christentums* darstellen. Sie und damit alle, die sich an ihnen beteiligen, partizipieren an den Sinngehalten des christlichen Glaubens. Anders als in säkularen Feiern kommt rituell zur Geltung, dass Menschen einander und das, was sie verbindet, als Gabe Gottes und als Aufgabe empfangen. In der gottesdienstlichen Feier einer kirchlichen Trauung werden die Gäste zu einer Gemeinde auf Zeit, die mit dem Hochzeitspaar singt und für das Hochzeitspaar betet. In ekklesiologischer Perspektive wird das biografische Ereignis in die kirchliche Gemeinschaft und die christliche Tradition eingebettet. Dies manifestiert sich im biblischen Trauspruch ebenso wie in der gemeindlichen Fürbitte am Sonntag nach der Trauung. Im Sinne einer „integralen Amtshandlungspraxis"[30] gehören zur kirchlichen Praxis über das Einzelereignis hinaus seelsorgliche Begleitung und Erinnerungskasualien wie Traujubiläen.[31] Erst durch die doppelte Referenz von Angebot und gelebtem Christentum ist die kirchliche Trauung – auch in ihrer Besonderheit gegenüber der konfessionsfreien Trauung – hinreichend bestimmt.

4.2 *Die Differenz der segenstheologischen Perspektive*

Steht sowohl in der freien wie in der kirchlichen Trauung das Versprechen im Mittelpunkt, so liegt die Differenz zwischen beiden darin, dass das Trauversprechen als gottesdienstlicher Akt konstitutiv mit einer *Segensverheißung* verbunden ist. Sie ist in ihrer expliziten Form – als Segenszusage Gottes, die der ehelichen Gemeinschaft gilt – unübersetzbar und fehlt deshalb auch in den säkularen Liturgien. In zweifacher Hinsicht kann das religiöse Segensmotiv gleichwohl auch in freien Trauungen vorkommen bzw. identifiziert werden: In einem Trau-

30 So schon *Joachim Matthes*, Volkskirchliche Amtshandlungen, Lebenszyklus und Lebensgeschichte. Überlegungen zur Struktur volkskirchlichen Teilnahmeverhaltens, in: *Ders.* (Hg.), Erneuerung der Kirche – Stabilität als Chance?, Gelnhausen / Berlin 1975, 83–112, 11.

31 Vgl. *Stefanie Wöhrle*, Traujubiläen, in: *Kristian Fechtner / Thomas Klie* (Hg.), Erinnerungskasualien, Gütersloh 2019, 42–52.

ritual von Imke Klie formulieren die Trauzeuginnen und -zeugen „Segenswünsche", die in Zusagen an das Hochzeitspaar münden: In der Liebe steht „euch die Welt offen [...] Eure Liebe wird weiter wachsen und reifen [...]" Wer steht dafür ein? „Der Grund der Liebe ist immer nur die Liebe selbst."[32] Man könnte auch die Zuwendung der Liturgin im säkular gehaltenen Trauritual als Äquivalent des Segens interpretieren. Es ist der freundliche, der anerkennende Blick, der auf dem Hochzeitspaar ruht: Ich sehe euch und begleite euch (im Ritual).

Das Besondere der segenstheologischen Perspektive innerhalb einer evangelischen Trauung liegt – im Gegenüber zur konfessionsfreien Trauung – in zwei Punkten: Zum einen ist der Segen kein Wunsch, sondern eine Kraft, die das Hochzeitspaar für ihr Lebensbündnis und in ihrer Liebe von Gott zugesprochen bekommt. Er relativiert nicht, was die Hochzeitspaare füreinander empfinden oder tun, sondern bekräftigt es. Zum anderen markiert er – bezogen auf das Eheversprechen – eine heilsame Differenz zwischen dem Wollen und dem Vollbringen: Was hier beginnt, ist verheißungsvoll, aber was daraus wird, ist unverfügbar. Diesen Segen qua Amt, und dies meint als Mittler, zur Geltung zu bringen und als Evangelium zwei Menschen – Greta und Hanns, Gretas Schwester und ihrer Lebensgefährtin – „mitzuteilen", obliegt Pfarrerinnen und Pfarrern in der kirchlichen Trauung.

---

32 *Beck* (Anm. 21), 254.

Neuer Wein in neuen Schläuchen

„trostwerk – andere Bestattungen" in Hamburg

Christian Hillermann

Rund um die Jahrtausendwende entwickelten sich in Deutschland die ersten zarten Pflänzchen einer neuen, achtsameren, mitunter „alternativ" genannten Bestattungsdienstleistung. In verschiedenen Städten wurden innerhalb weniger Jahre unabhängig voneinander Bestattungsunternehmen von Quereinsteiger*innen neu gegründet. In Hamburg gründeten wir 2003 nach zweijähriger Projektphase mit einigen Mitstreitenden den Betrieb „trostwerk – andere Bestattungen". Wie die meisten Kolleg*innen hatten wir schlechte Erfahrungen mit der distanzierten Dienstleistungspraxis des traditionellen Bestattungswesens im biografischen Gepäck und waren von dem „sozialpädagogischen" Gedanken beseelt, eine authentischere und menschenfreundlichere Bestattungskultur aufbauen zu helfen.

Nach einem steten Wachstumsprozess sind wir heute ein Team von sechzehn Mitarbeitenden und betreiben in Hamburg in verschiedenen Stadtteilen zwei Ladengeschäfte als Ausstellungs- und Beratungsorte sowie ein „Abschiedshaus" mit Ruhe-, Abschieds- und Beratungsräumen für Trauernde und ihre Toten. Bereits 2005 wurden wir zudem Teil eines bundesweiten Netzwerkes dieser neuen Bestattungsbetriebe, welches dem fachlichen und kollegialen Austausch und der Unterstützung untereinander dient und in dem mittlerweile 26 Betriebe verbindlich, aber zwanglos verbunden sind.

1 „Andere" Bestattungen

Als Streiter*innen für die (Menschen-)Rechte der Toten und der Trauenden besteht unser Kernanliegen darin, trauernde Menschen offen und parteiisch darin zu unterstützen, sich von vielen allzu standardisierten Konventionen traditioneller Bestattungsroutine zu emanzipieren, um demgegenüber den Abschied von einem geliebten Menschen so persönlich und lebendig wie möglich gestalten zu können. Wir möchten Menschen, die unter dem Eindruck eines gerade erlittenen Verlustes zu uns kommen, durch unsere Begleitung zu einem Höchstmaß an Mündigkeit und Selbstbestimmung verhelfen. Wir selbst verstehen uns dabei als Trauerbegleiter*innen, gewissermaßen akut im „Rettungsdienst“ tätig.

Trauernde sind für uns im Grunde unglücklich „Liebende“ – wie Kessel voll dampfender Energie, in einen Ausnahmezustand verstrickt, meist ein bisschen aus der Zeit gefallen, nicht selten mehr oder weniger traumatisiert, innerlich jedenfalls ziemlich gestresst. Diese Psychodynamik nun vom ersten Moment an aktiv ausleben zu können, ist unseres Erachtens wichtig und sinnvoll.

Wir möchten Trauernden daher nicht zuvorderst vermeintliche „Sicherheit“ anbieten, sondern sie als Expert*innen ihrer Lebenssituation stärken und ihnen Raum zum Ausdruck gerade ihrer Unsicherheiten und Ungewissheiten schenken.

Trauer will empfunden, beachtet und ausgedrückt werden. Das Ausleben des Schmerzes ist die Grundlage der Freiheit, später wieder zuversichtlicher vorausschauen zu können und sich lebensmutig und lebenslustig auf ein neues, verändertes Leben einzulassen. Es bringt nichts, zunächst die Beerdigung „hinter sich zu bringen“. Trauer als Liebeskummer gedacht braucht Ehrlichkeit, Tränen, Klagen, Dampf ablassen und Ruhepausen – zugleich aber auch Lachen, lebendige Gemeinschaft, Erinnern, Neusortieren. Trauern ist ein Tun, ein aktives „Werk“, um Trost zu finden. Die traditionelle Alternative dazu heißt, abwartend darauf zu hoffen, dass die Zeit die Wunden heilen möge.

2 Abschied und Totenfürsorge

Ein in städtischen Milieus weitgehend verschwundener Baustein ist dabei der Kontakt der Trauernden zu ihren toten Menschen. Insofern Sterben bekanntlich ein Prozess ist, lässt sich der Tod als ein darauffolgender Prozess der Materialisierung, der Auflösung alles Geistigen und Seelischen des Menschen beschreiben. Die Toten sind gewissermaßen „paradoxe Wesen“ – sie verkörpern die Anwesenheit der Abwesenheit, die Auflösung von Ganzheitlichkeit. Erst wenn wir die Toten sehen, anfassen und auch riechen, können wir den Tod wirklich seelisch tiefgehend begreifen. Diese (Für-)Wahrnehmung ist wesentlich für einen gelingenden Trauerprozess und die Integration einer Verlusterfahrung – dies gilt übrigens auch und vor allem für Kinder.

Wir raten den Zu- und Angehörigen daher sehr aktiv zu einer Verabschiedung in unserem Abschiedshaus, wenn sie am Sterbebett nicht ausreichend hat stattfinden können. Dabei sind natürlich die Bedingungen der Begegnung entscheidend: eine lebensfreundliche Atmosphäre, die Verstorbenen in ihre eigene

Kleidung gekleidet und eine gute Begleitung als Brückenbau durch die Ängste hindurch sind dabei unerlässlich. Selbst noch etwas für ihre Toten tun zu können ist für Trauernde dabei oftmals unendlich tröstlich: bei der Totenfürsorge, dem Ankleiden mitzuhelfen, einen Sarg zu bemalen, Geschenke, Fotos oder Briefe als Sargbeigaben mitzugeben und Zeit mit den Toten zu verbringen – solange, bis die eigene Seele hinterhergekommen ist. Nicht umsonst war und ist die Totenwache in vielen Kulturen ein uraltes menschliches Ritual.

3 „Der Tod“ in unserer Gesellschaft

Der Tod ist für die meisten Menschen in unserer Gesellschaft und Kultur jedoch noch immer primär ein ängstigendes Thema – wir denken nicht gern dran und wir reden auch ohne konkreten Anlass nicht viel darüber. Dies ist vielleicht grundsätzlich auch nicht verwunderlich, da wir Menschen wie alle höheren Lebewesen eine uns wohl biologisch eingeschriebene Todesfurcht in uns tragen, eine tief verwurzelte Angst vor der eigenen Sterblichkeit oder der eines geliebten Menschen – sowie in der Folge davon auch eine unbestimmte Angst davor, intensiv Trauer zu empfinden, wenn jemand stirbt, der oder die uns wichtig ist.

In Deutschland war die also eh schon schwierige individuelle Auseinandersetzung mit dem Tod im vergangenen Jahrhundert zudem kulturell stark geprägt von den Folgen der zwei großen Kriege – das ungeheure Maß an Traumatisierung und auch ein gewichtiger Schuldkomplex haben die Sprachlosigkeit lange zum gesellschaftlichen Common Sense werden lassen. Die Verdrängung und Tabuisierung in der zweiten Hälfte des vergangenen Jahrhunderts hat ihren Ausdruck in einer weitgehenden Delegation des Umgangs mit dem Tod an „Spezialist*innen“ (Mediziner-, Bestatter- und Seelsorger*innen) und in einem weitgehenden Verzicht auf Formen der Selbstbestimmung in diesem Lebensbereich gefunden.

Der reale Tod wurde durch diese Delegation jahrzehntelang unsichtbar gemacht, er war aus der öffentlichen Wahrnehmung verschwunden und stark privatisiert. Entsprechend wurde Trauer als psychische Energie kollektiv unterdrückt und negiert, Gefühlskontrolle war angesagt. Vor diesem Hintergrund ist es nicht verwunderlich, dass auch die Bestattungskultur vornehmlich im Zeichen dieser Gefühlskontrolle stand, in recht starre Konventionen gegossen war und viele Menschen emotional oftmals kaum erreichen, geschweige denn ihnen Trost spenden oder Kraft schenken konnte oder wollte.

Zwar war diese gesellschaftliche Atmosphäre des Schweigens bereits seit den 1990ern in Folge der Aids-Katastrophe in den 1980ern, des Aufkommens der Hospizbewegung und neuer medizinisch-ethischer Fragestellungen rund um Sterbehilfe, Organspende usw. langsam ins Rutschen und in Bewegung gekommen. Allerdings löste diese Entwicklung die bis heute große Entfremdung und Unsicherheit sowie das Unwissen im konkreten Umgang mit Sterben, Tod und Trauer nicht auf. Es fehlt nach wie vor ein selbstverständlicheres und alltäglicheres Gespräch in den Familien, unter Freund*innen und in der Öffentlichkeit über die Zumutungen der eigenen Sterblichkeit jenseits medizinischer Allmachtsfantasien.

4 Bestattungskultur im Wandel

Die Toten wurden und werden nach unserer Einschätzung nach wie vor meist zu schnell aus den Händen gegeben, zu unpersönlich und lieblos bestattet. Von professioneller Seite (Bestatter-, Pastor- und Trauerredner*innen) wird oftmals suggestiv versucht, durch das eigene normierende Tun vorschnell eine vermeintliche Stabilität zu erzeugen – so „wird es eben gemacht“! Diese zweifelhafte Praxis hat im Ergebnis allerdings zu einem zunehmenden Verzicht auf gelebte Abschiedskultur und einen dramatischen Wandel der Friedhofskultur geführt. Zunehmend mehr Menschen entscheiden sich gegen eine Trauerfeier und für anonyme Begräbnisse oder verabschieden sich gleich ganz von den Friedhöfen als den Orten tradierter Erinnerungskultur und suchen ihr Glück in Begräbniswäldern oder zunehmend auch im virtuellen Raum.

Allerdings gibt es demgegenüber mittlerweile eine Gegenkultur einer neuen achtsamen Bewusstheit und einer zunehmenden Individualisierung im Umgang mit Sterben, Tod und Trauer. Immer mehr Menschen begreifen, dass es eigentlich umso tröstlicher und heilsamer ist, je offener darüber gesprochen werden kann, je direkter und sinnlicher sie diesen Bereich als Teil des Lebens erfahren und erleben und je aktiver sie ihn selbst gestalten können.

Es gibt heute sehr viele verschiedene Bestattungsmöglichkeiten und entsprechend viele individuell unterschiedliche und sehr persönliche Wege durch die Bestattungszeit. Das Feld des Abschiednehmens ist eigentlich ein weites „Feld der Freiheit“, welches wir mit den Trauernden zu erschließen versuchen. Was am Ende aber oft sogar noch wichtiger als das jeweilige Ergebnis der Bemühungen ist, ist für Trauernde das nachhaltige Gefühl und die Gewissheit, eine wirkliche Wahl gehabt zu haben.

5 Bestattung als „Trauerbegleitung“

Das Bestatter*innen-Dasein in unserem Sinne als „Trauerbegleitung“ zu begreifen, heißt, „Seelsorge“ in die klassischerweise primär organisatorische Bestattungs-Dienstleistung zu integrieren. Dies bedeutet, für die Zeit der Zusammenarbeit in einer lebensfreundlichen Atmosphäre in professioneller, aber aufrichtiger Weise empathische Beziehungen mit den Zu- und Angehörigen einzugehen. Dabei verzichten wir z.B. darauf, mithilfe der klassischen schwarzen Berufsbekleidung eine künstliche Distanz aufrecht zu erhalten.

In der Regel führen wir mit einer Familie im Bestattungsprozess drei Beratungsgespräche, leisten persönliche Begleitung bei Abschiednahmen, bei Trauerfeierlichkeiten, bei der Einäscherung und der Beisetzung und führen ein Abschlussgespräch zur Nachsorge – diese Zeit streckt sich meist über drei bis vier Wochen hin. In unseren Gesprächen geht es neben der authentischen Begegnung darum, in vielfältigen Blickwinkeln auf Lebenslauf und Wesen der Verstorbenen sowie die Beziehungen zu ihnen zu blicken, um daraus bestmöglich passende Angebote zu allen Fragen einer möglichen Ritualgestaltung zu formulieren.

Etwaigen Konflikten unter den Zu- und Angehörigen begegnen wir dabei zunächst mit einer wertneutralen Haltung eines unterstützenden „Sowohl-als-auch“. Fast immer gelingt es nämlich, dem Unheil eines „kleinsten gemeinsamen Nenners“ differenzierende Angebote von parallel und nebeneinander möglichen Wegen für unterschiedliche Bedürfnisse entgegen zu stellen. Und manchmal ist es dann auch die Frage nach unserer eigenen Haltung oder Position, die sinnvolle Anregungen zu leisten vermag.

So ist es z.B. immer wieder eine Frage, ob und wie sich zerstrittene Trauernde jeweils wechselseitig eine Abschiednahme von den Toten einräumen wollen. Wenn wir dann den mutmaßlichen Blickwinkel des verstorbenen Menschen einnehmen und dessen „Recht auf Verabschiedung“ stärken, können wir oft für etwas heilsamen Gleichmut bei den Beteiligten sorgen. Wesentliche Voraussetzungen und damit Schlüsselqualifikationen für unsere Mitarbeitenden sind ein geschultes Einfühlungsvermögen und eine aufrichtige Offenheit gegenüber unterschiedlichsten Weltanschauungen und Lebensentwürfen. Dazu kommen neben rhetorischer Kompetenz ein arbeitsorganisatorisch bereit zu stellendes hohes Maß an genügend Zeit und Raum, sowie viel geistige Flexibilität für eine prozesshafte Beratung. Den besonderen emotionalen Herausforderungen für uns selbst begegnen wir mit intensivem Austausch im Team und regelhafter externer Supervision.

6 „Rituale in Bewegung“

Gelingende Rituale im Trauer- und Abschiedsprozess können als symbolische Handlungen sehr wertvoll sein, sind aber unabhängig von der konkreten Form und der institutionellen Eingebundenheit nur dann hilfreich und tröstlich, wenn sie von den Beteiligten selbst ideell und emotional gefüllt und darüber mit persönlicher Bedeutung versehen werden können. Die Kraft des Rituals verpufft, wenn sie die Trauernden gefühlsmäßig nicht zu erreichen vermag, wenn das Ritual gar in erster Linie der Gefühlskontrolle verpflichtet ist. So bieten manch streng liturgisch durchgeführte Trauer-Gottesdienst-Riten in ihrer Bildersprache, dem programmatischen „Jenseits“-Optimismus und der oft nur recht oberflächlichen Würdigung der Biografien der Verstorbenen zu wenig emotionale Anknüpfungspunkte für Trauernde.

Eine Trauerfeier begreifen wir demgegenüber als ein sehr persönliches Ritual, welches stets aufs Neue kreiert, angepasst und mit individuellen Sinn- und Deutungsangeboten entwickelt werden will – mit bedeutungstragender Musik, einer empathischen biografischen Erzählung, mit Angeboten zum Weinen, zum Lachen und zum Mittun. Ein gelungener Abschiedsritus sollte Fragen aufwerfen, Ambivalenz zulassen, die Trauernden aufwühlen, durchschütteln und der existenziellen Einsamkeit angesichts des Todes ein lebendiges Gemeinschaftserlebnis gegenüberzustellen versuchen. Ein geselliger Leichenschmaus allein reicht dafür nicht aus.

Wir beziehen die Trauernden weitestmöglich in die Vorbereitung und Durchführung der Trauerfeierlichkeiten mit ein: Trauerkarten individuell gestalten, eigene (Rede-)Beiträge entwickeln, die Musik aussuchen, eine persönliche Dekoration (mit-)entwickeln, kleine Eingangs- und Ausgangsrituale kreieren, Särge und Urnen selbst zum Grab tragen und beisetzen – das „Ritual füllen, um erfüllt zu werden“! Die mit uns zusammenarbeitenden Trauerredner*innen müssen daher ebenfalls stets ergebnisoffen in ihre Trauergespräche gehen, die dann auch nicht selten bis zu drei Stunden dauern. Und sie müssen natürlich die Bereitschaft und Fähigkeit haben, diese Anforderungen an ihre Handlungs- und rhetorischen Kompetenzen erfüllen zu können – wir bilden daher mittlerweile eigene Redner*innen aus!

Als Orte der Trauerfeierlichkeiten kommen dabei für uns übrigens nicht nur Friedhöfe, sondern auch Orte des Lebens in Frage. Wir haben Trauerfeierlichkeiten (und auch Gottesdienste) in Kulturzentren, Theatern, Kinos, Sportclubs, Hafenbarkassen, Gastronomien und unter freiem Himmel durchgeführt, wenn sich darüber das Lebenswerk bzw. -gefühl von Verstorbenen in passender Weise ausdrücken ließ. Im Rahmen christlicher Abschiedskultur sind wir vor diesem Hintergrund meist heilfroh, wenn wir die Gottesdienste dann auch in Kirchen als den authentischen Orten des Glaubens durchführen können – jedenfalls dann, wenn die zuständige Gemeinde ein gewisses Maß an kreativer Offenheit an den Tag legt.

7 Nischen- oder Zukunftsmodell?

Zurzeit wird das Angebot von „trostwerk" wesentlich von Menschen aus dem Milieu eines liberalen Bildungsbürgertums wahrgenommen. Unsere hauptsächliche Zielgruppe sind Menschen zwischen 40 und 60, die meist ihre Eltern oder ihre Lebenspartner*innen zu bestatten haben und die soziologisch mitunter als LOHAs beschrieben werden („*lifestyle of health and sustainability*") – solche Menschen also, die sich in ihrer Lebensgestaltung insgesamt sinnstiftend und gesundheitsbewusst verhalten wollen.

Wir haben uns in Hamburg und auch überregional einen guten Ruf erworben, gelten augenzwinkernd als „Bioladen" der Branche und können mittlerweile auf die Empfehlungen vieler zufriedener Angehöriger und zahlreicher Multiplikator*innen vertrauen. Seit der Gründung versuchen wir zudem erfolgreich, mit verschiedensten Aktivitäten von Öffentlichkeitsarbeit und Werbemaßnahmen (Web-Seite, Printmedien, Vorträge, Fortbildungsangebote, Kultur-Veranstaltungen) unserem Anliegen in der Öffentlichkeit Gehör zu verschaffen.

Vor diesem Hintergrund und den Erfahrungswerten befreundeter Betriebe aus anderen Städten ist davon auszugehen, dass die Angebote „alternativer" Bestattungsunternehmen zumindest in städtischen Milieus in den nächsten zehn bis zwanzig Jahren einen weiter steigenden Anklang finden dürften und einen real vorhandenen Bedarf abzudecken vermögen. Ob ein solches Angebot dabei auch ein Zukunftsmodell für einen noch größeren Ausschnitt der Gesellschaft sein wird, wird die Zukunft zeigen – die traditionelle (auch kirchliche) Bestattungskultur steht jedenfalls unter Veränderungsdruck.

Trauerbegleitung als Verständigung über das Leben

Gemeinsame Perspektiven freier Rituale und kirchlicher Bestattung

Birgit Weyel

1 Einleitung. Herausforderungen durch Wandel

Rituale sind in Bewegung.[1] Insbesondere für die Kasualie der Bestattung ist vielfach von einem „Wandel"[2] die Rede, der mit dem Hinweis auf die Pluralisierung der Bestattungsformen und die Individualisierung der Trauerkultur illustriert werden kann. Das Diskussionspapier der Evangelischen Kirche in Deutschland spricht in diesem Zusammenhang von einer „tektonischen Verschiebung"[3]. „Denn die Liberalisierung des Bestattungswesens führt zu erheblichen Veränderungen bis hin zu völlig neuen Angebotsformen wie z.B. den sog. FriedWäldern. Die Erwartungen an eine Beerdigung und an die (Mit-)Gestaltungsformen wandeln sich, sie sollen individueller, persönlicher und selbstbestimmter werden."[4] Die Veränderungen der Bestattungskultur werden als eine Herausforderung für die kirchliche Bestattungspraxis definiert. „Die Individualisierung der Trauerkulturen und ihr Geschwisterkind, die Pluralisierung der Gestaltungsformen,

---

1 So der Titel der Tagung in Marburg am 12./13. Oktober 2018 in Marburg. Dieser Aufsatz wurde in einer kürzeren Fassung als Response auf den Beitrag von *Christian Hillermann* dort vorgetragen. Dr. Manuel Stetter (Tübingen) verdanke ich aus gemeinsamen Gesprächen und seinen Anmerkungen zu diesem Text wichtige Impulse.

2 Exemplarisch für den titelgebenden Hinweis auf einen Wandel: *Reiner Sörries*, Pietät und Prosecco. Bestattungskultur im Wandel, in: Herder Korrespondenz / Spezial, (2017) 2, 52–54. Dass die Bestattungskultur eigentlich immer schon im Wandel war, dokumentiert: *Andreas Merkt* (Hg.), Metamorphosen des Todes. Bestattungskulturen und Jenseitsvorstellungen im Wandel – vom alten Ägypten bis zum Friedwald der Gegenwart (Regensburger Klassikstudien 2), Regensburg 2016.

3 *Evangelische Kirche in Deutschland* (Hg.), Herausforderungen evangelischer Bestattungskultur. Ein Diskussionspapier, Hannover 2009. www.ekd.de/ekd_de/ds_doc/ekd_bestat tungs kultur.pdf (Abruf 04.03.19), 2.

4 Ebd.

sind für die Kirche keine rein defizitären Entwicklungen, sondern enorme Herausforderungen, die die Sehnsucht nach persönlichen Abschiedsformen spiegeln."[5] Keine „rein defizitären Entwicklungen" – die Formulierung lässt eine negative Bewertung[6] erkennen, wenn auch die „Sehnsucht nach persönlichen Abschiedsformen"[7] als eine berechtigte Ursache ausgemacht wird, auf die die kirchliche Bestattung reagieren soll. Die Tendenz des Papiers liegt darin, Pfarrerinnen und Pfarrer anzusprechen und anzuregen, ihre Bestattungspraxis angesichts der skizzierten Veränderungen zu reflektieren und neu zu justieren.

Der Hinweis auf eine *persönliche* Gestaltung findet sich bei Christian Hillermann als zentrales Moment des Selbstverständnisses der durch sein Unternehmen „trostwerk" angebotenen Bestattungsdienstleistungen. Als Kernanliegen formuliert er, „trauernde Menschen offen und parteiisch darin zu unterstützen, sich von vielen allzu standardisierten Konventionen traditioneller Bestattungsroutine zu emanzipieren, um demgegenüber den Abschied von einem geliebten Menschen so persönlich und lebendig wie möglich gestalten zu können."[8]

Das Persönliche soll im Vordergrund stehen: „sehr persönliche Wege durch die Bestattungszeit" sollen gefunden, die Familien „persönlich" bei der Abschiednahme begleitet, die Trauerfeier als „sehr persönliches Ritual" verstanden und mit „persönlicher Bedeutung" versehen werden, indem die Angehörigen „eine persönliche Dekoration (mit)entwickeln", um überhaupt „den Abschied von einem geliebten Menschen so persönlich und lebendig wie möglich gestalten zu können"[9].

Die emphatische Betonung des Persönlichen gewinnt bei Hillermann Prägnanz vor dem Hintergrund der Kritik an Routinen, Konventionen, Standardisierungen, die dem „traditionellen Bestattungswesen"[10] zugeschrieben werden. „Von professioneller Seite (Bestatter-, Pastor- und Trauerredner*innen) wird oftmals suggestiv versucht, durch das eigene normierende Tun vorschnell eine vermeintliche Stabilität zu erzeugen – ‚so wird es eben gemacht'!" Hier setzt das

---

5 Ebd.

6 Welche Perspektive bei der Beschreibung eingenommen wird, bleibt in der Schwebe. Insgesamt sechs Mal kommt das Wort „Angebot" in dem Text vor. Sieben Mal ist von einem „Markt" die Rede. Diese Wortwahl legt nahe, dass tendenziell eine ökonomische Perspektive eingenommen wird.

7 *EKD* (Anm. 3), 2.

8 Dieses und alle folgenden Zitate aus dem Beitrag von *Christian Hillermann* in diesem Band.

9 Ebd.

10 Ebd. Dass die Tendenz auf Personalisierung in unterschiedlichen kulturellen Kontexten diskutiert wird, zeigen exemplarisch *Kathleen Garce-Foley / Justin S. Holcomb*, Contemporary American Funerals: Personalizing Tradition, in: *Kathleen Garces-Foley* (Hg.), Death and Religion in a Changing World, London / New York 2006, 207–227; *Thomas Quartier*, Die Grenze des Todes. Ritualisierte Religiosität im Umgang mit den Toten, Berlin 2011.

Selbstverständnis des alternativen Bestattungsunternehmens an: Trauer und Bestattung sollen den Hinterbliebenen als ein „weites ‚Feld der Freiheit'" eröffnet werden. Ziel ist es, Sprachlosigkeit, Verdrängung und Tabuisierung zu überwinden, indem die Angehörigen, ermutigt und unterstützt durch den Bestatter oder die Bestatterin, nach Ausdrucksformen für ihre Trauer suchen und den Übergang selbst mitgestalten. Trauern und Bestatten sollen ein „aktives ‚Werk'" sein; eben dieses Tun und Gestalten verleihen Trauerprozess und Bestattungsritualen eine persönliche Note. Die Professionalisierung in der Totenfürsorge habe dazu geführt, dass die Toten „meist zu schnell aus den Händen gegeben, zu unpersönlich und lieblos bestattet" werden. Standardisierung, Konventionalisierung und Routinisierung im Bestattungswesen reproduzieren demnach die gesellschaftliche Verdrängung des Todes, die Entfremdung von Gefühlen und deren Kontrollzwang. Die so benannten negativen Folgen der Professionalisierung und Spezialisierung im Feld der Bestattung werden allerdings nicht etwa durch weniger Professionalisierung, sondern durch eine „andere" Professionalität aufgefangen, die gerade nicht darin besteht, die Angehörigen zu entlasten und ihnen möglichst viel abzunehmen.

Auch darin gibt es Parallelen zum EKD-Diskussionspapier, das die Pfarrerinnen und Pfarrer in ihrer Professionalität anspricht und ihnen zu denken geben will, ihr berufliches Handeln neu zu orientieren. Angesichts einer verstärkten Beteiligung der Angehörigen ist es nicht angemessen von einer Re-Privatisierung oder einer De-Professionalisierung zu sprechen, denn die neu bzw. wieder zu gewinnende Beteiligung der Angehörigen muss professionell begleitet werden. Die Professionalität des alternativen Ritualbegleiters und der Ritualbegleiterin besteht darin, dass sie für die Ritualbegleitung Kompetenzen bereithält, die Angehörigen in die Totenfürsorge und die Entscheidungen der Ritualgestaltung verstärkt einzubeziehen. Darin sehe ich eine wesentliche Pointe des Selbstverständnisses von „trostwerk" als der „anderen" Bestattung. Der rhetorische Gestus der „Gegenkultur" ist im Übrigen ganz typisch für Bestattungsunternehmen, die ein ähnliches Modell verfolgen und sich unter anderem auch von kirchlichen Bestattungen abzugrenzen versuchen.[11]

Der Wandel im Feld der Trauer- und Bestattungskultur, das zeigt eine erste Wahrnehmung der Selbstdarstellungen, wird offensichtlich so kommentiert und bearbeitet, dass es sowohl seitens der Kirchen als auch der alternativen Bestat-

11 *Dorothea Lüddeckens*, Trauerrituale in der alternativen Trauer- und Bestattungskultur, in: *Thomas Klie / Martina Kumlehn / Ralph Kunz / Thomas Schlag* (Hg.), Praktische Theologie der Bestattung (Praktische Theologie im Wissenschaftsdiskurs 17), Berlin / München / Boston 2015, 207–228, 213.

tungsunternehmen darum zu gehen scheint, sich von einer unpersönlichen Bestattungskultur abzugrenzen sowie den eigenen Beitrag zur Bestattungskultur als eine Dienstleistung zu verstehen, die auf einem ökonomisch definierten Markt zu positionieren ist.

2 Bestattungskultur auf dem Markt? Zum Selbstverständnis der Ritualbegleitung

Viele professionelle Akteure in diesem Feld haben vermutlich ein ähnliches Selbstverständnis von ihrer Arbeit, wie dies Christian Hillermann für sein Unternehmen skizziert. Auch die Kasualbegleitung durch evangelische Pfarrer und Pfarrerinnen ist dem Leitbild einer zugewandten und sensiblen Trauerbegleitung verpflichtet. Das EKD-Diskussionspapier betont mit Nachdruck, es werde „alles darauf ankommen, dass die evangelische Bestattungspraxis zugewandt, persönlich und seelennah wird."[12] Der rhetorische Gestus ist von Bedeutung: Die evangelische Bestattungspraxis *ist* demnach nicht etwa zugewandt, persönlich und seelennah, sondern sie soll es *werden*, wenn die Pfarrer und Pfarrerinnen ihre Bestattungspraxis entsprechend verändern. Darin liegt eine pastoraltheologische Zumutung, da die Veränderungsbedürftigkeit des professionellen Handelns pauschal unterstellt wird. Weiterhin wird, obwohl die Kirche kein unternehmerischer Dienstleister ist, ein ökonomisch konnotierter Markt, wenn nicht sogar eine Konkurrenzsituation, heraufbeschworen. Vom „stark umkämpften Markt der Angebote und Werte" ist die Rede, auf dem die Pfarrerinnen und Pfarrer „eine außerordentlich gute Ausgangsposition" hätten.[13] Die Frage, ob die Kasualbegleitung im Trauerfall überhaupt marktförmig gestaltet ist, wird nicht diskutiert, sondern vorausgesetzt.

Es mag im Einzelfall durchaus eine Wahl geben, ob eine Pfarrerin oder ein freier Redner als Ansprechperson in Frage kommt, ohne dass notwendig von einem stark umkämpften Markt zu sprechen ist. In einer pluralen Gesellschaft kann es ein vielfältiges Angebot an unterschiedlichen Ritualen und Rednerinnen und Rednern geben, ohne dass die Inanspruchnahme der einen oder anderen Ritualbegleitung der Marktlogik unter den Bedingungen der Konkurrenz folgen

12 *EKD* (Anm. 3), 3.

13 Zitate *EKD* (Anm. 3), 3. Vom „wankenden Ritualmonopol" der Kirche spricht auch *Christoph Morgenthaler*, Welche rituelle Gestaltungskraft hat die Kirche? Praktisch-theologische Erwägungen, in: Praktische Theologie 50, (2015) 3, 133–139, 135.

muss. In praktisch-theologischer Perspektive liegt es daher aus meiner Sicht näher, die ökonomischen Paradigmen nicht etwa rhetorisch zu reproduzieren. Den Abgrenzungsgesten nicht zu folgen, bedeutet, nicht von vornherein *die einen* und *die anderen* auszumachen, die Traditionellen, Routinierten auf der einen und die Persönlichen und Kreativen auf der anderen Seite. Es bedeutet zudem, nicht von Gewinnern und Verlierern bei den Markanteilen zu sprechen, sondern das pluralisierte Feld der Bestattungsrituale mit vielen unterschiedlichen Akteuren in seiner Differenziertheit wahrzunehmen und zu beschreiben.

Auch in einer repräsentativen Umfrage zur Bestattungspraxis unter evangelischen Pfarrerinnen und Pfarrern in Württemberg aus dem Jahr 2011 (Erhebungsjahr)[14] deuten die Befunde auf ein entspanntes Miteinander. 95,3 Prozent der befragten Pfarrerinnen und Pfarrer gaben an, dass sie gut oder sogar sehr gut mit den Bestattungsunternehmen (mehrheitlich sind es zwei bis drei) vor Ort zusammenarbeiten.[15] Keiner der 194 Befragten bewertete die Zusammenarbeit negativ. Die übrigen Prozente (4,7) waren neutral. Diese Erhebung spricht dafür, dass das Verhältnis der professionellen Akteure, Bestattungsunternehmer, Pfarrerinnen etc. kooperativer ist als Markt- und Konkurrenzmetaphern vermuten lassen.

Auch im Hinblick auf die Bedeutung der persönlichen Hinwendung zu den Angehörigen gibt es große Übereinstimmungen zwischen den befragten Pfarrerinnen und Pfarrern und dem Selbstverständnis der alternativen Dienstleister. 85,1 Prozent der Pfarrerinnen und Pfarrer stimmten der Aussage zu, dass bei ihren Bestattungen wesentlich die Seelsorge im Vordergrund stehe. Für fast alle (97,9 Prozent) leistet die Bestattung einen wichtigen Beitrag zur Trauerbewältigung und fast 90 Prozent (89,2 Prozent) sehen ihre Bestattungspraxis als einen ganz wesentlichen Teil ihrer Arbeit, der auch ihr berufliches Selbstverständnis im Ganzen prägt. Pfarrerinnen und Pfarrer geben an, hilfreiches Feedback zu ihren Bestattungen zu erhalten. Sie sind im Gespräch mit den Menschen, die sie begleiten (98 Prozent).[16]

---

14 Die Repräsentativumfrage im Kirchenbezirk Ulm wurde von mir gemeinsam mit den Mitarbeitenden Tobias Weimer und Carmen Hoffmann konzipiert und durchgeführt. Sie besteht aus einem Fragebogen und qualitativen Anteilen (Predigtanalysen und Interviews mit Angehörigen und Fernstehenden). Hier beziehe ich mich auf den Fragebogen: Häufigkeitstabelle I.02 Einstellung zur Bestattung; die Daten können bei der Autorin eingesehen werden.

15 Mehrheitlich (bei 62 Prozent der Befragten) sind es zwei bis drei Unternehmen; Tabelle III.01. 21,1 Prozent arbeiten nur mit einem Unternehmen zusammen; 13,9 Prozent mit vier bis fünf und 2,6 Prozent mit mehr als fünf Anbietern (Tabelle III.04).

16 *Weyel* (Anm. 14), Tabelle II.02.

Bruchlinien, die auf ein Selbstverständnis schließen lassen, das sich beispielsweise von „trostwerk“ prinzipiell unterscheidet, sind hier auf den ersten Blick nicht zu sehen.

Vor diesem Hintergrund möchte ich daher im Folgenden gemeinsame Perspektiven der Arbeit im Feld der Trauer- und Bestattungskultur benennen: Welche Theorieperspektiven könnten für alle professionellen Akteure, die in diesem Feld arbeiten, von Bedeutung sein? Welche Aspekte betonen freie Ritualbegleiter und Ritualbegleiterinnen, die möglicherweise auch für Pfarrerinnen und Pfarrer wichtig sind? Und welche Aspekte werden von Pfarrerinnen und Pfarrern geltend gemacht, die möglicherweise auch für freie Ritualbegleiter und Ritualbegleiterinnen anregend und weiterführend sein könnten? Diese gemeinsamen Perspektiven sind als Theorieangebote zu verstehen, die eine Kasualtheorie zu entwickeln sucht, die freie Bestattungsunternehmen und Pfarrerinnen und Pfarrer als unterschiedliche Professionen[17] in demselben Feld versteht.

Drei zentrale Perspektiven der Ritualgestaltung sollen im Folgenden entfaltet werden: die bereits angesprochene Mitgestaltung und Beteiligung der Angehörigen, die Frage nach den korrespondierenden Gruppen und Öffentlichkeiten, die bei der Bestattung im Blick sind und schließlich die Thematisierung der Gestaltung und Vermittlung des Persönlichen angesichts eines von professionellen Routinen geprägten Berufsfeldes.

3 Mitgestaltung und Beteiligung der Angehörigen. Die Ritualbegleitung als symbolische Formung

Die Rolle der Ritualbegleitenden, sofern sie ihre Aufgabe wesentlich darin sehen, die Hinterbliebenen darin zu unterstützen, eigene Formen zu finden, um ihre Trauer zum Ausdruck zu bringen und den Abschied mitzugestalten, ist als „Empowerment“ und als „Selbstermächtigung“[18] beschrieben worden.

---

17 Die Überlegungen konzentrieren sich auf die Trauerrituale evangelischer Pfarrer und Pfarrerinnen und freie Bestattungsunternehmen, die ein vergleichbares Selbstverständnis wie „trostwerk“ haben. Weitere Trauerredner und Trauerrednerinnen und Ritualgestaltende sind hier aber nicht grundsätzlich ausgeschlossen.

18 *Lüddeckens* (Anm. 11), 216. Dieser Begriff wird auch von *Teresa Schweighofer* zur Konzeptualisierung der Rolle der freien Ritualbegleitung verwendet in: Freie Ritualbegleitung, Manuskript Dissertation, Wien 2018, 135. Sie lehnt sich an Lüddeckens sowie an *Wilfried Gebhardt / Martin Engelbrecht / Christoph Bochinger*, Die Selbstermächtigung des religiösen Subjekts. Der „spirituelle Wanderer“ als Idealtypus spätmoderner Religiosität, in: Zeitschrift für Religionswissenschaft 13 (2005), 133–151 an.

Im Rahmen einer qualitativen Studie zu alternativen Bestattungsritualen in der Schweiz hat Dorothea Lüddeckens neben Teilnehmender Beobachtung an den Ritualen und Gesprächen mit Ritualteilnehmenden, vor allem semi-strukturierte Interviews mit 15 Schweizer Ritualdesignern und Ritualdesignerinnen geführt.[19] Sie konzeptualisiert das Selbstverständnis der Befragten als Moderatoren und Moderatorinnen zwischen den unterschiedlichen Interessen und Bedürfnissen der Trauernden sowie zwischen den einzelnen Trauernden untereinander und deren Bedürfnis bzw. Wunsch nach einer rituellen Ausdrucksform.[20]

Hatte Ronald L. Grimes die Freien Bestattungsanbietenden als „diviner" und „plumber" bezeichnet,[21] so arbeitet Lüddeckens in ihrer Studie eine Führungsrolle (*leadership*) heraus, die sie in einem Spannungsfeld verortet, das wesentlich durch die Unternehmerrolle geprägt ist. Die Ritualbegleitung wird durch Kunden und Kundinnen veranlasst. Die Ritualbegleitenden vertreten unternehmerische, ökonomische Interessen, die in einer sensiblen Spannung zur emotionalen Nähe mit den Angehörigen stehen, die zugleich Klienten und Klientinnen sind. Die Unternehmerrolle stehe aber zugleich in Spannung zum idealistischen Selbstverständnis (*mission*) der Ritualanbietenden, „which encourages a different kind of dealing with death and the dead and tries to change the modern technocratic materialistic and patriarchal society"[22]. Auch Christian Hillermann betont, eine „Mission" zu haben, die sich einer kollektiven Verdrängung des Todes entgegensetzt, dem Verzicht auf gelebte Abschiedskultur und einer restriktiven Gefühlskontrolle. Lüddeckens kritisiert nicht etwa das Unternehmertum als solches, sondern sie unterstreicht den daraus resultierenden gesteigerten Moderationsbedarf, der dem oder der Ritualbegleitenden zuwächst.[23] In einem bilateralen Dienstleistungsverhältnis übernimmt er oder sie eine sensible Führungsrolle, sofern er oder sie Anbietende und Seelsorgende zugleich ist, für eine klar konturierte Trauerkultur steht, zugleich aber die Wünsche seiner bzw. ihrer Kunden und Kundinnen aufnehmen muss.

Was sich in der Frage nach dem *Empowerment* der Angehörigen und deren Selbstermächtigung bereits andeutete, zeigt sich an dieser Stelle deutlich: Es geht bei der Ritualgestaltung wesentlich auch um Fragen der Gestaltungsmacht

---

19 *Dorothea Lüddeckens*, Alternative death rituals in Switzerland: building a community of shared emotions and practices, in: Journal of Contemporary Religion 33 (2018) 1, 107–121.

20 „They are moderators who preside over the design and performance of rituals, moderating between the different interests and needs of the bereaved and between the bereaved and their need or wish for ritual performance." A.a.O., 112.

21 *Ronald L. Grimes*, Deeply into the Bone. Re-inventing Rites of Passage, Berkely 2000, 12.

22 *Lüddeckens* (Anm. 19), 112.

23 Teresa Schweighofer arbeitet diese Problemstellung insbesondere für diejenigen Ritualbegleitenden heraus, die zuvor für die Katholische Kirche in Österreich bzw. ehrenamtlich gearbeitet haben. *Schweighofer* (Anm. 18), 116.

bzw. *Agency*[24], d.h. um Möglichkeiten des Zugangs zu sozialen und symbolischen Gütern und Positionen, die sich auf die einzelnen Akteure unterschiedlich verteilen.[25] Vor diesem Hintergrund könnten die hier angedeuteten Theorieperspektiven ein Anregungspotential auch für Pfarrerinnen und Pfarrer haben, die sich darauf verstehen, die Angehörigen in die Ritualgestaltung einzubeziehen und die Trauerfeier als von ihnen mitzugestaltendes Ritual zu entfalten versuchen. Vielfältige Ansätze dazu gibt es selbstverständlich bereits, wenn die Biografie der Verstorbenen von den Angehörigen erzählt und von Pfarrerinnen und Pfarrern produktiv und kreativitätsfördernd in der Predigt zitiert und referiert oder Konfirmationssprüche und Liedwünsche liturgisch aufgenommen werden. Solche Impulse und Gestaltungswünsche sind in der Kasualtheorie vor allem als individuelle Wünsche thematisiert worden. Sie haben in der Regel einen Ort in dem Gespräch, das der Trauerfeier vorausgeht. Cäcilie Blume zielt in ihrer Dissertation über populäre Musik bei Bestattungen auf eine offene Haltung der Pfarrerinnen und Pfarrer gegenüber individuellen Wünschen der Hinterbliebenen, aber auch die Beratung und den Austausch in einem intensiven Gespräch, das sich wesentlich als ein Seelsorge- und nicht als Konfliktgespräch versteht. Sie arbeitet aus den Interviews mit Pfarrerinnen und Pfarrern und Angehörigen die Kategorie der ästhetisch und inhaltlich gleichermaßen zu verstehenden *Stimmigkeit* heraus.[26]

Nimmt man die Anregung auf, dass ein gesteigerter Moderationsbedarf auch von Pfarrerinnen und Pfarrern gefordert ist, so würde es in den Gesprächen zur Vorbereitung einer kirchlichen Bestattung ausdrücklich darum gehen, über Mitgestaltungsmomente ins Gespräch zu kommen, Angehörige dazu zu ermutigen, die Trauerfeier als eine gemeinsam zu gestaltende Feier zu sehen. Die gemeinsame Gestaltung bedeutet im Vergleich zur Berücksichtigung oder Nichtberücksichtigung einzelner Gestaltungswünsche eine veränderte Sicht auf die Kasualie. Damit sich aber eine stimmige gemeinsame Gestaltung ergeben kann, ist nicht

---

24 Zum Konzept und seinen Implikationen vgl. den Sammelband *Stephanie Bethmann / Cornelia Helfferich / Heiko Hoffmann / Debora Niermann*, Agency. Qualitative Rekonstruktionen und gesellschaftstheoretische Bezüge von Handlungsmächtigkeit, Weinheim / Basel 2012, darin bes.: *Heiko Hoffmann*, Eine methodologische Integration netzwerkanalytischer und rekonstruktiver Zugänge zu menschlicher Agency, 154–180.

25 *Oliver Krüger / Michael Nijhawan / Eftychia Stavrianopoulou*, „Ritual" und „Agency". Legitimation und Reflexivität ritueller Handlungsmacht, in: Forum Ritualdynamik 14 (2005), 1–34, 15.

26 *Cäcilie Blume*, Populäre Musik bei Bestattungen. Eine empirische Studie zur Bestattung als Übergangsritual (Praktische Theologie heute 127), Stuttgart 2014, 293f. Zum Konfliktgespräch siehe *Eberhard Hauschildt*, Der Streit am Sarg um die Musik. Zur Ursache und Bewältigung von Konflikten zwischen den Beteiligten, in: Musik und Kirche 69 (1999), 305–312.

nur ein ausführliches Gespräch vorauszusetzen, sondern auch die Professionalität der Ritualspezialisten und Ritualspezialistinnen, die auf eine symbolische Formung zielt. Denn die symbolische Formung übersteigt das unvermittelte Nebeneinander von einzelnen Gestaltungselementen zu einer pragmatischen Ästhetik, wie sie Hans-Georg Soeffner treffend beschreibt und von der reinen Kunst abzugrenzen versucht:

> „Priester, Schamanen, Magier, Ritualspezialisten mögen kunstvolle Rituale zelebrieren, aber in der Rolle des Ritualspezialisten sind sie keine Künstler. Sie leben und agieren, das ist der ‚Gesellschaftsvertrag' mit ihnen, nicht im ‚geschlossenen Sinnbereich' oder ‚Sinngebiet' der Kunst, sondern sie bewegen sich im Ritual in einer funktionalen, gemeinschaftsstützenden kommunikativen Gattung. Ebenso wenig wie sie Künstler sind (oder sein sollten), dürfen sie reine Darsteller und Schauspieler sein, wenngleich wir von ihnen verlangen, dass sie die Kunst der Darstellung beherrschen. Wollen sie nicht untergehen in dem permanent (und mit Grund) an sie herangetragenen Verdacht, dass man nie wissen könne, in wie weit Verlass auf sie sei, so müssen sie eine ‚praxisorientierte' Darstellungskunst leisten: eine pragmatische, funktionsadäquate Ästhetik, in der es zu einer sowohl für die Akteure selbst als auch für das von ihnen Repräsentierte zu einer überzeugenden Balance von Wahrhaftigkeit und Darstellung, innerer Haltung und äußerer Form kommt."[27]

Die Aufgabe der symbolischen Formung im Zusammenhang einer kommunikativen Gattung gilt für alle Ritualspezialisten und Ritualspezialistinnen gleichermaßen. An die Pfarrerinnen und Pfarrer kann die Frage gestellt werden, inwieweit es ihnen gelingt, die Trauerfeier nicht auf einen eng umrissenen religiösen Sinnbereich abzuschließen, sondern das Sinnpotential christlicher Symbole kommunikativ zu öffnen. Diese kommunikative Öffnung betrifft auch die Gespräche zur Vorbereitung der Trauerfeier. Hier haben es Pfarrerinnen und Pfarrer mit einem breiten Spektrum an Angehörigen zu tun, breiter vielleicht als ein Bestattungsunternehmen, das sich auf bestimmte Kundengruppen spezialisiert hat.[28] Im Rahmen der Pfarrerumfrage beschreiben Pfarrerinnen und Pfarrer auf der einen Seite die Situation, dass Angehörige sich desinteressiert zeigen: „Sie machen das schon!"[29] Andere wiederum signalisieren, dass nichts Persönliches zur Sprache kommen soll. Auf der anderen Seite beschreiben sie es als Herausforderung, wenn die individuellen Gestaltungswünsche der Angehörigen als nicht verhandelbar eingebracht werden, eine spezielle Form von Frömmigkeit

---

27 *Hans-Georg Soeffner*, Symbolische Formung. Eine Soziologie des Symbols und des Rituals, Göttingen 2010, 48f. Mit Referenzen auf Alfred Schütz.

28 *Hillermann* beschreibt das eindrücklich am Beispiel der Milieuzugehörigkeit seiner Kunden und Kundinnen.

29 *Weyel* (Anm. 14).

„zementiert“[30] werden soll oder Lieder und Texte eingebracht werden, die nach Ansicht der Spezialistinnen und Spezialisten in ein stimmiges Ritual nicht zu integrieren sind. Wenn es an dieser Stelle nicht nur darum gehen soll, Wünsche zuzulassen, sie zu genehmigen, oder sie abzulehnen, dann ist tatsächlich ein erhöhter Kommunikations- und Moderationsbedarf zu konstatieren.

Die von Soeffner ins Spiel gebrachte Kategorie einer pragmatischen Ästhetik grenzt das Ritual nach zweit Seiten hin ab. Das Ritual misslingt sowohl, wenn die zentralen Akteure, denen eine Spezialistenrolle zugeschrieben ist, zu unprofessionell und fehlerhaft agieren, als auch wenn das Ritual zur puren Inszenierung und zur reinen Kunst mutiert. Die Balance im Sinne der pragmatischen Ästhetik im Blick zu behalten und überzeugend zu verkörpern ist die Aufgabe der Ritualbegleitenden und ihrer Moderation, die nicht nur die Ritualgestaltung selbst, sondern auch die Gespräche und Kontakte im Umfeld der Bestattung betrifft. Es liegt nahe, dass ein erhöhter Moderationsbedarf in der Regel mit einem höheren Zeitaufwand verbunden ist. Zwar haben im Rahmen der Umfrage nur wenige der befragten Pfarrerinnen und Pfarrer der Aussage zugestimmt: „Ich würde gerne mehr Zeit in die Vorbereitung von Bestattungen investieren können.“[31] Bei der Frage nach dem zeitlichen Budget für die einzelnen Elemente der Trauerbegleitung zeigt sich allerdings ein verhältnismäßig geringer durchschnittlicher Zeitaufwand.[32] Die meiste Zeit wird für die Predigtvorbereitung verwendet. Ein Vergleich mit der zeitlichen Gestaltung von freien Bestattern und Bestatterinnen wäre hier nochmal von Interesse. Geht man mit Lüddeckens von einem gesteigerten Moderationsbedarf[33] aus, liegt der zeitliche Schwerpunkt der freien Bestattungsunternehmen vermutlich eher auf dem direkten Kontakt und den Gesprächen mit den Angehörigen als in der Vorbereitung der Feier.

30 Ebd.

31 *Weyel* (Anm. 14): Item IV.04: 6,2 Prozent: Trifft im Großen und Ganzen zu; 0,5 Prozent: Trifft voll und ganz zu; 31,6 Prozent: Trifft teilweise zu; 42,5 Prozent: Trifft weniger zu und 19,2 Prozent: Trifft überhaupt nicht zu.

32 *Weyel* (Anm. 14): 80,4 Prozent der Befragten widmen den Gesprächen mit den Angehörigen ein bis zwei Stunden. Auf die Predigtvorbereitung wird im Durchschnitt mehr Zeit verwendet: ein bis zwei Stunden (30,9 Prozent), zwei bis drei Stunden (42,3 Prozent) und mehr als drei Stunden (20,1 Prozent). Für die Vorbereitung der liturgischen Gestaltung ist der Zeitaufwand am niedrigsten: 14,7 Prozent geben eine Viertel- bis halbe Stunde an, 43,3 Prozent: eine halbe Stunde bis eine Stunde. Rechnet man noch 45 Minuten für die Trauerfeier dazu, dann liegt der Aufwand für eine Bestattung in etwa bei fünf Stunden. Immerhin 61,9 Prozent schließen noch einen Besuch bei den Angehörigen nach der Bestattung an.

33 Teresa Schweighofer arbeitet diese Problemstellung insbesondere für diejenigen Ritualbegleiter heraus, die zuvor für die Katholische Kirche in Österreich bzw. ehrenamtlich gearbeitet haben. *Schweighofer* (Anm. 18), 116.

4 Korrespondierende Gruppen und Öffentlichkeiten. Die Ritualgemeinde als imaginative Gemeinschaft

Eine kirchliche Bestattung wird vor dem Hintergrund einer tatsächlich oder vermeintlich bestehenden Glaubens- oder Traditionsgemeinschaft begangen. Sie ist als ein „öffentlicher Gemeindegottesdienst aus besonderem Anlass"[34] zu verstehen. Ob dies tatsächlich von den Angehörigen auch so verstanden und erlebt wird, ist eine andere Frage. Offen ist auch, ob über die Angehörigen hinaus eine solche Glaubens- und Traditionsgemeinschaft symbolisch repräsentiert und adressiert wird. Diese Fragen lassen sich empirisch immer nur konkret, am Beispiel einer Trauerfeier beantworten. Von den theologischen Voraussetzungen her aber kann die kirchliche Bestattung als eine Feier verstanden werden, die auf eine imaginative Gemeinschaft hin orientiert ist und durch gemeinsame, geteilte Symbole und Traditionen konstituiert wird.

Lüddeckens sieht in diesem Gemeinschaftsbezug eine entscheidende Differenz zwischen kirchlicher Bestattung und freier Trauerfeier. Im Fall der freien Trauerfeier seien beide, Redner und Angehörige, Dienstleisterin und Kundin, nicht Teil einer Gemeinschaft.

> „The celebrants perform the ritual not because the bereaved are members of a shared community, but because they are paying clients. It's not about Vergemeinschaftung, but about Vergesellschaftung."[35]

Man kann freilich fragen, ob die Rolle von Pfarrerinnen und Pfarrern tatsächlich eine genuin andere ist. Zum einen ist vielleicht nur die Tote, nicht aber der Sohn, mit dem die Pfarrerin das Gespräch führt, Mitglied der Kirche. Zum anderen haben Kirchenmitglieder selbstverständlich auch Anteil an Pluralisierung und Individualisierung und zwar auf beiden Seiten (Pfarrer, Pfarrerin und Trauernde), sodass Verständigungsbemühungen und Aushandlungsprozesse über die Bedeutung von Symbolen und Glaubensvorstellungen auch hier notwendig sind. Vergemeinschaftung auch bei einer kirchlichen Bestattung kann nicht einfach vorausgesetzt werden, sondern besteht in einer „imagined community" (Benedict Anderson), die vor dem Hintergrund dessen, was konkret der Fall ist, auf Regeneration und Plausibilisierung angewiesen ist. Symbole und Deutungen müssen

---

34 *Evangelischer Oberkirchenrat, Stuttgart* (Hg.), Gottesdienstbuch für die Evangelische Landeskirche in Württemberg II Die Bestattung, Stuttgart 2000, 12.

35 *Lüddeckens* (Anm. 19), 112.

auch anlässlich kirchlicher Trauerfeiern in kommunikativen Prozessen mitgeteilt werden, damit Vergemeinschaftung stattfinden kann. Die Traditions- und Glaubensgemeinschaft, die Lüddeckens bei kirchlichen Bestattungen voraussetzt, muss durch Imagination erst hergestellt werden.

An freie Bestattungen kann man die Rückfrage stellen, auf welche Gruppen und Gemeinschaften sie sich eigentlich beziehen. Sind bei der Trauerfeier auch Nachbarn, Arbeitskolleginnen, ferne Angehörige mit im Blick oder zielt die Ritualgestaltung nur auf die nahen Angehörigen, die Lüddeckens als Kunden und Kundinnen identifiziert? Eine Schwierigkeit könnte sein, dass die Personenkreise, die in den Kontakt mit dem Bestatter oder der Bestatterin nicht eingebunden sind, möglicherweise mit Symbolisierungen und Anspielungen konfrontiert sind, in die sie nicht eingeweiht sind und die sie nicht verstehen.[36] Ihnen könnte eine Publikumsrolle zugewiesen werden, die sie kategorial in Distanz zu den nahen Angehörigen rückt. Dabei muss es sich freilich nicht um eine prinzipielle Differenz zu kirchlichen Bestattungen handeln, denn auch hier stellt sich die Frage, ob überhaupt Trauernde über den engsten Bekanntenkreis hinaus anwesend sind und ob diese adressiert und repräsentiert werden. Die Bestattungsagende spricht von der christlichen Gemeinde. Diese kann bei Kasualien nicht einfach als parochiale Gruppe verstanden und vorausgesetzt werden.[37]

Die Frage nach den legitimierenden Komponenten eines Rituals durch Gruppen und Öffentlichkeiten ist tatsächlich zentral. Das Ritual stellt nicht nur den Anlass und den Rahmen für Aushandlungsprozesse dar, sondern es bedarf stets auch der offiziellen Anerkennung und Ablehnung durch eine Gruppe, „welche sich durch die Arbeit der offiziellen Anerkennung, die darin besteht, die jeweilige Praktik *kollektiv zu machen*, indem sie *öffentlich gemacht, delegiert und synchronisiert* wird, sich ihr eigenes Tun *selbst gestaltet*."[38] Somit betrifft die Frage nach den korrespondierenden Gruppen und Öffentlichkeiten alle Ritualbegleitenden, frei oder kirchlich, denn das Ritual zielt über die engsten Angehörigen hinaus auf die Vergemeinschaftung einer adressierten, symbolisierten und repräsentierten Gemeinschaft.

---

36 *Lüddeckens* verweist darauf, dass einige der Ritualbegleitenden die personalisierten Ritualelemente mit Elementen kombinieren, die sie als stärker interpretationsoffen ansehen: „open to different readings, but [...] common enough to allow people with different cultural backgrounds to associate with them". (Anm. 19), 113.

37 *Evangelischer Oberkirchenrat, Stuttgart* (Anm. 34), 13 und öfter ist von „der Gemeinde" und „Gemeindegliedern" als Öffentlichkeit, bzw. als Akteure im Gottesdienst die Rede.

38 *Pierre Bourdieu*, Sozialer Sinn. Kritik der theoretischen Vernunft, Frankfurt am Main 1987, 417.

5 Das Persönliche angesichts von Routinen. Die Trauerfeier als institutionelle Gelegenheit der Verständigung über das Leben

Dorothea Lüddeckens hat in ihrer Studie typische Elemente freier Bestattungsrituale und die damit verbundene Reflexivität des Persönlichen und Individuellen beschrieben. Die Beobachtung der freien Rituale zeigt allerdings auch, dass diese einer spezifischen Sequenzierung folgen und eine Struktur haben. Sie sind als sog. neue Rituale „against the backdrop of preceding formations"[39] entwickelt; d.h. durch Ritualtransfer[40] werden vorhandene Liturgien zitiert, transformiert und neugestaltet; und auch neue Rituale setzen sich selbstverständlich in Ketten wiederkehrender Elemente fort und lassen liturgische Ordnungen erkennen. Insofern haben auch individualisierte, neue, freie Bestattungen Anteil an Wiederholungsprozessen. Das kann auch gar nicht anders sein. Das Persönliche und Individuelle ist insofern sozial konstruiert, kulturell vermittelt und abgestützt.[41] Bei den freien Ritualen rückt das Persönliche und Individuelle als sozial konstruierte Beziehung der Hinterbliebenen zu der Verstorbenen in den Mittelpunkt des Rituals.[42] Ausdrucksformen und Symbole werden als für die Verstorbenen charakteristische, typische Ausdrucksformen identifiziert und als solche kommuniziert. Die in die Gestaltung einbezogenen Angehörigen, die Zugang zur *performative agency* haben, werden dazu ermutigt, angesichts des Todes der Verstorbenen zum Ausdruck zu bringen, welche Gefühle der Verlust bei ihnen auslöst. Die Gefühle werden als Ausdruck von Lebendigkeit und als Hoffnungsbilder gedeutet. „Accepting emotions, whatever they might be, becomes a sign for accepting both life and death."[43]

---

39 *Lüddeckens* (Anm. 19), 113.

40 A.a.O., 108. Auch Paul Post betont, dass rituelle Dynamiken von Veränderungen ausgehen (z.B. einem Ortswechsel). *Paul Post*, Ritualtransfer als Re-Inventing Ritual. Liturgische „Bewegungen" und rituell-liturgische Referenz, in: Liturgisches Jahrbuch 58 (2008), 149–164.

41 „[S]ocially constructed, transmitted and reinforced". *Stef Aupers / Dick Houtman*, Beyond the Spiritual Supermarket. The Social and Public Significance of New Age Spirituality, in: Journal of Contemporary Religion 21 (2006) 2, 201–222 (218f).

42 „[T]he memorisation of the individuality of the dead person as a (previously) living person", *Lüddeckens* (Anm. 19), 113.

43 A.a.O., 115.

Ein kommunikatives Element der Trauerfeier ist die Trauerrede. In rhetorischer Perspektive kommt ihr die Funktion zu, die Verstorbenen zu würdigen.[44] Die Biografie der Verstorbenen wird so erinnert und gedeutet, dass der individuelle Fall, das Leben und Sterben der Person, in seiner Bedeutung für die Nachwelt dargestellt wird und damit auch exemplarischen Charakter gewinnt. Rückt die Trauerrede ganz und gar in den Kontext einer Familienfeier ein, dann verliert sie den Charakter einer öffentlichen Verständigung über das endliche Leben. Trauerfeiern würden dann als kasuelle Gelegenheiten zur Selbstverständigung über Leben angesichts des Todes eine gesellschaftliche Leerstelle bilden.

Beerdigungen sind jedoch auch als institutionelle Gelegenheiten zu begreifen, in denen das Leben des Verstorbenen thematisch wird und darin auch eine Selbstverständigung über das Leben angesichts des Todes stattfindet – oder eben ausbleibt. Nicht nur Pfarrerinnen und Pfarrer, sondern auch freie Ritualbegleiter und Ritualbegleiterinnen „bewegen sich im Ritual in einer funktionalen, gemeinschaftsstützenden kommunikativen Gattung"[45]. Auch freie Ritualbegleiter und Ritualbegleiterinnen wie „trostwerk" übernehmen eine öffentliche Repräsentanz und damit eine Verantwortung, die über die Dienstleistungsbeziehung mit ihren Klienten und Klientinnen hinausgeht. Umgekehrt kommt eine Verantwortung für die öffentliche Plausibilität der von ihnen vorgetragenen Lebensdeutungen auch den Pfarrerinnen und Pfarrern zu.

Im Anschluss an die Analyse der Bestattungspredigten von Pfarrerinnen und Pfarrern konnten modellhaft gelingende Beispiele einer biografischen Bestattungspredigt gezeigt, aber auch problematische Beispiele benannt werden.[46] An einer sehr traditionell-formelhaft geprägten Predigt war nachweisbar, dass es ihr an Offenheit für ambivalente Lebenserfahrungen mangelte. Stereotype waren sowohl im Hinblick auf Frömmigkeit (der Verstorbene als Glaubensbeispiel), als auch auf Geschlechterrollen deutlich erkennbar. Das Unverwechselbare und Individuelle wurde eher nivelliert als präsentiert und das kreative Potential der wechselseitigen Beleuchtung von christlicher Tradition und Lebensgeschichte

---

44 Nach Quintilian ist die Trauerrede eine Gattung der Laudatio. *Marcus Fabius Quintilianus*, Ausbildung des Redners. Zwölf Bücher herausgegeben und übersetzt von Helmut Rahn, Erster Teil, Buch I–VI, Darmstadt 1995, Buch III 7, 1; 349. Zur Kasualrede und ihren prinzipiellen Implikationen vgl. auch *Jakob Kühn*, Kleine Theoriegeschichte der Kasualrede, in: *Thomas Klie / Folkert Fendler / Hilmar Gattwinkel* (Hg.), On Demand. Kasualkultur der Gegenwart (Kirche im Aufbruch 24), Leipzig 2017, 87–108.

45 *Soeffner* (Anm. 27), 48.

46 *Birgit Weyel*, Lebensdeutung. Die Bestattungspredigt in empirischer Perspektive, in: *Thomas Klie / Martina Kumlehn / Ralph Kunz / Thomas Schlag* (Hg.), Praktische Theologie der Bestattung (Praktische Theologie im Wissenschaftsdiskurs 17), Berlin / New York 2015, 121–140, 131ff.

verspielt. Umgekehrt konnten auch gelungene Beispiele biografischer Bestattungspredigten gezeigt werden, in denen die Persönlichkeit der Verstorbenen prägnant erinnert wird und am Beispiel dieser einen, unverwechselbaren Lebensgeschichte eine Verständigung über das Leben gelingen kann, die über die nahen Angehörigen hinausweist.[47] Ein solcher Verständigungsprozess könnte als ein gemeinsames Anliegen aller professionellen Akteure im Feld der Bestattung geleistet werden und ein kommunikativer Beitrag in einer religionspluralen und säkularen Gesellschaft sein.

47 Die Beispiele können ebd. nachvollzogen werden.

Katholische Suchendenpastoral

Lebenswendefeiern in Halle

Verena Krinke

Die Suchendenpastoral in Halle geht davon aus, dass Gott überall, wo wir hingehen, längst da ist. Deshalb wird er nirgendwo hingebracht, sein Geist nicht eingeführt und er muss nicht erst bewusst gemacht werden ... Gott ist da. Und ich habe die schöne Aufgabe, ihn überall zu finden und ihm zu begegnen. Das ist der Kern der Suchendenpastoral. Gott ist der „Ich bin da!" So hat er es zu Mose am Dornbusch gesagt. Der sperrige Begriff „Suchendenpastoral" sollte am Anfang ein Arbeitstitel sein, der weiterentwickelt wird. Aber wie es mit Provisorien ist: Sie halten sich hartnäckig und gut. Die Stelle Suchendenpastoral in Halle (Saale) hat zwei Schwerpunkte: a) das Zusammenleben oder die Verbundenheit mit allen möglichen Partnern zu suchen, also Verbindungsstelle zu sein; b) die Vorbereitung und Durchführung der Lebenswendefeier für Jugendliche.

1 Der erste Schwerpunkt: Verbindungsstelle sein

Es gibt hier Verbindungen mit der Evangelischen Kirche, der Neuapostolischen Kirche und der freikirchlichen Evangeliumsgemeinde bei der Gestaltung der Begegnungshütte auf dem Weihnachtsmarkt der Stadt Halle, bei der Gestaltung von Stadtteilfesten etc.

Auch die Stadt bietet sich als Partnerin an, so z.B. bei politischen Protesten, bei der Stadtteilentwicklung, in der „Interessengemeinschaft Alter Markt", bei Aktivitäten für Kinder und Jugendlichen auf diversen Stadtfesten.

Aber die Suchendenpastoral wäre keine Verbindungsstelle, wenn es nicht auch den freien Kontakt auf den Plätzen und Straßen der Stadt geben würde im Dasein, Zuhören, Reden, Fragen, Mitsein, Stören und / oder dem Erspüren und sich Aussetzen von Gottes Gegenwart. Sich dabei dem jeweiligen Sozialraum auszusetzen und die Erfahrungen der Menschen ins Gebet zu bringen, ist selbstverständlich.

Außerdem hat die Suchendenpastoral die schöne Aufgabe, freie Angebote für Menschen, die andere Wege der Religiosität suchen, mit zu entwickeln. Als Beispiele seien hier Ringzeremonien für Trauungen, Segensfeiern für Silberhochzeiten, Orientierungstage an der See, Meditationskreise, Besinnungstage und Gebetskreise aufgeführt.

Die freien Angebote im Laden „Schief und Krumm – das Unicum“, bei denen mit Holz geschnitzt, mit Musik experimentiert, aus Scherben Neues gestaltet wird oder Reisebuchvorstellungen angeboten werden, tragen viel dazu bei, Gottes Wirklichkeit in dieser Welt zu entdecken. Dazu kommen monatliche Begegnungen mit Kinderheimgruppen oder Aussteiger*innen, Unangepassten, Unbequemen.

Dieser erste Schwerpunkt der Suchendenpastoral gestaltet sich als vielseitig und bunt. Er ist ein wachsendes Modell, an dem man sehr schön sehen kann, was passiert, wenn wir über alle unsere Tellerränder hinausblicken und diese Welt mitgestalten.

2 Der zweite Schwerpunkt: Die Feier der Lebenswende

2.1 Zum Hintergrund

Die Feier der Lebenswende für Jugendliche (im Alter von vierzehn Jahren) hat auf dem Gebiet der neuen Bundesländer ihre Tradition in der Jugendweihe, wie sie zu DDR-Zeiten Bestandteil des Sozialismus war. Im Jahr 1998 wurde in Erfurt der jetzige Weihbischof Hauke von Eltern gebeten, eine Feier für konfessionsfreie Jugendliche zu entwickeln. Er tat es mit Erfolg.

Die Botschaft dieses Festes ist: Jeder Mensch ist einmalig und besonders. Jede*r ist ausgestattet mit Talenten, Erfahrungen, Erlebnisschätzen, Sehnsüchten, Träumen. Für die Entwicklung des Menschen ist es wichtig, ernst genommen zu werden. Diese Feier und ihre Vorbereitung nehmen die Einzelnen ernst und lassen sie aktiv mitgestalten. Sie zeigen allen: Du bist in deiner Art geliebt und getragen vom Netz der Gemeinschaft. Die Jugendlichen erleben: Ich stehe nicht allein in dieser Welt, denn Mitschüler*innen gehen mit, Gäste kommen zu meiner Feier und die Hauptamtlichen der Kirchen, die die Vorbereitung durchführten, stehen als Moderator*innen der Feier an meiner Seite.

In Halle ist durch das Engagement Einzelner diese Feier im Jahr 2000 eingeführt worden. War sie in den ersten fünf Jahren nur den Schüler*innen der katholischen Schule angeboten worden, so haben Visionär*innen die Feiern für alle Schulen der Stadt Halle ermöglicht.[1] Im Jahr 2016 wurde eine Kooperationsvereinbarung zwischen der Evangelischen und der Katholischen Kirche geschlossen. Für das Jahr 2019 haben wir über 600 Jugendliche, die an den Feiern und ihren Vorbereitungen teilnehmen. Das entspricht ungefähr 35 bis 40 Prozent der Jugendlichen der Stadt in dem Jahrgang. Es ist ein spannendes ökumenisches Projekt. Wir gehen gemeinsam und suchen Wege des Möglichen. Dabei entdecken wir Sackgassen, haben neue Erkenntnisse in der Ökumene und dürfen uns ausprobieren auf nicht reglementierten Wegen. Das bringt Freude ins Dasein, ist Glück und Segen.

2.2 Der Ablauf der Feiern

Es gibt fünf vorbereitende Treffen. Im ersten suchen die Jugendlichen die Schätze ihrer Kindheit. Sie betrachten das Gestern. Im Anschluss daran gehen sie ins Heute mit den Fragen: In welchen Gruppen lebe ich? Was ist diesen Gruppen wichtig? Was ist mir so wertvoll, dass ich ein Haus daraus gestalte? Anschließend kommen sie in das Träumen für Morgen, mit Fragen wie: Welche Hoffnungen, Sehnsüchte habe ich für die – bzw. meine – Zukunft? Wir laden sie ein, Symbole dafür zu finden und eine Kerze damit zu gestalten.

Nach dieser Vorbereitung kommt die eigentliche Feierstunde. Sie wird immer in einer Kirche gehalten. Zurzeit ziehen die Jugendlichen unter Orgelmusik ein und begeben sich dann auf ihre Plätze im Chorraum. Dort stehen Stühle um den Altar. Nach einer Begrüßung durch die Moderator*in stellen sich die Jugendlichen gegenseitig vor. Im Anschluss geht jede*r Jugendliche allein ans Mikrofon, erzählt von den je eigenen Schätzen der Kindheit und mit der brennenden Kerze von den persönlichen Träumen und Wünschen für die Zukunft. Nachdem alle Jugendlichen damit fertig sind, gibt es eine kurze Geschichte, eine kurze Ansprache, die Gratulation der Eltern und einen Segen für alle. Musik verbindet all diese Elemente. Im Anschluss an die Feier bieten wir einen Sektempfang im Garten an, der immer gerne angenommen wird.

---

1 Zu weiteren Informationen zur Hallenser Feier der Lebenswende vgl. *Emilia Handke*, Religiöse Jugendfeiern „zwischen Kirche und anderer Welt“. Eine historische, systematische und empirische Studie über kirchlich (mit)verantwortete Alternativen zur Jugendweihe, Leipzig 2016, 182–196.

Die Motivation der Familien, die sich für diese Art von Feiern entscheiden, ist sehr unterschiedlich: Wer diese Feier einmal erlebt hat, weiß, dass die Individualität der Jugendlichen jede Feier einzigartig macht. Das spricht sich rum. Außerdem ist vielen Eltern der Prozess, den die Jugendlichen durchschreiten, wichtig – im Alltag eine Pause einlegen zu dürfen und zu gucken: Wo stehe ich mit meinen vierzehn Jahren? Eine andere Motivation ist der finanzielle Vorteil. Auch die Anzahl der Gäste kann bei den großen Kirchen frei bestimmt werden.

Die Motivation der Kirchen ist in der Vereinbarung sehr gut ausgedrückt. Dort steht: Die Feier hat eine „missionarische Dimension, aber keine missionarische Intention". Gott liebt jede*n persönlich. Mit dieser Feier können wir es zeigen. Außerdem bedeuten über 600 Jugendliche, dass über 6.000 Gäste und Feiernde eine entspannte Kirche erleben, die an ihrer Seite ist. Die längerfristigen Auswirkungen zeigen sich durch das Religiöse im Urbanen, durch Gespräche auf der Straße und das Aufsuchen der Verantwortlichen in Notsituationen.

Beide Schwerpunkte der Suchendenpastoral in Halle sind auf den Segen Gottes ausgerichtet und auf die Erfahrung: Gott ist der „Ich bin da." Diese Erfahrung wünsche ich allen Menschen überall.

„Katholische Suchendenpastoral"

Eine Reaktion

Benedikt Kranemann

„Katholische Suchendenpastoral" ist der Beitrag von Verena Krinke überschrieben. Es ist hochinteressant zu beobachten, wie sich über die Jahre im Bereich der Katholischen Kirche neue Formen des Gottesdienstes und, weiter gefasst, religiöser Rituale entwickelt haben. Gerade mit Blick auf die ostdeutschen Bundesländer, in denen mit zum Teil langer Tradition Konfessionslosigkeit verbreitet und Normalität ist,[1] zeigt sich die Kirche gut beraten, sich auf dieses Feld einzulassen.[2] Was ist aus liturgiewissenschaftlicher Sicht zu den Überlegungen von Verena Krinke zu sagen, was ist generell zu den neuen Ritualen anzumerken?

1 Vgl. aus jüngster Zeit dazu *Gert Pickel*, Vom Narrativ zur Realität? Religionssoziologische Überlegungen zu Säkularisierung und Relevanzverlust von Religion als Triebkraft für ein Verblassen von Gott in der Gesellschaft, in: *Julia Knop* (Hg.), Die Gottesfrage zwischen Umbruch und Abbruch. Theologie und Pastoral unter säkularen Bedingungen (Quaestiones Disputatae 297), Freiburg / Br. [u.a.] 2019, 111–129. Vgl. zum Umgang der Theologie mit dieser Realität die Beiträge in: *Michael Domsgen / Dirk Evers* (Hg.), Herausforderung Konfessionslosigkeit. Theologie im säkularen Kontext, Leipzig 2014.

2 Eine besondere Herausforderung sind dabei jene, für die sich die Gottesfrage nicht stellt, die sich also weder als gläubig noch als ungläubig bezeichnen. Vgl. dazu *Julia Knop*, Gott – oder nicht. Theologie und Kirche angesichts des Nichtglaubens ihrer Zeit: ein Paradigmenwechsel, in: Theologie der Gegenwart 60. 2017, 141–154; *Knop* (Anm. 1).

1 „Katholische Suchendenpastoral“ – Anmerkungen

1.1 Bedeutung der Ökumene für eine gesellschaftsoffene Pastoral

Die ökumenische Ausrichtung der Lebenswendefeier in Halle[3] ist als erstes hervorzuheben. Sie ist mittlerweile dort für diese kirchlich verantwortete Jugendfeier konstitutiv. Andernorts ist man noch nicht so weit bzw. plant man solch eine ökumenische Ausrichtung möglicherweise nicht einmal. Wenn von Herausforderungen die Rede ist, die sich mit neuen dynamischen Ritualen verbinden, bietet die Ökumene mehrere Chancen:

a) Sie erhöht die Glaubwürdigkeit der Christ*innen: Für kirchliche Rituale wie die Lebenswendefeier, aber auch für Liturgien wie Eucharistie und Abendmahl ist inmitten einer mehrheitlich konfessionslos geprägten Gesellschaft die Kirchentrennung nicht mehr zu vermitteln. Gerade eine Feier wie die Lebenswende ist ein Ereignis, anlässlich dessen das Konfessionelle zurückzustellen und das gemeinsame Christliche zu betonen ist.[4] Das ist ein Signal für generell deutlich mehr ökumenisches Handeln angesichts der Herausforderungen der Gegenwart.
b) Sie sorgt für Synergieeffekte: Die Pastoral für „Suchende“ ist sehr aufwendig. Sie ist eine theologisch-intellektuelle und ästhetisch-gestalterische Herausforderung, vielleicht mehr, als das bei rein innerkirchlichen Anlässen der Fall ist, für die man im Zweifelsfall auf ein tradiertes Ritual und eine Agende sowie eingespielte Formate zurückgreifen kann. Hierfür Ritualkompetenz zu bündeln und Synergieeffekte zu nutzen, ist ein Vorteil. Die christlichen Kirchen können unterschiedliche Kompetenzen einbringen, was den Feiern und vor allem den betroffenen Menschen nur zugutekommen kann.
c) Die Feier der Lebenswende fördert insgesamt die Ökumene: Auch wenn es nicht das primäre Ziel solcher Feiern ist, kommen sie der Ökumene zugute und eröffnen ihr neue Themen und Aktionsfelder. Letztere sind weitgehend unbelastet von den Auseinandersetzungen, die ansonsten das Miteinander der Kirchen erschweren. Sie können helfen, gemeinsam neue Wege zum

---

3 Aus der Vielzahl der Publikationen zur Lebenswendefeier sei hier genannt: *Emilia Handke*, Religiöse Jugendfeiern „zwischen Kirche und anderer Welt“. Eine historische, systematische und empirische Studie über kirchlich (mit)verantwortete Alternativen zur Jugendweihe (Arbeiten zur Praktischen Theologie 65), Leipzig 2016.

4 Interessanterweise spricht *Handke* (Anm. 3) im Titel ihrer Studie nicht konfessionelle Differenzierungen an, sondern betont überkonfessionell das Moment des Religiösen.

christlichen Engagement in der Gesellschaft auszuprobieren. Auf jeden Fall bieten sie Chancen für die Ökumene vor Ort, ohne dass tatsächliche oder angebliche Differenzen zwischen den beteiligten Kirchen sich hier als Hemmschuh erweisen.

1.2 Dynamik und Innovationspotenzial der Feiern

Der zweite positiv hervorzuhebende Aspekt sind die Dynamik und das Innovationspotenzial der Feiern. Bei der Lebenswendefeier, aber auch vielen anderen religiösen Feiern oder Gottesdiensten mit oder für Konfessionslose sucht die Kirche nach neuen Wegen des Rituals, probiert sie aus und begeht sie dann so, dass es zur Bildung neuer Ritenbestände kommt. Diese bleiben offensichtlich dynamisch, werden also immer wieder weiterentwickelt, verändert, ergänzt. Damit reagiert man in der Kirche – und „man" sind hier Getaufte, ohne dass gefragt wird, ob sie ordiniert oder nicht ordiniert sind, sind Theolog*innen wie Nichttheolog*innen – auf Herausforderungen in der Pastoral wie in der Gesellschaft, auf Unstimmigkeiten im Ritus, auf Reaktionen der unmittelbar Betroffenen. Es gibt einzelne Riten, die aus den tradierten Liturgien der Kirchen Verwendung finden: insbesondere der Segen, oft die Verlesung biblischer Texte, zumeist das Sich-Versammeln, die Verwendung basaler Zeichen wie z.B. Kerzen. Vieles in diesen neuen Feiern wird vor Ort entwickelt. Sie beeinflussen sich gegenseitig, was man für die Lebenswendefeier gut beobachten kann.[5]

Die hier gegebene Gestaltungsfreiheit ist für die Aktionsmöglichkeiten in der Öffentlichkeit entscheidend. Sie kann, beispielsweise was die Situativität der Gottesdienste angeht,[6] auf die kirchenamtlich geordneten Liturgien Rückwirkungen haben. Es ist für alle ersichtlich, dass sich kirchliches Ritual mit pastoral-gesellschaftlichen Herausforderungen verändert. Das muss Konsequenzen für die Liturgie insgesamt haben, und zwar auch auf der normativen Ebene.

---

5 Vgl. *Benedikt Kranemann*, Rituale in Diasporasituationen. Neue Formen kirchlichen Handelns in säkularer Gesellschaft, in: *Stefan Böntert* (Hg.), Objektive Feier und subjektiver Glaube? Beiträge zum Verhältnis von Liturgie und Spiritualität (Studien zur Pastoralliturgie 32), Regensburg 2011, 253–273. Die dort beschriebenen Feiern sind zum Teil bereits weiterentwickelt worden.

6 Vgl. *Stephan Winter*, „... Oder bleibt nichts?" Zu Herausforderungen biblisch begründeter Gott-Rede angesichts von Großkatastrophen, in: *Benedikt Kranemann / Brigitte Benz*, Trauer-feiern nach Großkatastrophen. Theologische und sozialwissenschaftliche Zugänge (Evangelisch-katholische Studien zu Gottesdienst und Predigt 3), Neukirchen-Vluyn 2016 89–103, 90–97.

1.3 *Wachsende Bedeutung neuer Liturgie- und Ritenpastoral*

Der dritte Aspekt bezieht sich auf die Formulierung „nicht nur Lebenswende“, die Verena Krinke verwendet. Offensichtlich gibt es wesentlich mehr Angebote für entsprechende Feiern in anderen Lebenssituationen und Wünsche nach neuen Feiern als allein die Lebenswendefeier. Sie ist insofern spektakulär gewesen, als sie die erste Feier war, die im „religionslosen“ Osten bald nach der friedlichen Revolution 1989 durch die Öffentlichkeit und nicht zuletzt durch die Medien wahrgenommen wurde.[7] Aber es sind vielfältige Situationen denkbar, und sie werden bereits genutzt, in denen solche neuen Rituale üblich sind und praktiziert werden:[8] Die Segnungsfeiern am Valentinstag,[9] Segnungen von Neugeborenen,[10] deren Eltern möglicherweise konfessionslos sind, Segnungen gleichgeschlechtlicher Paare,[11] dann Feiern im Kirchenjahr, insbesondere das Erfurter Weihnachtslob,[12] das eine Liturgie für Konfessionslose sein möchte, und viele andere wären zu nennen. Längst hat sich ein eigenes Feld der Liturgie- und

7 Bereits zuvor war das sog. Weihnachtslob in Erfurt gefeiert worden. Vgl. *Joachim Wanke*, Weihnachtslob für Ungläubige? Ein liturgisches Experiment im Erfurter Dom am 24.12.1988, in: Gottesdienst 23 (1989) 145–147. Das mediale Interesse an der Lebenswendefeier als Alternative zur in Ostdeutschland praktizierten Jugendweihe war wesentlich größer.

8 Eine umfassende Untersuchung fehlt. Vgl. die Beiträge folgender Sammelbände: *Michael Domsgen / Emilia Handke* (Hg.), Lebensübergänge begleiten. Was sich von Religiösen Jugendfeiern lernen lässt, Leipzig 2016; *Hans Gerald Hödl / Johann Pock / Teresa Schweighofer* (Hg.), Christliche Rituale im Wandel. Schlaglichter aus theologischer und religionswissenschaftlicher Sicht (Wiener Forum für Theologie und Religionswissenschaft 14), Göttingen 2017. Vgl. auch *Stephan Schatzler*, Riten und Rituale der Postmoderne. Am Beispiel des Bistums Erfurt, München 2012. Praxisbeispiele vor allem aus Erfurt hat zusammengestellt: *Reinhard Hauke*, Mitfeiern – miterleben – mitgestalten. Neue Perspektiven und Anregungen für die Seelsorge an Christen und Nichtchristen, Leipzig 2014.

9 Vgl. *Bianka Piontek*, Valentinstag in Erfurt. Ein Heiliger kehrt zurück in die Kirche, in: *Irene Mildenberger / Wolfgang Ratzmann* (Hg.), Liturgie mit offenen Türen. Gottesdienst auf der Schwelle zwischen Kirche und Gesellschaft (Beiträge zu Liturgie und Spiritualität 13), Leipzig 2005, 165–170.

10 Vgl. eine entsprechende Initiative des Ruhrbistums Essen: www.segenfuerbabys.de/ (Abruf 02.04.2019).

11 Vgl. *Ansgar Wucherpfennig*, Der Frankfurter Vorschlag zu Segensfeiern, in: Stimmen der Zeit 236 (2018), 434–436.

12 Vgl. *Wanke*, (Anm. 7).

Ritenpastoral etabliert, das mehr Beachtung in der theologisch-liturgiewissenschaftlichen und nicht zuletzt (liturgie-)theologischen Reflexion verdient. Der Begriff „Ritendiakonie" verweist auf das theologische Potenzial dieser Feiern.[13]

1.4 *„Suchendenpastoral"*

Fragen wirft der Begriff „Suchendenpastoral" in den Überlegungen von Verena Krinke auf, wie sie selbst deutlich macht. Besonders prägnant ist ihre Formulierung, man gehe davon aus, „dass Gott überall, wo wir hingehen, längst da ist." Was meint „Suchende"? Und sind alle, die an der Lebenswendefeier oder anderen vergleichbaren Feiern teilnehmen, „Suchende"? Ist die Situation nicht komplexer? Emilia Handke hat in ihrer Studie „Religiöse Jugendfeiern ‚zwischen Kirche und anderer Welt'" sowohl bei den betroffenen Jugendlichen als auch bei den Eltern verschiedene Motivationstypen herausarbeiten können. Es ist von „Tradierungsproblematik" und rituellem Ausdruck der „Schulgemeinschaft", der persönlichen „Verbindung zu Religion und Kirche" bzw. der Distanzierung die Rede. „Die Segensfeier ist ein Ritual, das diese Affinität zu Religion und Kirche für Konfessionslose im Vorfeld bzw. unabhängig von der Taufe darstellt. Sie kann einen Schritt auf dem Weg zu einer Erwachsenentaufe bedeuten, am wahrscheinlichsten wird sie jedoch für die Jugendlichen eine gute Erfahrung mit Kirche bedeuten und eine noch engere Bindung an die evangelische Schule nach sich ziehen [Schule, in der in diesem Fall die Lebenswendefeier stattfindet; B.K.] – beides kann dann im Laufe des Lebens noch einmal zu näherem Kontakt mit Religion und Kirche führen."[14] Hier klingen verschiedene Motivlagen an: vielleicht Suche, wenn der Weg zur Taufe führt; vielleicht eine gelingende Feier; vielleicht das Interesse an menschlicher Gemeinschaft. An anderer Stelle heißt es: „Dabei ist in Bezug auf das Ritual selbst [...] vor allem die Teilhabe an einer Tradition und in Bezug auf den Festtag vor allem die innerfamiliale sowie schulische Wertschätzung für die Jugendlichen von Bedeutung."[15]

Wenn man sich das Video zu einer Segensfeier in der Evangelischen Sekundarschule Haldensleben vom 17. Mai 2014 anschaut,[16] wird dort von Betroffenen mit Blick auf die Feier hervorgehoben: ein wenig klar umrissener eigener Glaube,

---

13 Vgl. *Paul M. Zulehner*, Ritendiakonie, in: *Benedikt Kranemann / Thomas Sternberg / Walter Zahner* (Hg.), Die diakonale Dimension der Liturgie (Quaestiones Disputatae 218), Freiburg / Br. [u.a.] 2006, 271–283.

14 *Handke* (Anm. 3), 388.

15 A.a.O., 392.

16 Eine DVD mit dem Film liegt dem Sammelband von *Domsgen / Handke* (Anm. 8) bei.

der im Spiel ist; die Bedeutung der Schule und ihres Erziehungsbildes; die Emotionalität der Feier („emotional ohne Ende"); das Erlernen des Umgangs mit religiös bewusst lebenden Menschen; die Offenheit dafür, dass die Jugendlichen sich später selbst einmal einer Religionsgemeinschaft anschließen könnten. Michael Meyer-Blanck hat mit Blick auf das Gottesverhältnis dieser Menschen von einem „‚Irgendwie'-Verhältnis"[17] gesprochen. Der tschechische Theologe Tomáš Halík schreibt von Zachäus-Menschen, die wie der biblische Zöllner aus der Ferne auf das Geschehen um Jesus schauen; neugierig, zurückhaltend, vielleicht, aber nicht unbedingt suchend. Halik geht von einer „scheuen Frömmigkeit" aus. Seine Frage lautet: „Ist [...] nicht manches von dem, was wir Säkularisierung, Kritik und Schwächung der Religion, Atheismus usw. nennen, bloß ein Bruch mit *den bekannten Göttern* und daher eine große Chance für eine Unterscheidung, Reinigung und Öffnung des Raumes, in dem wir erneut das Evangelium des Paulus vom ‚unbekannten Gott' hören können?"[18]

Wenn solche Feiern den Glauben bezeugen und Menschen in einer von ihnen als schwierig erfahrenen Lebenssituation (Geburt, Lebensübergänge, Tod) helfen, besitzen sie implizit eine missionarische und eine diakonische Dimension.[19] Sie sollten, wie es bei Verena Krinke heißt, dem Menschen gegenüber offen sein, der in seiner Einmaligkeit angenommen und geliebt ist. Das müssen nicht nur Suchende sein, dass können auch Menschen mit ihrem „Irgendwie-Verhältnis" zu Gott sein. Julia Knop hat kürzlich gefordert, solche Ritendiakonie „auch als Verantwortung für eine echte Zeitgenossenschaft und Wegbegleitung ihrer nichtchristlichen Partner, Eltern, Kinder, Nachbarn, Kollegen etc. [zu] verstehen."[20] Das kann man nur unterstreichen, denn es holt theologisch begründet mit dem Auftrag, vor und mit allen Menschen das Evangelium zu leben, weiter aus, als es der missverständliche Begriff „Suchendenpastoral" nahelegt. Ritendiakonie richtet sich nicht ausschließlich an diejenigen, die sich auf dem Weg zu Glauben und Kirche befinden.

---

17 *Michael Meyer-Blanck*, „Konfirmation light"? Über das schwierige Verhältnis Religiöser Jugendfeiern zur Konfirmation, in: *Domsgen / Handke* (Anm. 8) 113–121, 115.

18 *Tomáš Halík*, Geduld mit Gott. Die Geschichte von Zachäus heute, Freiburg / Br. [u.a.] 2014, 38.

19 Entscheidend ist, dass sie diese Dimensionen besitzen können, aber nicht entsprechend verzweckt werden dürfen. Außerdem muss immer beachtet werden, dass solche religiösen Feiern und Rituale nicht manipulativ eingesetzt werden dürfen.

20 *Julia Knop*, Diakonische Kirche unter den Bedingungen der Diaspora, in: Internationale katholische Zeitschrift „Communio" 47 (2018), 216–227, 225.

2 Ritendiakonie – weitergehende Perspektiven

2.1 *Neue Feierformen in der pluralen Gesellschaft*

Über die Ausführungen von Verena Krinke hinaus lassen sich weitergehende Perspektiven entwickeln. Die neuen kirchlichen Praxisformen besitzen Bedeutung in einer pluralen Gesellschaft mit unterschiedlichen Religionen und Weltanschauungen. Diese ist nach wie vor stark christlich geprägt, wie säkular sich die Gesellschaft im Einzelnen auch präsentieren mag. Für die Einzelnen ergeben sich ganz verschiedene Handlungsoptionen, auch wenn sie Mitglieder einer Kirche oder Religionsgemeinschaft sind. Die Optionen sind heute, das hat vor allem Charles Taylor aufgezeigt, vielfältiger als in vergangenen Zeiten, weil als neue die säkulare Option und damit die Entscheidung gegen jede Form von Glauben möglich ist.[21] Zur pluralen Gesellschaft gehören unterschiedliche Akteur*innen, die sich wiederum aus ganz verschiedenen Motiven am gesellschaftlichen Leben beteiligen. Deshalb ist es wichtig, dass die Kirchen, aber auch andere Religionsgemeinschaften sich in diesen Pluralismus einbringen. Angesichts der institutionellen Schwäche der Kirchen und der massiven Krise[22] insbesondere der Katholischen Kirche sollte man mittlerweile besser formulieren: Wenn diese Gesellschaft als plurale Gesellschaft gelingen soll, geht das nicht ohne vielfältige Akteur*innen, und dazu gehören Christ*innen als Getaufte in diesem Fall mit ihrer Ritualkompetenz.

Es gibt aber noch einen anderen Aspekt, der wichtig ist. Kirchen sind gerade in ihrem liturgischen Handeln auf die Klientel der eigenen Kirchenmitglieder festgelegt. In einer Feier wie der Lebenswendefeier oder noch deutlicher in den Trauerfeiern nach Großkatastrophen[23] kommen nun Menschen anderen Bekenntnisses oder auch ohne Bekenntnis ins Spiel, für die Menschen in der Kirche die Bereitschaft zur Ritendiakonie zeigen müssen. Man erlebt das besonders bei

---

21 Vgl. *Charles Taylor*, Ein säkulares Zeitalter, Frankfurt / M. 2009; dazu *Veronika Hoffmann*, Bedingungen des (Un-)Glaubens im „säkularen Zeitalter" (Ch. Taylor), in: Theologie der Gegenwart 59 (2016), 47–60.

22 In seiner theologischen Analyse besonders prägnant: *Gregor Maria Hoff*, Kirche zu, Problem tot! Theologische Reflexionen zum Missbrauchsproblem in der katholischen Kirche, in: Re-ligion, zum Teufel! (Kursbuch 196), Hamburg 2018, 26–41.

23 Vgl. *Kristian Fechtner / Thomas Klie* (Hg.), Riskante Liturgien. Gottesdienste in der gesellschaftlichen Öffentlichkeit, Stuttgart 2011; *Kranemann / Benz* (Anm. 6); *Benedikt Kranemann*, Trauerfeiern nach Großkatastrophen. Die Rolle der Kirchen im öffentlichen Raum, in: *Andreas Anter / Verena Frick* (Hg.), Recht und Religion (POLITIKA 18), Tübingen 2019, 199–217.

den Trauerfeiern nach Katastrophen: Das Multireligiöse, das sonst in der Liturgie seitens kirchlicher Vorgaben kritisiert oder untersagt wird,[24] ist plötzlich möglich – die Kirchen befinden sich hier offensichtlich in einem Lernmodus. Ein Beispiel ist der Trauergottesdienst für die Opfer eines Amoklaufes in München, der 2016 in der Münchener Frauenkirche stattfand. Unter den Toten waren Menschen verschiedener religiöser Bekenntnisse. Im christlichen Trauergottesdienst wurde Raum geschaffen unter anderem für das Gebet eines Juden und einer Muslima.[25] Der Gottesdienst wurde geöffnet für andere Bekenntnisse. Das gesellschaftliche Zusammenleben hat situativ Einfluss auf den Gottesdienst. Diesen Weg wird man theologisch weiter beobachten und begleiten müssen.

Aber auch die Gesellschaft kann aus diesen Feiern lernen, denn aus ihrer Mitte heraus wird ihr demonstriert, dass es ein Zusammenspiel unterschiedlicher gesellschaftlicher Gruppen auch dort geben kann, wo es bislang durch Tabus und Abgrenzungen unmöglich gemacht wurde. Es ist gut, wenn solche Feierformen für Diskussionen sorgen, denn gerade diese Auseinandersetzungen um die öffentliche Feierkultur in Zeiten wachsender Pluralität braucht die Gesellschaft. Dabei müssen die Kirchen, müssen Christ*innen eine Rolle spielen, denn sie können sich von ihrem Selbstverständnis her – dem offensiv geführten Dialog mit Konfessionen und Religionen – gar nicht aus dieser Situation herausstehlen. Sie müssen sich ihr stellen. Tun sie das, hat das Konsequenzen und Vorbildcharakter für die Gesellschaft.

2.2 Veränderung des Selbstverständnisses in der Katholischen Kirche

Welche Bedeutung hat diese Pastoral in Ritualen an Menschen eines ungewissen Glaubens und eines ungewissen Interesses an Kirche für das Handeln der Kirche? Mehrere Ebenen lassen sich unterscheiden.

Sie verändert das Selbstverständnis der Katholischen Kirche. Es ist von daher nicht verwunderlich, dass die Lebenswendefeier in der ostdeutschen Diaspora entstanden ist, wo insbesondere die Katholische Kirche in einer wirklichen

24 Vgl. dazu etwa die Vorgaben der Deutschen Bischofskonferenz: Leitlinien für das Gebet bei Treffen von Christen, Juden und Muslimen. Eine Handreichung der deutschen Bischöfe. 24. Juni 2008. 2., überarbeitete und aktualisierte Auflage. Herausgegeben vom Sekretariat der Deutschen Bischofskonferenz (Arbeitshilfen 170), Bonn 2008.

25 Vgl. *Benedikt Kranemann*, Deutschland trauert. Gedenkgottesdienste in pluraler Gesellschaft, in: *Brigitte Benz / Benedikt Kranemann* (Hg.), Deutschland trauert. Trauerfeiern nach Groß-katastrophen als gesellschaftliche Herausforderung, Würzburg 2019, 9–32.

Minderheitssituation lebt. Gerade Liturgien und andere Feierformen – die Lebenswendefeier wird hier nicht unter Liturgie gefasst, was ihrer Bedeutung aber keinen Abbruch tut[26] – haben in aller Regel eine vor allem kircheninterne Bedeutung. Es wird zwar vom öffentlichen Gottesdienst gesprochen und betont, dass Liturgie immer öffentlich sei. Aber in der Praxis bleibt es bei einer sehr kircheninternen Veranstaltung. Das hat auf Ritus, Sprache, Zeichen, Rollenverständnis, Gestus und Habitus vielfältige Auswirkungen. Pointiert gesagt: Kirche bleibt unter sich. Die Form von Liturgie und Ritual, um die es bei Verena Krinke und in diesem Beitrag geht, sprengt diesen Kordon von Kirchlichkeit auf und gibt dem rituellen Handeln der Kirche einen neuen Platz und eine neue Verantwortung in der Öffentlichkeit.[27]

Die Liturgie wird geradezu in neuer Weise öffentlich. Hier gilt, was Peter Cornehl für den öffentlichen Charakter des Gottesdienstes als „wesenhaft" festgehalten hat: „Das Evangelium geht alle an."[28]

Man kann das an der Lebenswendefeier zeigen, wie ein Beispiel aus dem Erfurter Dom verdeutlicht.[29] Wenn jeweils im Mai eine solche Feier stattfindet, ist der Erfurter Mariendom, eine von zwei (eigentlich drei, wenn man eine Lebenswendefeier für geistig behinderte Jugendliche mitberücksichtigt) Kirchen, in denen solche Feiern stattfinden, bis auf den letzten Platz gefüllt. Es kommen Menschen, und das erkennt man sehr schnell, die mit Kirche und Kirchenraum nicht vertraut sind. Die Schwellen, die sonst den Raum für viele abschotten, sind bei dieser Gelegenheit niedriger. Die Kirche und ihr Umfeld kommunizieren in anderer Weise und unverkrampft. Die Partizipationsformen sind andere. Die Jugendlichen, um die es in dieser Feier vor allem geht – die Rolle der Eltern und deren Wandel durch diese Feier wäre eigens zu thematisieren –, erhalten die Möglichkeit, sich sehr individuell in die Feier einzubringen. Hier gab es im Laufe der Jahre Veränderungen, die möglicherweise auch mit der Gruppengröße zusammenhängen: Die Jugendlichen können in dieser Feier etwas über sich sagen und über ein Zeichen, das sie ablegen, das Ende ihrer Kindheit zum Ausdruck bringen.

---

26 Anders optiert *Birgit Jeggle-Merz*, Jugendrituale im Raum der Kirche. Ein liturgiewissenschaftlicher Blick auf neue Feierformen, in: Theologie der Gegenwart 56 (2013), 258–271.

27 Einen sehr guten Überblick zur Frage der Öffentlichkeit von Liturgie gibt *Peter Cornehl*, Gottesdienst und Öffentlichkeit, in: *Hans-Joachim Eckstein / Ulrich Heckel / Birgit Weyel*, Kompendium Gottesdienst. Der evangelische Gottesdienst in Geschichte und Gegenwart, Tübingen 2011, 185–203.

28 A.a.O., 185.

29 Eine Beschreibung, die aber auch bereits wieder angepasst werden müsste, vgl. bei *Hauke* (Anm. 8) 67–69; a.a.O. 69–75 für weitere vergleichbare Feiern aus anderen Städten.

Das begegnet übrigens auch in anderen neuen Feierformen. Bei der Segnungsfeier für Paare am Valentinstag erzählen Paare von ihrer neuen oder langen Beziehung, von guten und von schlechten Zeiten, von Auf und Ab.[30] Und in Trauerfeiern nach Großkatastrophen lassen Kirchenobere – Profis in ihrem Metier – durchscheinen, wie ihr Glaube in dieser Situation trägt, wo sie Fragen haben, wo sie aber auch schlicht bekennen müssen, keine Antworten geben zu können.[31] Das mag professionell sein, wirkt auf jeden Fall lebensnäher und ist eine andere Form kirchlichen Sprechens, als man sie sonst erlebt. Um es mit einem Schlagwort vorsichtig zu formulieren: Kirchliches Sprechen wirkt authentischer. Menschen können sich in anderer Weise, nämlich persönlicher in den Gottesdienst einbringen. Diese Gottesdienste und Feiern betreffen Menschen.

Die Sprache der Feier ist eine andere als sonst in der Liturgie, weil man mit diesen Ritualen in die Öffentlichkeit geht. Das betrifft die einleitenden und überleitenden Sprechtexte, das Segensgebet am Schluss der Feier,[32] vor allem aber auch die Ansprache. Die Verantwortlichen rechnen nicht mit der Vertrautheit der Anwesenden mit kirchlichen Traditionen und Sprachformen. Es gehört zum Selbstverständnis der Kirche, sich für Menschen fernab gewohnter Kirchen- und Glaubenswege zu öffnen und mit ihnen das Gespräch zu suchen. Vieles wird einfacher gefasst, vieles gleichsam „vom Deutschen ins Deutsche" übersetzt. Das gilt auch für die Bitten der Jugendlichen. Da in Erfurt nur Konfessionslose teilnehmen, sind beispielsweise Fürbitten hier nicht am Platz. Die Jugendliche formulieren Bitten, die sie in den Raum stellen und nicht an Gott adressieren. Darunter sind viele Formulierungen, die man von Jugendlichen erwarten darf. Beispielsweise tauchen Klimaveränderung oder Weltfrieden immer wieder auf, und man muss ernstnehmen, dass das Jugendliche bewegt. Während man beispielsweise in der sonntäglichen Messfeier immer noch Fürbitten erlebt, die weit von den Belangen der Feiernden entfernt sind, die dann aber noch per Akklamation durch die Gemeinde bestätigt werden sollen, kann man das hier ausschließen. Die Jugendlichen selbst bringen ein und formulieren, was sie betrifft. Dadurch wirkt die Feier glaubwürdiger und sind die Jugendlichen in anderer Weise beteiligt. Sie machen die Feier zu ihrer Sache.

30 Vgl. *Hauke* (Anm. 8), 37–61.

31 Vgl. *Winter* (Anm. 6) 98–101 zu zwei Predigten innerhalb einer Trauerfeier.

32 Zur Bedeutung des Segens in solchen Feiern jenseits der üblichen Wege der Liturgie vgl. *Ulrike Wagner-Rau*, Segensraum. Kasualpraxis in der modernen Gesellschaft, Stuttgart ²2008; *Dies.*, Angedeuteter Glaube. Kerzen im Kirchenraum, in: *Tobias Braune-Krickau / Katharina Scholl / Peter Schüz* (Hg.), Das Christentum hat ein Darstellungsproblem. Zur Krise religiöser Ausdrucksformen im 21. Jahrhundert, Freiburg / Br. [u.a.] 2016, 207–215.

2.3 *Die Rollenverteilung in den neuen Feierformen*

In Erfurt leitet heute eine Frau das Team, das für die Lebenswendefeier verantwortlich ist. Sie hat in dieser Aufgabe einen Priester abgelöst. An anderen Orten begegnet man einer Ärztin, einem Hausmeister, einer kirchlichen Mitarbeiterin, Frauen und Männern – es sind keine Feiern, deren Gestaltung und Leitung allein von Ordinierten wahrgenommen werden müssen. Man müsste genauer untersuchen, wo Priester beteiligt sind oder waren, ob die Initiative für die Feiern bei Priestern lag, welche Gründe es für Teilnahme bzw. Nichtteilnahme und so weiter gab oder gibt. Offensichtlich werden hier Rollenmodelle ausprobiert auf einem Feld, für das eine klassische Rollenverteilung nicht existiert. Im Flyer zur Tagung, aus der dieser Band hervorgegangen ist, wurde nach der „Dynamik für das kirchliche Handeln und den Pfarrberuf" gefragt. Was den Priesterberuf angeht, ist Skepsis angesagt. Man sollte diese Rituale gerade nicht auf eine klerikale Rolle zuschneiden, sollte in der theologischen Ausbildung generell davon ausgehen, dass alle Theolog*innen, die später in der Pastoral arbeiten wollen, theoretisch und praktisch auf dieses Feld vorbereitet sind. Bei den geringen und immer noch geringer werdenden Priesterzahlen in der Katholischen Kirche ist gar nicht damit zu rechnen, dass Ordinierte zukünftig die Aufgaben, die sich mit diesen Feldern der Pastoral verbinden, zur Gänze übernehmen können. Es ist auch von der Sache her nicht geboten. Solche Feiern fallen in die Kompetenz dazu befähigter Christ*innen und damit von Menschen, die aufgrund ihrer Taufe handeln. Kooperationen und gegenseitige Ergänzungen unterschiedlicher Begabungen sind möglich. Theologisch ist von Bedeutung, dass alle Beteiligten aus ihrem Getauftsein heraus mitwirken. Wichtig ist die Frage, wie eine Professionalisierung bei der Vor- und Nachbereitung und der Leitung solcher Feiern aussieht. Die Rolle der Vorsteher*in lässt sich nicht nebenbei bewältigen, sondern bedarf gerade in diesem Fall eines erheblichen theologischen wie ästhetischen Könnens. Die Vorbereitung auf entsprechende Tätigkeiten ist genauer ins Auge zu fassen.

2.4 *Die Beziehung der neuen Feierformen zur Gemeindeliturgie*

Wichtig ist, dass diese neuen Feiern in Beziehung zur Gemeindeliturgie gesetzt werden. Es wäre problematisch, wenn sie als ein für sich existierendes Programm, losgelöst vom sonstigen liturgischen Handeln der Kirche durchgeführt würden. Im Gegenteil: Sie gehören zum Auftrag einer sich diakonisch verstehenden Kirche und zu deren rituell-liturgischer Kultur. Sie haben in der Perspektive der Kirche, wenn beispielsweise der Segen zugesprochen wird, Anteil an dem, was die Liturgie auch sonst feiert – dem Christusgeschehen. Das muss betont werden: in der Perspektive der Kirche, die für sich das theologische Fundament dieser Feiern klären muss. Dann wäre es aber konsequent, die Verbindung zwischen den verschiedenen Ebenen kirchlichen Lebens und zwischen den verschiedenen Feierformen auszubauen. In Erfurt ist es üblich, dass ein*e Vertreter*in der Gemeinde die Jugendlichen in der Feier öffentlich beglückwünscht. Es gibt an Sonntagen im Umfeld der Firmung, die in Erfurt zentral gefeiert wird, das Gebet für diese Jugendlichen. Nicht oder zumindest nicht überall gibt es das Gebet für die Jugendlichen, die an der Lebenswendefeier teilgenommen haben. Das aber wäre ein wichtiges Zeichen: für die Jugendlichen und ihre Angehörigen, aber auch für die Kirchenmitglieder und die Kirche insgesamt, die damit Offenheit und Weite anzeigen würde. Letztlich werden auch hier Bilder von Kirche produziert – Selbstbilder wie Bilder nach außen. Auch die neuen Feierformen besitzen ekklesiologische Bedeutung.

Wenn sich die Kirche und die Kirchen, je für sich oder in ökumenischer Verbundenheit auf diesen Weg experimenteller Ritualpraxis begeben, geht das nur mit einem klaren theologischen Profil, in dessen Mittelpunkt die Hoffnung auf Gott steht, der sich nach dem Zeugnis des Alten und Neuen Testaments als ein den Menschen naher Gott offenbart. Wie das in den verschiedenen Feiern zur Sprache kommt, ist eine Frage für sich. Aber mit Blick auf die notwendige profilierte Vielfalt in der pluralen Gesellschaft, mit Blick auf die eigene Rolle gegenüber den Mitanbieter*innen auf dem Feld der Ritualpraxis, vor allem mit Blick auf das eigene Selbstverständnis braucht es diese theologische Grundlegung. Wenn sie gegeben ist, bietet die experimentelle Ritualpraxis Chancen für Kirche wie Gesellschaft, vor allem aber für die betroffenen Menschen, um die es an erster Stelle gehen muss.

Brauchen wir eine kirchliche „Kasualagentur“?

Überlegungen einer Arbeitsgruppe des Großstadtdekanats Nürnberg in der Evangelisch-Lutherischen Kirche in Bayern

Elke Wewetzer und Jörg Hammerbacher

1 Wie alles begann

Eine Pfarrkonferenz im Oktober 2015 brachte den Stein ins Rollen. Das Pfarrkapitel der 46 Kirchengemeinden des Nürnberger Großstadtdekanats[1] hatte sich Prof. Dr. Christian Albrecht aus München zum Thema „Update Kasualien“ eingeladen, um Erfahrungen der eigenen Praxis im Licht der wissenschaftlichen Erkenntnisse eines praktischen Theologen zu diskutieren. Denn, darin war das Kollegium sich einig, auf dem Feld der sog. „Amtshandlungen“ werfen spürbare Veränderungen eine Menge von Fragen auf. Christian Albrecht äußerte dazu exemplarisch: „Kasualbegehrende erwarten die Anerkennung des außeralltäglichen und die Grenzen aller Normalität sprengenden Dimension ihres Falles, der Pfarrer erwartet die Eingliederbarkeit des Falles in die Routine des pfarramtlichen Alltagsgeschäfts.“[2] Offen blieb in der sachlich und emotional leidenschaftlichen Debatte die Frage, wie Kirche adäquat auf diese Veränderungen reagieren sollte.

Am Ende stand der Vorschlag, in Nürnberg ein Gedankenexperiment zu wagen und über die bisherigen Strukturen von Kasualarbeit hinausgehend zu prüfen: Könnte im Großstadtkontext ein zentrales Informations- und Servicebüro für Fragen rund um Lebenswendepunkte ein hilfreiches Angebot sein, sowohl für die Kasualbegehrenden als auch für die Kirchengemeinden, die mit den Veränderungen umzugehen haben? Aus der Konferenz heraus formierte sich eine

---

1 Das Amt für Stadtforschung und Statistik der Stadt Nürnberg zählt für das Jahr 2018 535.746 Einwohner*innen, davon 25,9 Prozent Protestant*innen, 23,5 Prozent Katholische und 50,6 Prozent „Sonstige“.

2 *Christian Albrecht*, Kasualtheorie. Geschichte, Bedeutung und Gestaltung kirchlicher Amtshandlungen (Praktische Theologie in Geschichte und Gegenwart), Tübingen 2006, 6.

Arbeitsgruppe, die diese Idee weiterspann.[3] Als vorläufiger und lediglich interner Arbeitstitel des Gedankenexperiments entwickelte sich der Begriff „AG Kasualagentur“. Sollte dieses Experiment realisiert werden, müsste ein geeigneter öffentlicher Name erst noch gefunden werden. Im Folgenden wird der von der Arbeitsgruppe unterstellte Handlungsbedarf näher skizziert.

2 Was genau verändert sich auf dem Feld der Kasualien?

Verkürzt gesagt: Ausnahmen werden immer stärker die Regel. Menschen, die sich mit dem Wunsch nach einer Taufe, Trauung oder Bestattung an die Kirche wenden, sind immer weniger religiös sozialisiert und vertraut mit theologischen und liturgischen Fragestellungen. Auch sind sie oft nicht daran interessiert, das „Übliche“ zu tun, was ihnen aus dem eigenen familiären Umfeld tradiert wurde. Stattdessen treten zum Teil hoch individuelle Bedürfnisse der Anfragenden im Blick auf den Zeitpunkt, den Ort und die Gestaltung der Feiern in den Vordergrund. So wird etwa der Taufzeitpunkt vielfältiger. Es ist nicht mehr üblich, dass Kinder in deutlicher Nähe zur Geburt getauft werden. Vermehrt bilden sich neue beliebte Taufzeitpunkte – etwa zur Einschulung oder Konfirmation – heraus. Besonders in gemischtkonfessionellen oder gemischtreligiösen Familien entstehen bei der Frage, ob ein Kind getauft werden soll, auch Kontroversen. Können diese nicht gelöst werden, unterbleibt oft die Taufe. Nur ein geringer Teil alleinerziehender Mütter und Väter lässt seine Kinder taufen, obwohl diese Gruppe ein besonders hohes Interesse an der Taufe ihres Kindes äußert. Doch scheitert die Umsetzung offenbar an besonders hohen Hürden für diese familiäre Lebensform.

Im Blick auf die evangelische Trauung zeigt sich ein signifikanter Rückgang der Zahlen. Derzeit lassen sich in Bayern nur fünf Prozent der Paare, die standesamtlich heiraten, evangelisch trauen. Das Interesse und das Vertrauen, am „wichtigsten Tag im Leben“ von der Evangelischen Kirche begleitet zu sein, sinkt. Mitarbeitende bei Kirchenständen auf kommerziellen Hochzeitsmessen (in München und Nürnberg) berichten regelmäßig, dass vieles, was im Bereich kirchlicher Trauung gut machbar wäre, den Paaren schlicht unbekannt ist (z.B.,

3 In wechselnden Zusammensetzungen waren insgesamt vier Gemeindepfarrer und eine Gemeindepfarrerin aus unterschiedlichen Dekanatsregionen Nürnbergs, die Dekanin des Prodekanats Nürnberg-Ost, ein langjähriger Gemeindepfarrer, der vor kurzem in eine landeskirchliche Dienststelle gewechselt hatte, und ich (Elke Wewetzer) als Leiterin der Kircheneintrittsstelle im *eckstein* an der Konzeptentwicklung beteiligt.

dass ein Gottesdienst anlässlich einer Eheschließung durchgeführt werden kann, wenn eine*r keiner Kirche oder einer anderen Religion angehört, oder auch dass wir Segensfeiern für homosexuelle Paare in unseren Kirchen anbieten). Flexibilität und das Eingehen auf die individuellen Wünsche werden der Kirche oft nicht zugetraut. Zahlreiche Paare, die sich für eine kirchliche Trauung interessieren, berichten, dass sie die ihnen vorgegebenen Rahmenbedingungen als zu starr erleben und sich darum lieber an Anbieter*innen freier Trauungen wenden. Die Mehrheit wünscht sich ihre „Traumhochzeit" inzwischen fernab der Ortsgemeinde. Wenn die Ortsgeistlichen aber an den Wunschort nicht mitfahren können und die dortigen Pfarrer*innen sich aufgrund des Parochialprinzips für nicht zuständig erklären, werden Hochzeitspaare mit der oft mühsamen Suche nach einer Pfarrperson allein gelassen. „Wo kriegen wir bloß einen Pfarrer her?" ist ein Standardsatz von Paaren auf Hochzeitsmessen. Anfragen an Pfarrämter oder auch Ortspfarrer*innen bleiben oft lange unbeantwortet. Und wenn sie vom „Standard" abweichen, fühlen sich die Paare nach eigenen Angaben häufig behandelt wie lästige Bittsteller anstatt wertschätzend unterstützt. Überall dort hingegen, wo Pfarrer*innen sich wohlwollend auf die Bedürfnisse ihres Gegenübers einlassen, ist es mit einem einzelnen Traugespräch längst nicht mehr getan. Oft braucht es mehrere Begegnungen, zahllose E-Mails und Telefonate, bis wirklich alle Details des Traugottesdienstes stimmig durchdacht und besprochen sind.

Was die evangelischen Bestattungen angeht, sinken diese – trotz steigender Bestattungszahlen insgesamt – ebenfalls. Die Gründe dafür sind vielschichtig. Hier scheinen, neben dem Wandel der Bestattungskultur insgesamt, die kurzfristige und schnelle Erreichbarkeit von Pfarrer*innen sowie der kirchliche Kontakt zu den lokalen Bestatter*innen eine besondere Rolle zu spielen. Denn diese sind, vor allem im städtischen Umfeld, in der Regel Erstanlaufstelle für die Angehörigen und vermitteln die Trauerredner*innen, wobei die Zusammenarbeit mit freien Anbieter*innen für die Bestatter*innen nicht selten lukrativer und manchmal einfacher ist als mit den Pfarrämtern. Auch hier stößt das parochialkirchliche Verständnis Menschen immer wieder vor den Kopf. Angehörige wünschen sich die Bestattung Verstorbener nicht unbedingt in der Ortsgemeinde, sondern dort, wo ein Familiengrab existiert oder wohin ein besonderer Bezug des oder der Verstorbenen bestand. Pfarrer*innen fühlen sich aufgrund ihres parochialen Auftrags nicht zuständig oder geraten aufgrund außerparochialer Anfragen an deutliche Belastungsgrenzen. Auch die Frage, ob und in welchem Rahmen Pfarrpersonen Trauerfeiern für Ausgetretene übernehmen können, bringt Konflikte mit sich, denn Personalschlüssel und Finanzzuweisungen der Landeskirche richten sich ja nach der Gemeindegliederzahl.

Insgesamt also hat sich der Klärungs- und Organisationsaufwand rund um die kirchlichen Amtshandlungen an Lebenswendepunkten immens erhöht – für beide Seiten: für die Anfragenden und die Pfarrer*innen, für Pfarramtsmitarbeitende, Kirchenmusiker*innen und Mesner*innen. Für die Anfragenden ist, vor allem im städtischen Umfeld, häufig nicht klar, wer für ihre Fragestellungen überhaupt die richtige Ansprechperson ist, weil sie kaum Bezug zur Ortsgemeinde haben und diesen oft auch nicht anstreben. Wenn sie sich an ihre Kirche wenden, steht im Vordergrund, wie sie die bevorstehende Feier in ihrem – oft sehr heterogenen und weit verstreuten – familiären und Freundes-Netzwerk an einem angemessenen Ort zu einem für zentrale Vertrauenspersonen passenden Zeitpunkt feierlich begehen können. Gelingt hier kein für beide Seiten zufrieden stellender Kontakt, entgeht der Kirche damit die Chance, mit Paaren, Eltern oder Trauernden an diesen besonders sensiblen Übergangssituationen überhaupt noch tiefergehend ins Gespräch zu kommen und die religiöse Dimension dieser Erfahrungen gemeinsam fruchtbar zu machen.

3 Was könnte hier eine „Kasualagentur" leisten?

3.1 *In grundsätzlicher Hinsicht*

Nach dieser Problemanalyse stellte sich die Nürnberger Arbeitsgruppe die Frage: Wie kann mehr Flexibilität in das bisherige „Kasualsystem" kommen? Oder anders gefragt: Wie können wir Menschen mit stark variierenden individuellen Bedürfnissen das Vertrauen vermitteln, dass die Kirche genau an solchen Lebenswendepunkten wertvolle und tragfähige Begleitung bietet? Wie stellen wir dann aber auch sicher, dass die Anfragenden mit ihren je eigenen Vorstellungen und Zugangsweisen zu ihrem Fall und zu ihrer Kirche wertschätzend ernst genommen werden – selbst, wenn nicht alle Wünsche erfüllbar sind? Wie können Gemeinden und ihre Pfarrer*innen dabei unterstützt werden, auf eine größere Zahl von Menschen individuell einzugehen?

Das würde z.B. bedeuten, zu beliebten Trau- oder Taufterminen in Schulferienzeiten, in welche in Bayern besonders viele Pfarrer*innen ihren Urlaub legen müssen, mehr Möglichkeiten für Kasualfeiern anzubieten als bisher. Genau hier bietet eine übergemeindliche Arbeitsstelle, die von den üblichen Gemeinderoutinen frei ist, gute Möglichkeiten, sowohl zur Entlastung von Pfarrämtern bzw. Pfarrer*innen als auch zur Entlastung der Anfragenden beizutragen. Durch eine schnelle und einfache Erreichbarkeit auf verschiedenen Wegen (telefonisch und persönlich im günstig gelegenen, lange geöffneten Büro, über Homepage, soziale Medien und Aktionswerbung) könnte sie – vor allem im Blick auf die vielen „Sonderfälle“ – eine Art „Clearing“ vornehmen und zeitnah für Taufeltern, Hochzeitspaare, Angehörige Verstorbener „hinter den Kulissen“ regeln, wer zuständig und was möglich ist. Die Detailplanung erfolgt dann (ohne lange eigene Recherchen) mit der Pfarrperson, die die Kasualfeier tatsächlich durchführt.

Darüber hinaus – und das erscheint der Nürnberger Arbeitsgruppe für das Konzept einer solchen Arbeitsstelle zentral – müssten neue Wege kreativer Werbung für die evangelische Begleitung an den Wendepunkten des Lebens entwickelt und getestet werden, welche exakt auf die Zielgruppen zugeschnitten werden. Schließlich bewegt sich die Kirche hier längst auf einem umkämpften Markt der Deutungen. Aufgrund ihres missionarischen Auftrags („Gehet hin in alle Welt“, Mt 28,19) kann sie sich nicht damit zufriedengeben, immer mehr Menschen zu anderen Anbieter*innen ziehen zu lassen.

Zentrale Grundgedanken einer solchen Arbeitsstelle, die sich fokussiert nur dem Thema der Kasualien widmet, sind also: Vertrauen (wieder)zu gewinnen, das Besondere der kirchlichen Begleitung und der christlichen Botschaft herauszustellen, den hohen Standard an Zugewandtheit, Schnelligkeit und Passgenauigkeit im Händeln einer Anfrage anzubieten, den Menschen heute im Umgang mit anderen Anbieter*innen gewohnt sind. Wie das im Detail aussehen kann, wird letztlich von den personellen und finanziellen Ressourcen abhängen, die eine solche Arbeitsstelle zur Verfügung hat.

Das Nürnberger Konzept beschreibt – noch verhalten – für jede Kasualie unterschiedliche erste Schritte, die in jeder Hinsicht weiter ausbaufähig sind. Das Ziel einer Kasualagentur als Ansprechstelle für Anfragende wie Gemeinden dient dazu, die Gemeinden in ihrer Kasualpraxis unterstützen.

3.2 Mit Hochzeitspaaren unterwegs

Wenn es durch pfiffige Werbeaktionen gelingen sollte, mehr Liebenden Lust auf göttlichen Segen zu machen, wäre es besonders wichtig, dass Hochzeitspaare dann tatsächlich eine leicht und gut erreichbare Anlaufstelle finden, die ihnen verlässlich eine Pfarrer*in vermittelt, die sich gerne individuell mit ihnen auf den Weg macht – inhaltlich wie im Blick auf entfernte Trauorte. Hier könnte festes theologisches „Stammpersonal“ des Kasualbüros mitreisen und Spitzenzeiten mit abdecken. Ein von der Arbeitsstelle zu koordinierendes Bereitschaftsteam, das mit überschaubarem überparochialem Auftrag zusätzlich für bestimmte Wochenenden im Jahr zur Verfügung steht, könnte den Spielraum noch vergrößern. Durch eine enge Zusammenarbeit des Büros mit attraktiven Traukirchen, versierten (Kirchen-)Musiker*innen und Ensembles bzw. Solist*innen in einer Region könnten sich kleine „Kompetenzzentren" mit lokalen Schwerpunkten bilden, die zu einer hohen Qualität der jeweiligen Trauung beitragen. Auch dies sollte gezielt beworben werden.[4]

3.3 *Die Taufpalette erweitern*

Die Anlaufstelle für Taufinteressent*innen sollte weiterhin grundsätzlich die Ortsgemeinde sein. Das Kasualbüro müsste jedoch, wie bei der Trauung, attraktive zielgruppenspezifische Werbung für die Taufe entwickeln. Dazu gehören könnte die (Mit-)Konzeption und Durchführung dekanatlicher Tauffeste, die sich vorwiegend an Familienformen richten, für welche der traditionelle Rahmen einer Tauffeier eher hinderlich ist (wie z.B. Alleinerziehende). Auch hier hätte die zentrale Arbeitsstelle direkte Ansprechpartner*innen (Ortspfarrer*in oder Pfarrperson aus dem Kasualteam) zu vermitteln und könnte die Koordination regionaler Aktionen übernehmen.[5] Ebenfalls könnte Beratung im Blick auf die Frage nach geeigneten Taufpat*innen ein relevantes Thema sein, da inzwischen viele Eltern keine christlichen Pat*innen mehr finden.

3.4 *Werben für einen würdigen Abschied*

Im Bereich der Bestattungen, die schnelles Handeln erfordern, ist gute kirchliche Erreichbarkeit und zügige Abklärung der Anfragen der Trauernden von besonderer Bedeutung, weil die Sensibilität hier enorm hoch ist. Um dies möglichst zuverlässig zu gewährleisten, bräuchte es jedoch – weil sehr kurzfristiges Handeln notwendig ist – relativ hohe personelle Ressourcen in der Arbeitsstelle selbst. Kann dies gewährleistet werden, könnten Pfarrer*innen des Kasualbüros direkt Bestattungen übernehmen, die von Ortsgeistlichen aus oben genannten Gründen bisher nicht abgedeckt werden können. Hier erscheint der Nürnberger

---

4 Beispiel für den „Weg" einer Trauung: Bei einer Anfrage an die Kasualagentur erfolgt zunächst eine Klärung mit der Ortsgemeinde, ob diese die Kasualie wie gewünscht durchführen kann. Falls dies nicht der Fall ist (und vom Agenturteam theologisch wie zeitlich machbar ist) wird die Trauung durch eine Pfarrperson der Agentur oder des über sie vermittelten Bereitschaftsdienstes durchgeführt. Bei Anfrage an ein Pfarramt erfolgt bei Unmöglichkeit, diese Kasualie durchzuführen (aus zeitlichen oder sonstigen Gründen) die Weitergabe an die Agentur, dort dann die Abklärung im (Bereitschafts-)Team.

5 Nach einem Tauffest könnten z.B. fünf Jahre lang die Getauften angeschrieben werden oder nach fünf Jahren könnte ein Kontakt zu ihnen bzw. ihren Paten hergestellt werden. Das Kasualbüro würde die Entwicklung und Versendung solchen Materials in Abstimmung mit Gemeinden oder Dekanat verantworten.

Arbeitsgruppe jedoch große Vorsicht angezeigt, um nicht Erwartungen zu wecken, die schließlich doch nur mangelhaft erfüllt werden. Stehen nur geringe personelle Kapazitäten für die Arbeit der Agentur zur Verfügung, sollte diese keinesfalls als Hauptanlaufstelle für das Thema Bestattung etabliert werden. Eher könnten Gemeinden dort eine Art mobile Reserve anfragen. Der Schwerpunkt eines Kasualbüros läge dann eher darauf, für einen würdigen Abschied von Verstorbenen mit geistlicher Begleitung zu werben und eine qualifizierte Beratung für Menschen anzubieten, die selbst frühzeitig Vorkehrungen für den Fall ihres Ablebens treffen möchten. Außerdem könnte auch hier die Zusammenarbeit mit Partnerkirchengemeinden (samt Musiker*innen) ermöglichen, würdige Trauerfeiern in Gotteshäusern anzubieten, die mehr gestalterische Spielräume eröffnen als die – vor allem in Städten – zeitlich eng getakteten Friedhofskapellen. Die Kontaktpflege zu den Bestatter*innen könnte ebenfalls vom Kasualbüro aus forciert werden.

4 Der Stand des Nürnberger Experiments

Die Vorschläge der „AG Kasualagentur" sind zwischen Herbst 2016 und Frühjahr 2019 auf unterschiedlichen Ebenen des Dekanats und der Landeskirche breit diskutiert worden (Pfarrkonferenzen, Dekane-Runden, ELKB-Kirchenleitung). Großer Offenheit gegenüber dieser neuen Herangehensweise aus dem Bereich einer Reihe von Gemeinden mit vielen Kasualien steht scharfe Kritik von Gemeindevertreter*innen gegenüber, die eine Aushöhlung des Parochialprinzips fürchten und die Gefahr sehen, dass Kirche einer oberflächlichen „Eventisierung" wichtiger Schwellensituationen zu sehr Vorschub leistet.

Die Kirchenleitung (Landessynodalausschuss, Landessynode, Landeskirchenrat, Landesbischof) hat das Anliegen, dem Feld innovativer Kasualarbeit besondere Aufmerksamkeit zu widmen, aufgenommen, es aber modifiziert und ausgeweitet. Auf ihrer Tagung im Frühjahr 2019 hat die Landessynode der ELKB beschlossen, für die Dauer von fünf Jahren an zwei ausgewählten Schwerpunkten je eine so genannte „Fachstelle für Lebensbegleitung" für Nordbayern (Sitz in Nürnberg) und Südbayern (voraussichtlich mit Sitz in München) zu errichten. Dafür wird pro Schwerpunkt eine neue, befristete Pfarrstelle geschaffen. Die Kircheneintrittsstellen Nürnberg und München erhalten den Auftrag sich so umzustrukturieren, dass sie künftig mit je einem halben Stellenanteil mit der neuen Fachstelle im Feld innovativer Kasualarbeit zusammenarbeiten. Insgesamt entsteht so ein Pfarrstellenpool von anderthalb Stellen pro Fachstelle. Darüber hinaus sollen in der Fläche wegweisende Akzente, welche Gemeinden oder Regionen in diesem Arbeitsfeld entwickeln, mit finanziellen Mitteln gefördert werden, die nach festgelegten Kriterien beantragt werden können.

Service-Hotline, PR-Büro, Pastoralagentur, Kompetenzzentrum

Ein kritischer Kommentar zur Idee einer Kasualagentur

Ursula Roth

Was für eine großartige Idee! Das von Elke Wewetzer und Jörg Hammerbacher vorgebrachte Plädoyer für eine kirchliche Kasualagentur ist bereits auf den ersten Blick ausgesprochen überzeugend. Angesichts der Individualisierung und Pluralisierung der Kasualkultur scheint die Plausibilität des Konzepts für ein zentrales Kasualbüro evident. Die Argumentation für diese Idee weckt Erinnerungen an all die kursierenden Geschichten über misslungene Kasualfeiern – Erzählungen über kommunikationsunfähige oder theologisch bornierte Pfarrerinnen und Pfarrer, die der durchgestylten Traumhochzeit im Wege standen, die sich bei der Terminfrage einer Trauerfeier als absolut unflexibel erwiesen oder sich etwa bei der Konfessionszugehörigkeit der Taufpaten als allzu kleinlich zeigten.

Der Vorschlag, auf die verbreitete Kasualnot mit einer kleinen Truppe kompetenter, aufgeschlossener und kreativer kirchlicher Kasualexpertinnen und -experten zu reagieren, die sich der Bedürfnisse und individuellen Wünsche von Hochzeitspaaren, jungen Eltern und Trauerfamilien annehmen und Interessierte an geeignete Pfarrerinnen und Pfarrer weitervermitteln – wäre das nicht eine Not wendende Lösung, ja: *die* Lösung schlechthin? – Aber so einfach ist es nicht. Ich greife einige Aspekte aus den Überlegungen zu einer kirchlichen Kasualagentur heraus, die mir noch klärungs- bzw. diskussionswürdig scheinen. Zum einen beziehe ich mich dabei auf die der Agentur zugewiesenen Aufgaben und frage nach der Rolle der Agentur im Kontext der Kasualie. Zum anderen zielen meine Überlegungen auf die Konsequenzen ab, die sich durch Kasualagenturen für Kirchengemeinden ergeben.

1 Die Ausgangslage: Defizite der gegenwärtigen kirchlichen Kasualpraxis

Ausgangspunkt für die Überlegungen zur Einrichtung einer Kasualagentur ist die Beobachtung gravierender Defizite in der gegenwärtigen kirchlichen Kasualpraxis. Defizite beobachten Elke Wewetzer und Jörg Hammerbacher auf beiden Seiten, sowohl bei den Kasualbegehrenden als auch auf Seiten der Pfarrerinnen und Pfarrer. Den Taufeltern, Hochzeitspaaren und trauernden Angehörigen fehle häufig grundlegendes Wissen über die Bedeutung und den Ablauf der Kasualien. So komme es immer wieder zu eklatanten Fehleinschätzungen darüber, welcher Gestaltungsspielraum im Rahmen der einzelnen Feiern überhaupt für Taufeltern, Hochzeitspaare und trauernde Angehörige besteht. Solche Fehleinschätzungen lassen sich in unterschiedlichen Konstellationen beobachten. Während sich etwa manche Hochzeitspaare im Gespräch mit der Pfarrerin vor den Kopf gestoßen fühlen, dass sich manche ihrer Gestaltungswünsche nicht verwirklichen lassen, gehen andere irrtümlich von vornherein davon aus, dass das kirchliche Ritual keinerlei Spielraum für die eigene kreative Beteiligung vorsieht, und wenden sich noch vor jedem kirchlichen Kontakt freien Ritualgestaltern zu. Dass die meisten Pfarrerinnen und Pfarrer durchaus bereit sind, individuelle Kasualwünsche zu berücksichtigen, ist daher vielen oft unbekannt. Vor allem aber fehlt Kasualbegehrenden häufig das Wissen darüber, wer auf Seiten der Kirche für ihr Anliegen überhaupt zuständig, wer etwa für die erste Anfrage als Ansprechpartner vorgesehen ist.

Defizite sehen die Autorin und der Autor allerdings auch auf Seiten der Kirche. Hier mangele es vor allem an dem entsprechenden Bewusstsein dafür, welche Dringlichkeit und welche religiöse Bedeutung mit Kasualanfragen verbunden sind. Die Kommunikation mit dem Pfarramt wird aufgrund eingeschränkter Bürozeiten und der zeitlichen Verzögerung durch den pfarramtlichen Anrufbeantworter häufig als zäh erlebt. Und wenn der Kontakt erst einmal steht, kann sich schnell herausstellen, dass angesichts des Terminkalenders der Kirchengemeinde die Terminfindung kompliziert ist und auch die Bereitschaft von Pfarrerinnen und Pfarrern, sich auf ausgefallene Gestaltungswünsche einzulassen, sehr unterschiedlich ausgeprägt ist.

Dass die Nachfrage nach kirchlichen Kasualfeiern in den vergangenen Jahrzehnten rückläufig ist, liegt, so Wewetzer und Hammerbacher, nicht zuletzt an den genannten Wissens- und Orientierungsdefiziten. Daher ist es zunächst naheliegend, an diesen Defiziten anzusetzen. Diese zu beseitigen, ist eine der Hauptaufgaben, die innerhalb der Idee einer Kasualagentur dieser zugewiesen wird. Wie diese Defizite behoben werden sollen und welche konkreten Aufgabenfelder sich daraus ergeben, wird in dem Konzeptpapier unterschiedlich beschrieben. Nicht generell, sondern im Detail scheint mir der Klärungsbedarf noch groß. Strittig scheint mir daher weniger, *ob* kirchliche Stellen zur Förderung der Kasualpraxis eingerichtet werden sollten, sondern vielmehr, mit welchen Aufgabenbereichen solche Stellen betraut werden, welche Vollmachten ihnen übertragen werden und welche Handlungsspielräume vorgesehen sind. Wovon aber überhaupt im Rahmen der Diskussion über eine Kasualagentur die Rede ist, hängt nicht zuletzt von den Details des Konzeptes ab, also von der detaillierten Klärung, welche Aufgaben in den Zuständigkeitsbereich der geplanten Kasualagentur fallen sollen und wie die im Rahmen der kirchlichen Kasualpraxis anfallenden Aufgaben zwischen Agentur und Pfarramt aufzuteilen sind.

2 Der Aufgabenkatalog

Die Aufgaben, die in dem Konzeptpapier der Kasualagentur zugewiesen werden, lassen sich in drei Kategorien unterteilen. Die Aufgabentypen unterscheiden sich vor allem darin, ob die Kasualagentur eher informierend bzw. vermittelnd die in den Kirchengemeinden verortete Kasualpraxis unterstützen soll oder ihren Schwerpunkt in der eigenständigen Durchführung von Kasualfeiern haben wird.

2.1 Information und Werbung

Zum einen habe die Kasualagentur die Aufgabe, für die kirchliche Kasualpraxis zu werben und grundlegende Informationen über die Bedeutung, den Ablauf von Kasualfeiern sowie über Ansprechpartner und Zuständigkeiten bei der Durchführung von Kasualfeiern zur Verfügung zu stellen. Plakatwände, Plakatserien, Flyer und Infobroschüren, eine entsprechende Homepage, Werbung über soziale Medien oder auch die Präsenz auf Hochzeitsmessen sollen Interessierte mit dem kirchlichen Angebot der Kasualfeiern bekannt machen, Gründe für die kirchliche Kasualkultur pointiert zur Geltung bringen und das breite Spektrum an Gestaltungsmöglichkeiten aufzeigen. Das Aufgabenspektrum der Kasualagentur wäre so gesehen dem einer *Service-Hotline* und einem *PR-Büro* vergleichbar.

Die Forderung nach Werbemaßnahmen für die kirchliche Kasualkultur leuchtet unmittelbar ein. Klärungsbedarf besteht im Detail. Das wird vor allem deutlich, wenn man versucht, sich die konkrete Gestalt solcher Werbeplakate oder Flyer vorzustellen. Was wäre auf solchen Plakaten abgebildet? Was gäbe es zu sehen, was würde konkret beworben? Die kirchliche Kasualfeier an und für sich? Eine Kasualfeier im Kontext einer Kirchengemeinde? Eine Szene aus einem Trauungsgottesdienst? Eine Traumhochzeit mit weißen Tauben und Luftballons in Herzform? In welcher Gewichtung träten die unterschiedlichen Orte und Institutionen in Erscheinung? Welcher Text stünde auf dem Werbeplakat? Wer wäre dort als Ansprechpartner genannt: die Pfarrerinnen und Pfarrer der (je eigenen) Kirchengemeinde? Die Kasualagentur selbst? Gerade die Idee der gezielten Werbung für kirchliche Kasualfeiern legt die (noch) unscharfen Konturen einer Reform der Kasualpraxis offen.

2.2 *Clearing und Vermittlung*

Das von Elke Wewetzer und Jörg Hammerbacher referierte Konzeptpapier sieht vor, dass die geplante Kasualagentur nicht nur durch Werbung und Erstinformation an die kirchliche Kasualkultur angebunden ist, sondern als aktive Vermittlerin selbst im Vorfeld der Kasualfeiern verortet ist. Aufgabe der Agentur wäre es demnach, bei Kasualanfragen gezielt geeignete Pfarrerinnen und Pfarrer für die konkrete Kasualie zu vermitteln. Je nach Anfrage und je nach Gestaltungswünschen wäre es Aufgabe der Agentur, im Kontakt mit der zuständigen Kirchengemeinde abzuklären, ob die Kasualie in der angefragten Form von dem Pfarrer bzw. der Pfarrerin der Kirchengemeinde durchgeführt werden kann. Sollte das aufgrund terminlicher oder auch inhaltlicher Gründe nicht möglich sein, läge es im Aufgabenbereich der Agentur, eine geeignete Pfarrperson zu finden, die die Kasualie durchführen kann – etwa mit Hilfe eines „Bereitschaftsteams“ von Pfarrerinnen und Pfarrern, die mit der Agentur eng zusammenarbeiten. Der Kasualagentur käme hier die Rolle einer *Pastoralagentur* zu, die die Aufgabe hätte, kasualienaffine Pfarrerinnen und Pfarrer zu vermitteln.

Problematisch an dieser auf den ersten Blick plausiblen Vorgehensweise ist m.E. zweierlei. Zum einen werden durch dieses Vorab-Clearing durch die Kasualagentur wesentliche Elemente des Kasualgesprächs vorgezogen und dadurch aus dem Gesprächsprozess zwischen Pfarrperson und Hochzeitspaar, Taufeltern oder Trauerfamilie ausgelagert. Der Prozess der Vorbereitung auf die Kasualie wäre auf diese Weise auf unterschiedliche Gesprächspartner und Gesprächspartnerinnen aufgeteilt. Hochzeitspaare etwa würden nach dem mit Mitarbeitenden des Kasualbüros geführten Clearinggespräch erneut – nun im Gespräch mit der Pfarrerin der Kirchengemeinde – die Hintergründe für konkrete Gestaltungswünsche der geplanten Trauung erläutern. Durch die künstliche Unterbrechung und Aufteilung des Kasualgesprächs würde der Prozess der Kasualvorbereitung vermutlich eher verkompliziert als vereinfacht.

Zum anderen setzt das vorgeschlagene Procedere voraus, dass sich sowohl die Gestaltungswünsche der Kasualbegehrenden als auch die Bereitschaft der Pfarrerinnen und Pfarrer, individuelle Wünsche zu berücksichtigen, wie fixe Daten abfragen und miteinander abgleichen lassen. Wenn Pfarrerinnen und Pfarrer danach gefragt werden, was im Rahmen der Gestaltung von Kasualien „geht" und was nicht, wozu sie selbst bereit wären und wozu nicht, dann referieren sie keine Liste mit eindeutigen Kriterien, sondern erzählen häufig von Einzelfällen, von spezifischen, familienbezogen, paarbiografischen Rahmenbedingungen, auf deren Grundlage sich alle Beteiligten auf eine Gestalt der Feier einigen konnten. Die Gestaltung von Kasualien verdankt sich meist einem komplexen Aushandlungsprozess zwischen allen Beteiligten, keinem Abgleich zweier fixer Kriterienkataloge. Was aus Sicht des Hochzeitspaares unbedingt sein muss und was aus Sicht des Pfarrers undenkbar ist, zeigt sich häufig erst im Verlauf des Vorbereitungsprozesses. Auch aus dieser Perspektive scheint das vorgezogene Klärungsgespräch mit Mitarbeitenden des Kasualbüros den Aushandlungsprozess zwischen Hochzeitspaar und Pfarrerin künstlich abzukürzen und den gemeinsamen Prozess des Sondierens und Arrangierens eher zu belasten als zu erleichtern.

2.3 *Planung und Durchführung*

Der dritte der Kasualagentur zugeschriebene Aufgabenbereich umfasst die eigenständige Vorbereitung und Durchführung von Kasualien. Die Kasualagentur wird nun gleichsam als *Kompetenzzentrum* für Kasualien profiliert. Es fällt auf, dass das Konzeptpapier dieses Aufgabenfeld nicht auf alle Kasualien gleichermaßen bezieht. Während Taufen weiterhin in der Regie der Kirchengemeinden vollzogen werden sollen, kommt der Kasualagentur insbesondere innerhalb der Gestaltung kirchlicher Trauungen eine neue, umfassende Rolle zu. Die Kooperation mit einem Stamm kasualkompetenter Pfarrerinnen und Pfarrer sowie Musikerinnen und Musiker sowie die Möglichkeit der Nutzung attraktiver Kirchenräume soll ermöglichen, Hochzeitspaaren auch angesichts außergewöhnlicher oder aufwändiger Gestaltungswünsche entgegenkommen und einen ansprechenden Gottesdienst gestalten zu können. Insbesondere bei Trauungen, gegebenenfalls auch bei Bestattungen, könnte ein solches übergemeindlich verortetes Kompetenzzentrum Kirchengemeinden bzw. Pfarrerinnen und Pfarrer vor Ort tatsächlich unterstützen und entlasten. Engpässe ließen sich durch zusätzliche Pfarrerinnen und Pfarrer überbrücken, der Wunsch nach ungewöhnlichen

Gestaltungsdetails ließe sich trotz des erforderlichen organisatorischen Mehraufwands berücksichtigen. Durch den Praxisschwerpunkt in der Durchführung von Trauungen und gegebenenfalls Bestattungen ließe sich ein Repertoire bewährter Arrangements entwickeln, das der Attraktivität des Kasualzentrums zugutekäme.

Gleichwohl stellt sich gerade angesichts der Überlegungen zu einem solch umfassenden Kasualzentrum die Frage nach den Auswirkungen auf die pastorale Praxis in den Kirchengemeinden in aller Brisanz. Je nachdem, in welchem Ausmaß sich die Kasualpraxis auf Kasualagenturen verlagern würde, hätte dies Konsequenzen für die pastorale Praxis der Kirchengemeinden. Innerhalb der kirchengemeindlichen Arbeit sind Kasualien ein wichtiger Bestandteil pastoraler Praxis. Anlässlich von Kasualien begegnen Pfarrerinnen und Pfarrer Kirchenmitgliedern, die meist nicht unmittelbar in das vereinsähnlich formatierte Gemeindeleben eingebunden sind. Kasualpraxis fordert Pfarrerinnen und Pfarrer stets neu dazu heraus, die Vielschichtigkeit gelebter Kirchenmitgliedschaft im Blick zu behalten und im Rahmen der Praxis zu berücksichtigen. Die Begleitung von Taufeltern, Hochzeitspaaren und trauernden Angehörigen erinnert Pfarrerinnen und Pfarrer regelmäßig daran, den pastoralen Blick auf den weiten Horizont praktizierter Kirchenmitgliedschaft offenzuhalten und eine Einengung des Blickwinkels auf den Kreis der in der Kirchengemeinde vereinsähnlich Engagierten zu vermeiden. Die Verlagerung der Kasualpraxis auf übergemeindliche Stellen wäre in dieser Hin-sicht für das pastorale Selbstverständnis von Gemeindepfarrerinnen und -pfarrern durchaus von Belang. So sehr sie der Unterstützung und Entlastung der pastoralen Arbeit in den Kirchengemeinden dienen soll, ist nicht ausgeschlossen, dass sie einer Entdifferenzierung und Verengung pastoraler Gemeindepraxis Vorschub leisten könnte. Wenn Kasualanfragen von vornherein auf ein übergemeindliches Kasualzentrum umgeleitet werden, kann die als „Entlastung“ beabsichtigte Auslagerung von Trauungen und gegebenenfalls Bestattungen auch als „Entmündigung“ parochialer Praxis wahrgenommen werden.

Bereits Rudolf Bohren hatte in seiner 1960 veröffentlichten Protestschrift zur Kasualpraxis für die Auslagerung der Kasualien aus dem Aufgabenspektrum der Gemeindepfarrer plädiert – allerdings aus einer gänzlich entgegengesetzten Motivlage heraus. Dessen Forderung gründete in einer scharfen Verurteilung der Kasualkultur an und für sich und zielte darauf ab, die Amtsausübung der Pfarrer nicht unnötig mit Aufgaben zu belasten, die den „eigentlichen“ Zielen kirchlicher Praxis widersprächen.[1] Hinsichtlich der geplanten Kasualagentur ist

1 Erforderlich seien „eine Befreiung der Kasualpraxis aus den Fesseln des Amtes. Das Festhalten an den Amtshandlungen als Amtshandlungen aber bedeutet das Festhalten an einer Ordnung, die dem Charakter der Kirche als *missio* in der Welt widerspricht.“ Vgl.

es interessant zu beobachten, dass die Auslagerung der Kasualpraxis – vor allem der Praxis der kirchlichen Trauung – auch auf der Hochschätzung der volkskirchlichen Kasualkultur aufruhen kann. Gleichwohl ist nicht auszuschließen, dass die Auslagerung aus der Perspektive der Kirchengemeinden und Gemeindepfarrer auch heute als Befreiung von unnötiger Last aufgefasst werden könnte.

Die drei Aufgabenbereiche unterscheiden sich in dem der Agentur zugewiesenen Handlungsradius und dem je eigenen Verhältnis von Kasualagentur und Kirchengemeinde. Je nachdem, wie groß der Handlungsradius der Kasualagentur bemessen ist, kommt es zu mehr oder weniger großen Überschneidungen der Handlungsfelder der Kasualagentur und der Kirchengemeinde.

3 Kasualtheoretische Implikationen

Das Konzept für eine Kasualagentur zielt in erster Linie auf die Überwindung offenkundiger Defizite in der gegenwärtigen Kasualpraxis ab. Eine Auseinandersetzung mit dem praktisch-theologischen Diskurs oder gar eine konkrete Positionierung ist dabei von vornherein nicht intendiert. Auf eine explizite kasualtheoretische Argumentation verzichten dementsprechend Elke Wewetzer und Jörg Hammerbacher weitgehend. Und doch ist zu vermuten, dass das vorliegende Konzept von impliziten kasualtheoretischen Begründungsmustern getragen ist. Einige davon seien ansatzweise skizziert.

3.1 *Hochgeschätzte Kasualkultur*

Das Konzept der Kasualagentur setzt voraus, dass der Kasualpraxis innerhalb der kirchlichen Praxis insgesamt eine zentrale Bedeutung zukommt. Darin spiegelt sich eine Aufwertung der Kasualien wider, die sich innerhalb der Praktischen Theologie seit geraumer Zeit beobachten lässt. Mit ihrem individualisierten, lebenswelt- und biografiebezogenen Profil gilt die Kasualpraxis weithin als jene christlich-religiöse Praxis, in der die moderne Christentumskultur ihren eigentümlichen Ausdruck findet. Das Kasualienchristentum gilt als „Grundform der allgemeingesellschaftlichen Kulturreligion, [...] paradigmatische Ausdrucksge-

---

Rudolf Bohren, Unsere Kasualpraxis – eine missionarische Gelegenheit?, München ³1968, 35f.

stalt urbaner Lebenskultur und sozialkulturelle[s] Fundament des volkskirchlichen Religionssystems."[2] Dabei muss die Kasualienfrömmigkeit als gleichsam eigenständige Form kirchlicher Frömmigkeitspraxis nicht notwendig an die vereinsähnlich organisierten, geselligen Praxisformate der parochialen Kirchengemeinde angebunden sein. Die Hochschätzung der Kasualkultur, die sich im praktisch-theologischen Diskurs der vergangenen Jahrzehnte – nicht zuletzt angestoßen durch die ersten EKD-Kirchenmitgliedschaftsstudien seit den 1970er Jahren – durchsetzte, bildet gleichsam die Basis für das vorliegende Konzept der Kasualagentur.

3.2 *Zielmarkierungen der Kasualpraxis*

Die neue Hochschätzung der Kasualkultur ging mit der praktisch-theologischen Neujustierung des Ziels kirchlicher Kasualpraxis Hand in Hand. Seit der praktisch-theologischen Neuentdeckung der Kasualien werden diese stärker als bisher aus der Sicht der Kirchenmitglieder in den Blick genommen. Dabei zeigt sich, dass die Kasualkultur – neben den Festen im Jahreskreis – eine wichtige Säule volkskirchlicher Verbundenheit darstellt. Anders als in der ersten Hälfte des 20. Jahrhunderts werden die Kasualien nicht (mehr) (vorrangig) als kirchliches Handeln auf der Grenze zwischen (eigentlicher) „Kirche" und „Nicht-Kirche" – also als missionarisches Handeln – betrachtet, sondern als seelsorgerlich motiviertes Handeln an Kirchenmitgliedern, die anlässlich aktueller „Lebenswendepunkte" kirchliche Begleitung wünschen. Dieses Grundmotiv leitet auch die von Elke Wewetzer und Jörg Hammerbacher vorgebrachten Überlegungen zur Kasualagentur.

Umso mehr irritiert, dass in den Erläuterungen auch ein explizit missionarisches Motiv für die kirchliche Kasualpraxis in Anspruch genommen wird. Wenn als Begründung für die geplante Kasualagentur auf den Missionsbefehl (Mt 28) Bezug genommen wird, könnte der Eindruck entstehen, es gehe im Rahmen der Kasualpraxis vorrangig darum, Menschen allererst für das Christentum zu gewinnen. Dabei scheint die Befürchtung zugrunde zu liegen, dass Menschen, die sich – aus welchen Gründen auch immer – entscheiden, „freie" Kasualanbieter in Anspruch zu nehmen, für die Kirche endgültig verloren sind. Der Kasualkontakt wird an dieser Stelle dann doch als so etwas wie eine „missionarische Gelegenheit"[3] aufgefasst. Dass misslungenen Kasualkontakten für die Entscheidung zum Kirchenaustritt tatsächlich eine derart maßgebliche Rolle zukommt,

2 *Wolfgang Steck*, Praktische Theologie. Horizonte der Religion – Konturen des neuzeitlichen Christentums – Strukturen der religiösen Lebenswelt (Bd. II), Stuttgart 2011, 192.

3 *Bohren* (Anm. 1).

lässt sich in empirischen Studien zum Kirchenaustritt bislang nicht nachweisen. Dass hingegen gelungene Kasualfeiern die Verbundenheit zur Kirche stabilisieren können, bestätigen die Kirchenmitgliedschaftsstudien durchaus. Als Zielmarke für das Kasualhandeln allerdings führt das missionarische Motiv von dem konkreten Kasus, den Taufeltern, Hochzeitspaaren und Trauerfamilien weg. Das missionarische Motiv steht in Gefahr, zum Hindernis für eine Kasualpraxis zu werden, die sich auf das – durchaus religiöse – Bedürfnis der Kasualbegehrenden einzulassen bemüht.

3.3 *Der Widerstreit unterschiedlicher Interessen*

Innerhalb der praktisch-theologischen Reflexion der Kasualpraxis hat sich ein Konsens darüber herausgebildet, dass die Erwartungshaltungen der Kasualbegehrenden auf der einen Seite und das Interesse der Pfarrperson auf der anderen Seite in einem gewissen Spannungsverhältnis zueinander stehen. Das scheint bereits für Friedrich Schleiermacher ein Kennzeichen der Kasualpraxis zu sein. So fordert er vom Pfarrer, dieser müsse sich dem Kreis der Kasualbegehrenden „assimiliren"[4]. Dabei habe sowohl der Kreis der Kasualfamilie „Ursache [...] zu verlangen daß er auf seine Weise religiös angefaßt und angeregt werde" wie „auch der Geistliche sein Recht [habe] zu verlangen daß sich die Zuhörer in seine Weise hineinverstehen."[5] Und auch wenn für Schleiermacher hierbei auf der einen Seite „die Vorschrift des Apostels sehr anwendbar [ist], daß der Geistliche ‚allen alles sein' soll (1. Corinth. 9, 19-22)", ist dieses Spannungsverhältnis „auf der anderen Seite [...] eine Klippe, an der er leicht mit seiner kirchlichen Selbständigkeit scheitern kann."[6] Während es sich innerhalb Schleiermachers Ausführungen jedoch bei diesem Gegenüber unterschiedlicher Erwartungshaltungen um ein Spannungsverhältnis handelt, das durch ein gegenseitiges „Hineinverstehen" zum relativen Ausgleich gebracht werden kann, wurde Mitte des 20. Jahrhunderts das Gegenüber der unterschiedlichen Erwartungshaltungen unter dem Einfluss der Wort-Gottes-Theologie zunehmend als unüberwindlicher Gegensatz gelesen. So markiert das Begriffspaar „Kasus und Kerygma" in den Texten Rudolf Bohrens das notwendige Scheitern der Kasualpraxis. Diese ist

4 *Friedrich Schleiermacher*, Die praktische Theologie nach den Grundsäzen der evangelischen Kirche im Zusammenhange dargestellt, aus Schleiermachers handschriftlichem Nachlasse und nachgeschriebenen Vorlesungen, hg. v. Jacob Frerichs, Berlin 1850, 324.

5 Ebd.

6 Ebd.

Bohren zufolge „ein Handicap, das darin besteht, daß die Kirche hier etwas tut, bei dem sie je und je aufhört, Kirche zu sein, ohne die Möglichkeit zu haben, im Akt der Selbstaufgabe wieder Kirche zu werden."[7]
Seit der praktisch-theologischen Rehabilitierung der Kasualkultur zu Beginn der 1970er Jahre wird die Differenz der Erwartungshaltungen längst nicht mehr im Sinne Bohrens verstanden.[8] Dennoch steht die kasualtheoretische Grundprämisse eines Gegenübers unterschiedlicher Erwartungshaltungen bis heute in Geltung. In kasualtheoretischen Texten ist es dann gerade diese Grundprämisse, die nicht selten dazu verleitet, Kasualbegehrenden, insbesondere Hochzeitspaaren, bisweilen schematisch und klischeehaft von vornherein überdimensionierte und unrealistische, durch die mediale Inszenierung in Film und Fernsehen geprägte Wunschvorstellungen zu unterstellen, die sich nur bedingt auf den religiösen Gehalt der Feier beziehen lassen. Immer wieder kommt es dabei vor, dass der Gegensatz der Interessen mit Hilfe der Chiffren von „Kasus" und „Evangelium", bzw. „Immanenz" und „Transzendenz" interpretiert wird. Die bei Taufeltern, Hochzeitspaaren und Trauerfamilien vorhandenen Erwartungshaltungen werden dann gelegentlich leichtfertig allein dem Horizont der Immanenz zugeordnet, während die transzendente Perspektive allein den Pfarrerinnen und Pfarrern vorbehalten scheint.

Auch in dem Konzeptpapier zur Kasualagentur finden sich Anzeichen für die Annahme eines Gegenübers von kirchlichen und kasuellen Interessen. Das zeigt sich nicht zuletzt daran, dass die Frage nach der Vereinbarkeit der unterschiedlichen Interessen als zentrale Herausforderung der Kasualpraxis benannt wird und dem Kasualbüro gerade in dieser Frage eine entscheidende Rolle einräumt wird. Gleichwohl wird der Gegensatz kasueller und pastoraler Interessen keineswegs als unversöhnlich gezeichnet. Eine der Aufgaben der Kasualreform besteht dem vorliegenden Konzept zufolge gerade darin, den Kasualbegehrenden wertschätzend zu begegnen und ihre individuellen Wunschvorstellungen möglichst anzuerkennen.

Die Annahme eines antagonistischen Verhältnisses von kasuellem Anlass und kirchlichem Auftrag ruht auf einem (meist impliziten) theologischen Fundament. Dass diese zum Teil schlichte Gegenüberstellung der Begriffe Kasus und Kerygma, Situation und Evangelium, Erwartung und Auftrag weder der Komplexität religiöser Praxis noch dem Reichtum theologischer Deutungsoptionen gerecht wird, zeigt bereits der Blick auf den Begriff des Evangeliums. Michael

7 *Bohren* (Anm. 1), 21.

8 Vgl. dazu etwa *Joachim Matthes*, Volkskirchliche Amtshandlungen, Lebenszyklus und Lebensgeschichte. Überlegungen zur Struktur volkskirchlichen Teilnahmeverhaltens, in: *Ders.* (Hg.), Erneuerung der Kirche. Stabilität als Chance? Konsequenzen aus einer Umfrage, Gelnhausen / Berlin 1975, 83–112.

Meyer-Blanck hatte im Rekurs auf semiotische Überlegungen herausgearbeitet, welche Konsequenzen es hat, den Evangeliumsbegriff in seinem Kontext, d.h. gerade nicht losgelöst vom Rezeptionsprozess zu betrachten.[9] Dann würde deutlich, dass es sich bei dem Begriff des Evangeliums um eine Metapher handelt, die direkt auf den Rezeptionsprozess bezogen ist. „Evangelium" ist demzufolge kein Textbestand, keine zu überbringende Informationseinheit, sondern verweist auf die jeder christlich-religiösen Praxis eingeschriebene Grundintention, eine heilsame, befreiende, ermutigende, vergewissernde versöhnende Rezeptionserfahrung zu ermöglichen und die individuelle Situation, das eigene Leben neu in einem „evangelischen" Licht zu sehen. „Evangelium" bezeichnet so gesehen eine bestimmte Deutung der je eigenen Situation, des Kasus. Auf diese Weise würde deutlich, dass das Gegenüber „Kasus vs. Evangelium" einer inhaltlichen Verkürzung entspringt. Es geht bei der Kasualpraxis nicht darum, das Evangelium gegen den Kasus zur Geltung zu bringen oder in den Kasus hineinzutragen, sondern um die Vermittlung unterschiedlicher Deutungen des Kasus. Die Erfahrung von Pfarrerinnen und Pfarrern zeigt dabei durchaus, dass die „evangelische" Deutung nicht von vornherein allein auf Seiten der Pfarrerinnen und Pfarrer zu finden ist.

3.4 *Grenzen des Kasualbegriffs*

Das von Elke Wewetzer und Jörg Hammerbacher vorgestellte Konzept zur Einrichtung einer Kasualagentur argumentiert zunächst auf der Basis eines übergeordneten Kasualbegriffs, der die drei Praxiskontexte Taufe, Trauung und Bestattung zusammenfasst. Der Begriff, der sich erst im praktisch-theologischen Diskurs des 19. Jahrhunderts herausgebildet hat, hat seine Stärke in der interpretierenden Rekonstruktion von Praxisformaten, die in bestimmter Hinsicht – Begleitung von Lebensübergängen, Bezugskontexte Familie und Biografie – vergleichbar sind. Doch sobald sich das Interesse auf nur eine der unter den Kasualbegriff subsumierten Praxisgestalten richtet, verblasst der allgemeine Begriff und die praxisfeldeigene Spezifik schiebt sich in den Vordergrund. Bei der Frage nach konkreten Schritten der Kasualgestaltung differenziert das vorliegende Konzept zur Kasualagentur nach den drei Praxiskontexten Taufe, Trauung und Bestattung. Näher ausgeführt werden dann vor allem Überlegungen zur Gestaltung kirchlicher Trauungen. Der Wechsel auf die Ebene der einzelnen Kasualien ist kasualtheoretisch aufschlussreich. An ihm zeigt sich, dass sich der sekundär

9 Vgl. *Michael Meyer-Blanck*, Inszenierung und Präsenz. Zwei Kategorien des Studiums Praktischer Theologie, in: WzM 49 (1997), 2–16, 9.

gebildete Begriff der Kasualien nur bedingt für die Reflexion der einzelnen Praxisformate eignet. Gerade angesichts konkreter Praxisfragen werden die Spezifika der einzelnen Praxiskontexte Taufe, Trauung und Bestattung offensichtlich. So sehr sich auch das Interpretament „Kasualie" aufgrund seiner Abstraktionsleistung hervorragend zur nachträglichen Rekonstruktion und Interpretation der genannten Praxiskontexte eignen mag – das Profil der hierunter gefassten Praxen erschöpft sich nicht in ihrer Zugehörigkeit zu dem mit dem Kasualienbegriff aufgespannten Praxisfeld.

Gerade die vorliegenden Ausführungen zur eigenständigen Kasualpraxis der anvisierten Kasualagentur lassen erkennen, inwiefern die einzelnen Kasualien eine je spezifische institutionelle Verortung und organisatorische Anbindung erforderlich machen. Während die Taufpraxis weiterhin in der Verantwortung der Kirchengemeinden gesehen wird und befürchtet wird, das Angebot, Bestattungen zu übernehmen, könnte zur Überforderung des personellen Kontingents von Kasualagenturen führen, überzeugt die Idee der Kasualagentur vor allem hinsichtlich des Praxisfeldes der kirchlichen Trauung. Vor diesem Hintergrund läge es durchaus nahe, den Aufgabenbereich der Durchführung von Kasualien allein auf den Bereich kirchlicher Trauungen zu beschränken. Neben den Aufgaben als Service-Hotline und PR-Büro käme der Kasualagentur somit die Rolle einer kirchlichen Hochzeitsagentur zu.

4 Resümee

Bei dem Konzept von Kasualagenturen, die informierend, werbend-aufklärend und vermittelnd die Kasualpraxis der Kirchengemeinden unterstützen und – bei Bedarf – durch die eigenständige Durchführung kirchlicher Trauungen Kirchengemeinden entlasten, handelt es sich um ein ausgesprochen vielversprechendes Vorhaben, in dem sich die für die spätmoderne Christentumspraxis charakteristische Bedeutung der Kasualkultur widerspiegelt. Man darf gespannt sein, ob und wie es in der konkreten Realisierung gelingen wird, die unterschiedlichen Aufgabenbereiche und Rollenmuster (Service-Hotline, PR-Büro, Pastoralagentur, Kompetenzzentrum) zu koordinieren und die beiden Kontaktadressen „Kasualagentur" und „Kirchengemeinde" tatsächlich als einander ergänzende Partnerinnen und nicht als Konkurrentinnen zu positionieren.

„Rent a Pastor“?

Beobachtungen zur Ritualpraxis im Zeitalter der Digitalisierung

Marcell Saß

1 Persönliche Erkundungen

Im letzten Sommer habe ich eine gute Woche lang Urlaub in Schottland gemacht, zum ersten Mal. Die Vorbereitungen dafür waren, anders als etwa noch bei Urlauben in den 1990er Jahren, außerordentlich bequem. Die verschiedenen Unterkünfte unserer kleinen Rundreise durch das schottische Hochland habe ich zuvor im Internet gebucht, auf der Seite eines einschlägigen Vergleichsportals. Dank meines Smartphones hatte ich diese Buchungen stets in meiner Hosentasche dabei, konnte Änderungen vornehmen, mit den Hotels kommunizieren und – was noch wichtiger war – sah bereits im Buchungsvorgang die Bewertungen der einzelnen Hotels. Auch der Mietwagen wurde online reserviert, zudem war auch meine Bordkarte für den Flug in der App der Fluggesellschaft gespeichert. Für die Fahrt mit dem Zug von Edinburgh nach Inverness nutzte ich die Internetpräsenz der Schottischen Bahn – Tickets und Sitzplätze konnten so schnell ausgesucht werden.

Vor Ort halfen Google Maps und das Navigationssystem des Mietwagens, um nicht im ungewohnten Linksverkehr verloren zu gehen. Den hatte ich mir übrigens vorher einmal in einem YouTube-Video ausführlich erklären lassen. Ach ja, einschlägige Restaurantsuchmaschinen samt Bewertungen halfen, stets vorzügliches Essen zu genießen. Schließlich entstand selbstverständlich auch ein Selfie von mir und Nessie, das dann direkt zu Freunden nach Deutschland und in die USA geschickt wurde; denn zum Glück gibt es ja keine Roaming-Gebühren mehr in Europa.

Nun habe ich in Schottland sehr viel wunderbare, beeindruckende Natur gesehen, die Auszeit vom Alltag in jeder Hinsicht genossen und auch das persönliche Gespräch mit den Menschen vor Ort geschätzt. Gleichwohl zeigen Planung und Durchführung meiner Reise: Auch vor mir als einem *digital immigrant* machen die bahnbrechenden Transformationsprozesse der letzten Jahre nicht halt.

> „We are living through a period of unparalleled technological and cultural transformation. In only a couple of decades, we have passed from the Gutenberg age and have crossed over into the globalized digital age. More and more, we conduct business, get information, look up answers to puzzling questions, and even find intimate partners through electronic means. Computers have shifted in a few decades from monsters that take up a whole room, to desk top wonders, to the privatized device that allows me to customize and access the whole world in my pocket."[1]

In der Tat, die seit nicht einmal 20 Jahren zu beobachtende Medienevolution kommt einer Medienrevolution[2] gleich und macht auch vor kirchlichen Praxen nicht halt:

> „The digital age has come to church in a variety of ways. Some have preached dialogue sermons with mission partners in faraway places using a huge screen above the pulpit. Others have used online media for interactive educational resources. Church newsletters are being replaced by Web postings and e-mail distribution ... Through the virtual world of Second Life, I can participate in a digital Presbyterian church for worship, Bible study, and fellowship. If I get bored or curious, I can go to Anglican or Orthodox virtual churches and follow along as quiet and unobtrusive as a virtual church mouse. These examples only represent the tip of the iceberg when it comes to the ways in which the digital revolution impacts church and liturgy. The possibilities for rethinking the way we conceive of and practice church, it would seem, are virtually endless."[3]

Nun überrascht es mit dem praktisch-theologischen Diskurs Vertraute nicht weiter, dass durch die Expansion kommunikativer Möglichkeiten gerade das Feld der Kasualien in besonderer Weise tangiert wird – denn hier begegnet eine religiös-rituelle Praxis, die nach wie vor vielen Menschen biografisch bedeutsam erscheint und kirchliche Deutungsangebote und individuelle Lebenswelt plausibel verknüpft.[4]

In der Spätmoderne wird diese bleibende Bedeutung religiöser Rituale im Umfeld der Kasualien nun konsequent digital genutzt und ausgeweitet – offensichtlich mit durchaus beachtlichem ökonomischen Erfolg. Freie Redner*innen,

---

1 *Gordon Mikoski*, On the Mediation of Mediation of Mediation: The (Im)possibility of Online Communion and the Limits of Online Worship, in: Liturgie und Kultur 9 (2018) 1, 6–11, 6.

2 So bereits *Michael Jäckel*, Medienwirkungen. Ein Studienbuch zur Einführung, Wiesbaden ^{3}2005, 23.

3 *Mikoski*, (Anm. 1), 6f.

4 Grundlegend hier u.a. *Ulrike Wagner-Rau*, Segensraum. Kasualpraxis in der modernen Gesellschaft, Stuttgart ^{2}2008.

Hochzeitsplaner*innen, Trauerbegleiter*innen und andere können online gefunden werden, Feiern werden mit digitalen Medien angebahnt, vorbereitet und organisiert – und zwar niedrigschwellig und „kund*innenorientiert". Auch die Nachbereitung der erlebten Feier ist mit Foto-Cloud, Facebook, Instagram und anderem ein Leichtes.

Die von Samuel Diekmann, ehemals Pastor einer freikirchlichen Gemeinde, betriebene Plattform *rent-a-pastor.com*[5] firmiert somit als Paradigma für beides: zunächst einmal ist sie Seismograf für den angedeuteten medialen Wandel der letzten Jahre, zum anderen zeigt sie die Bedeutung religiös-ritueller Praxen auch in Zeiten kirchlich-religiöser Umbrüche. Im Folgenden wird zunächst einmal *rent-a-pastor.com* kurz vorgestellt, sodann werden einige praktisch-theologische Schlussfolgerungen gezogen.

2 *Rent-a-pastor.com* Ein Beispiel digitaler Ritualpraxis

„80 Prozent finden uns über Google"[6] – so Diekmann auf die Frage, wie die Menschen zu ihm kommen. Undenkbar also, dass sein Angebot erfolgreich wäre ohne das Internet und die entsprechenden Suchmaschinen. *Rent-a-pastor.com* vermittelt online rituelle Dienstleistungen:

> „Wir sind ein Hochzeitsdienstleister und vermitteln im Schwerpunkt Hochzeitsredner, Hochzeitsmusiker und andere Dienstleister, aber auch für andere Lebensfeiern (z.B. Beerdigungen oder freie Taufen / Willkommensfeiern) sind wir da. Weiter schreiben unsere Hochzeitsredner auch als Autoren zu Themen rund um Hochzeit, Ehe und Partnerschaft."[7]

Rent-a-pastor.com bietet eine leicht zu navigierende Homepage: Die Startseite stellt die Angebote als „Lebensfeiern" vor, egal ob „freie Trauung" oder „Willkommens-Zeremonie" für ein Kind – unverbindliche „Buchungsanfragen" können jederzeit gestellt werden. Von „romantisch" bis „klassisch" seien die Zeremonien dank eines breiten „Hochzeitrednerportfolios" möglich, wobei neben Kirchenräumen auch eine „unorthodoxe Hochzeitslocation" denkbar sei. Mehr

5 www.rent-a-pastor.com (Abruf 10.06.2019)

6 *Samuel Diekmann*, unveröffentlichtes Vortragsmanuskript.

7 www.rent-a-pastor.com/die-agentur-fuer-hochzeitsredner-trauredner-freie-theologen/ (Abruf 10.06.2019). Vgl. dort die im Folgenden präsentierte Vorstellung der Internetseiten.

als 100 „Redner & Dienstleister“ in drei Ländern führen mehr als „400 Zeremonien“ pro Jahr durch. Die weiteren Seiten erläutern detailliert das jeweilige Angebot im Bereich von freien Trauungen, Taufen, Eheerneuerungszeremonien und Bestattungen; zudem wird die Kostenfrage umfänglich erläutert. Schließlich begleitet ein Blog die Paare schon bei der Vorbereitung, samt Checklisten für die Feier.

Gegründet wurde die Plattform vor gut fünf Jahren, letztlich aus einer ökonomischen Notlage heraus während Diekmanns Tätigkeit als freikirchlicher Pastor. Diekmann entschied, „da draußen anzubieten, was ich gelernt habe.“[8] Zunächst war er selbst als „freier Redner“ tätig, später wurde er von Pfarrpersonen mit eingeschränkten Dienstverhältnissen angefragt, ob er sie als „freie Redner“ vermitteln könne – „die Agentur rent-a-pastor war geboren.“[9]

Trotz der dezidiert nicht-kirchlich anmutenden Begriffe und Sprache ist der pastorale Hintergrund der auf Diekmanns Plattform vermittelten Redner*innen erkennbar: „Von Anfang an war es uns wichtig als gelernte Theologen, als Menschen aus dem Raum der Kirche aufzutreten und nicht einfach nur als freie Redner – das ist bis heute so.“[10] Praktische Folgen hat dieses gleichsam intermediär zwischen verfasster Kirche und ökonomischer Freiheit der Agentur lokalisierte Selbstverständnis etwa in Vorbereitungsgesprächen, in denen neben organisatorischen Fragen auch Fragen des Glaubens thematisiert würden, so Diekmann. Allerdings seien die meisten Kund*innen eben nicht christlich. Das stelle bisweilen vor Herausforderungen, wenn ein christlicher Pastor eine Trauung für ein konfessionsloses Paar durchführe; Ausgangspunkt seien jedoch stets – und das ist ja kasualtheoretisch durchaus bedenkenswert – die Wünsche des Paares:

> „Als Christ kann ich Euch eine inhaltlich christliche Trauung anbieten, aber auch eine freie, säkulare mit Schwerpunkt auf Eurer Liebesgeschichte oder eben eine Mischung aus beidem. Meine Grenze liegt da, wo es in andere Spiritualität geht. Ich werde mich nicht verstellen, wenn ihr jemanden sucht, der für Euch nackt ums Feuer tanzt, dann braucht ihr jemanden anderes, ansonsten stehe ich euch zur Verfügung.“[11]

Diekmann moderiert also in erster Linie – wie zahlreiche Pfarrpersonen im Kontext der kirchlichen Kasualien auch – Aushandlungsprozesse, wenngleich in seinem Fall ökonomische Rahmenbedingungen gegenüber einer institutionell abgesicherten Tätigkeit in einer Landeskirche sicher größeres Gewicht haben.

---

8 *Diekmann* (Anm. 6).
9 Ebd.
10 Ebd.
11 Ebd.

So entsteht insgesamt der Eindruck, dass hier am Ort einer Internetplattform im digitalen Zeitalter pastorale Identitäten und die flexible Aufnahme lebensweltlicher Bedürfnisse jenseits institutioneller Zu- bzw. Festschreibungen, d.h. Kundenorientierung und Sachorientierung, in besonderer Weise austariert werden müssen: „Ich sage es immer so: unsere Agentur ist keine missionarische Offensive, aber eine missionarische Chance ist es schon! Deswegen wollen wir nur Kollegen gelistet haben, die hier auch Rede und Antwort geben können."[12] Dass daraus dann auch seelsorgerliche Gelegenheiten entstehen, gelegentlich Gebete gewünscht oder Gespräche über den Glauben erbeten werden, betont Diekmann mit Nachdruck.

Ritualtheoretisch finden sich viele Elemente, die auch im Kontext der kirchlichen Kasualien eine Rolle spielen, wie etwa der Ringtausch. Aufhorchen lassen jedoch Diekmanns Ausführungen über Fürbitten und Segen. Hier hat religionssoziologisch nach Einschätzung Diekmanns ein erheblicher Traditionsabbruch stattgefunden:

> „Viele Paare, selbst wenn sie ein wenig kirchlich verortet sind, wissen damit inhaltlich wenig anzufangen. Man weiß, das gehört dazu und findet so etwas auch schön, aber warum ist vielen nicht bekannt! Wenn Sie auch nicht viel aus meinem Bericht mitnehmen, dann wenigstens dieses: Erklären sie alles! Immer und immer wieder! Wir können heute nicht mehr davon ausgehen, dass Dinge bekannt sind. Erklären Sie Dinge auch in ihren Gottesdiensten! Rituale und Traditionen können schnell zu toten Handlungen werden, wenn man nicht versteht, was es damit auf sich hat."[13]

Religionstheoretisch gesehen beschreibt Diekmann hier im persönlichen Erleben etwas, das auch Konzeption, Gestaltung und Durchführung kirchlicher Kasualien als Spannungsfeld gleichsam konstitutiv durchzieht – nämlich die Frage, wie primäre und sekundäre Religionserfahrung[14] sinnvoll aufeinander bezogen bleiben können, damit in der tradierten, kirchlichen Deutung Anschlüsse an individuell-biografische Erfahrungen der beteiligten Menschen nicht verhindert werden. Verbunden mit dieser grundsätzlichen Haltung ist für Diekmann dann auch, kirchlich-religiöse Begriffe elementar und alltagsbezogen zu erklären, wenn er z.B. den Segen als „etwas Gutes zusprechen" fasst. Entschieden plädiert er dafür, auch „Menschen ohne konfessionelles Bekenntnis im Namen Gottes" zu segnen. Übrigens geht für ihn aus theologischen Gründen mit dieser Haltung

---

12 Ebd.

13 Ebd.

14 Vgl. zum Konzept der Unterscheidung von primärer und sekundärer Religionserfahrung, wie sie wesentlich von Theo Sundermeier und sodann von Andreas Feldtkeller entwickelt wurde, *Christian Grethlein*, Praktische Theologie, Berlin / Boston 2012, 184f.

auch eine dezidiert institutionenkritische Perspektive einher: „Rituale, Formen, Dogmen, Traditionen hin und her. Zu allererst dienen sie einem lebendigen und menschenliebenden Gott und keiner Institution."[15]

3 Praktisch-theologische Einschätzungen

Es ist in der Tat unübersehbar: Wir leben in Zeiten eines epochalen Umbruches, der bereits jetzt grundlegend die Art und Weise transformiert hat, wie wir Menschen miteinander kommunizieren, feiern, leben. Die Kant'sche Frage „Was ist der Mensch?" dürfte wohl die Gretchenfrage der nächsten Jahre und Jahrzehnte im Horizont von technischer Innovation, künstlicher Intelligenz und Mensch-Maschine-Interaktion werden.[16] Darin liegen Chance und Gefährdung gleichermaßen, wie auch ein flüchtiger Blick in die alltagskulturelle und kirchliche Bearbeitung der Herausforderungen unserer Zeit zeigt. Hier changieren die Einschätzungen zwischen Untergangsszenarien angesichts von Algorithmen bzw. der Macht der „Internetkonzerne" und unkritischen Heilsversprechen etwa im Horizont des Einsatzes von Pflegerobotern.[17]

Praktische Theologie als theoretische Reflexion vorhandener Praxen ebenso wie als handlungsorientierende Theoriebildung mit Blick auf die Gestaltung von (kirchlichen) Praxen[18] kann sich dieser derzeit angespannten Debattenlage kaum entziehen. Insbesondere bei der Gestaltung ritueller Praxen wie den Kasualien zeigen sich an der Schnittstelle von Lebenswelt(en), kommunikativen Transformationsprozessen und kirchlicher Praxis Ausmaß und Folgen der Digitalisierung und die Notwendigkeit von deren kritisch-reflexiver Bearbeitung. *Rent-a-pastor.com* ist dafür nur ein – wenn auch eindrückliches – Beispiel. Paradigmatisch sind hier nämlich Fragen nach der Gestalt von Kirche wie auch nach

15 *Diekmann* (Anm. 6).

16 Vgl. *Marcell Saß*, „Die Vermessung des Menschen" – christliche Anthropologie im Zeitalter der Digitalisierung, in: Perspektiefe 47/2018, www.zgv.info/perspektiefe-online/artikel-einzelansicht/505-die-vermessung-des-menschen-christliche-anthropologie-im-zeitalter-der-digitalisierung/d84047418db006c6bf360c7f687301d9.html (Abruf 12.05.2019).

17 www.uni-siegen.de/start/news/forschungsnews/779341.html (Abruf 12.05.2019).

18 Vgl. zum grundlagentheoretischen Hintergrund dieser Formulierung Don Brownings Dreischritt „practice-theory-practice", in: *Don Browning*, A Fundamental Practical Theology. Descriptive and Strategic Proposals, Minneapolis 1991.

der Rolle der in kirchlichen Praxen professionell Handelnden aufgeworfen, anders formuliert: Kasualtheoretische Deutungen digitaler Ritualpraxis evozieren geradezu in ihrem Gefolge kirchentheoretische und pastoraltheologische Überlegungen und haben Grundsatzcharakter.

Die Ritualpraxis im Kontext der Kasualien eröffnet besondere Chancen für ein vertieftes Nachdenken über gegenwärtige Herausforderungen – das zeigt der Blick in den Theoriediskurs der Praktischen Theologie der letzten Jahre eindrücklich; immerhin liegt hier wohl die kirchliche Handlung schlechthin vor, in der Lebenswelt und tradierte Formen, individuelle Lebensgeschichte und kirchliche Gemeinschaft je neu austariert werden müssen bzw. bereits neu ausgerichtet wurden (Stichwort: neue Kasualien). Die Herausforderung, am Ort der Kasualien „Aushandlungsprozesse"[19] zu moderieren, verschärft sich durch die Erweiterung kommunikativer Möglichkeiten nun noch; sie gewinnt gleichsam durch die Mediatisierung unserer Zeit an zusätzlicher Dynamik.

Kurzum: Kasualien sind schon längst ein kirchliches Angebot *on demand*[20], welches nun jedoch durch digital basierte Angebote ritueller Praxen zusätzlich unter Druck gerät. Plattformen wie *rent-a-pastor.com* reagieren auf die notwendige Individualität persönlicher Feierpraxen durch niedrigschwellige Optionalität – in einer „Gesellschaft der Singularitäten"[21] offenkundig ein Erfolgsmodell, von dem auch die konzeptionelle Arbeit an kirchlichen Kasualien profitieren könnte. Denn auch die kirchliche Kasualkultur fordert ja eine nun allerdings kirchliche Religion, die ernst nimmt, was „der Fall" für die Menschen[22] und „was an der Zeit"[23] ist.

> „Hierbei strapaziert der für die Gottesdienstteilnehmer außerordentliche und doch emotional so beladene Kirchenkontakt nicht nur die agendarischen Üblichkeiten und die pastoralen Erwartungen an eine einvernehmliche Ritualobservanz, sondern er äußert sich auch für die Betroffenen, die oft ebenso selbstverständlich erwarten,

---

19 Vgl. dazu den Beitrag von *Kristian Fechtner* in diesem Band.

20 Vgl. die Dokumentation einer Rostocker Tagung zur Kasualkultur mit diesem Titel in: *Thomas Klie / Folkert Fendler / Hilmar Gattwinkel* (Hg.), On Demand. Kasualkultur der Gegenwart, Leipzig 2017 (Kirche im Aufbruch 24).

21 Vgl. *Andreas Reckwitz*, Die Gesellschaft der Singularitäten. Zum Strukturwandel der Moderne, Frankfurt / M. 2017.

22 So *Kristian Fechtner*, Kirche von Fall zu Fall. Kasualien wahrnehmen und gestalten, Gütersloh [2]2011.

23 *Thomas Klie*, Als Einleitung – Konturen einer neuen Sicht auf Kasualien, in: *Ders. / Folkert Fendler / Hilmar Gattwinkel* (Anm. 20), 7–24, 19.

> dass sich ‚die Kirche' in ihrem Fall als ganz normale Dienstleisterin verhält und natürlich ihren individuellen Wünschen im Blick auf Ort und Zeit, Musik und ‚Rituale', Predigtinhalte und Ästhetik nachkommt."[24]

Samuel Diekmanns Idee von *rent-a-pastor.com* kann geradezu als empirische Illustration hierzu verstanden werden, zeigt sie doch, wie stark das kasuelle Feld aktuell in Bewegung ist. Auch wenn Begriffe wie Dienstleistung und Qualitätssicherung in kirchlichen Kreisen bisweilen nach wie vor für Unruhe sorgen, wird man davon sprechen können, dass das kasuelle Feld mit „Kund*innen" rechnen muss:

> „Vielen Pfarrpersonen macht heute Beschwer, dass sich evangelische Christenmenschen in ihrem Kasualbegehren weniger wie Gemeindeglieder, sondern eher wie Kunden verhalten, die ‚die Kirche' für eine religiöse Dienstleistung in Anspruch nehmen."[25]

Damit verändert sich auch das Partizipationsverhalten derer, die an den Kasualien teilnehmen – von der Gemeinde mit all den darin mitschwingenden normativen Erwartungen sowie der Vorstellung des „Gemeindegliedes" hin zu einem „Publikum":

> „Dass bei vielen Bestattungen und Trauungen nicht mehr gesungen wird, hat auch etwas damit zu tun, dass ein Publikum (im Theater, im Kino, vor dem Bildschirm) eben nicht mitsingt oder gar mitspricht, sondern sich die Vorstellung ruhig sitzend anschaut und anhört – Kasualien als religiöses Theater."[26]

Wenn ein „Kundenhabitus auf Kirchenlogik" trifft[27], sind Spannungen vorprogrammiert. Was es heißt, Rituale so zu gestalten, dass das, was „an der Zeit ist"[28], angemessen zur Darstellung kommt, ist nicht eben leicht zu fassen.

Gleichwohl bleibt die skizzierte Wahrnehmung und praktisch-theologische Deutung der Bewegungen im kasuellen Feld bislang noch eher zurückhaltend in der Auseinandersetzung mit den Deutungsangeboten aus Philosophie, Soziologie oder Kommunikationswissenschaften, die die grundlegende Transformation

---

24 A.a.O., 8f.

25 A.a.O., 15.

26 A.a.O., 18.

27 *Folkert Fendler / Hilmar Gattwinkel*, Kundenhabitus trifft Kirchenlogik. Gottesdienst zwischen Wunsch und Wirklichkeit, in: *Klie / Fendler / Gattwinkel* (Anm. 20), 25–35.

28 A.a.O., 19.

der menschlichen Kommunikation im Zeitalter der Digitalisierung thematisieren.[29] Das ist letztlich überaus überraschend, denn die Mediatisierung von Kommunikation führt mehr und mehr in fluide Formen hinein, die sich nur noch sehr bedingt an die Spielregeln von Institutionen halten. Hier liegt ein Desiderat theologischer Forschung vor, das es in den nächsten Jahren beherzt zu bearbeiten gilt.

Rent-a-pastor.com ist somit ein Seismograf für die Umbrüche im Feld der Rituale bzw. Kasualien und – noch grundlegender – der religiösen Kommunikation insgesamt. Dass dieses Angebot, wie ich vermute, für manche auch ein Ärgernis ist, ergibt sich unmittelbar aus einer institutionellen, kirchlichen Perspektive. Blickt man etwa auf die in den USA seit einigen Jahren etablierte Bewegung der „Emergent Christians“[30], die Kirche als eine „open-source-community“ gestalten will, wird man bemerken, wie unbequem dies für die sog. „Mainline Churches“ des Protestantismus, aber auch für evangelikale Gemeinden ist.

Das Online-Angebot *rent-a-pastor.com* markiert somit praktisch-theologisch gesehen nicht nur eine Erweiterung kasueller Praxis in ausdifferenzierten, individualisierten Gesellschaften, sondern vielmehr eine deutliche Anfrage an religiös-kirchliches Handeln überhaupt. Es ist nicht nur kasualtheoretisch anregend als Angebot *on demand*, sondern zugleich kirchentheoretisch herausfordernd. Mit Jan Hermelinks kirchentheoretischer Differenzierung gesprochen: Die Bestimmung von Kirche als Organisation, Institution, Interaktion und Inszenierung[31] wird hier exemplarisch thematisch, weil Kontexte sich verändern, Trennlinien sich verschieben. *Rent-a-pastor.com* zeigt auch: Hier begegnet ein „ambulantes“ Christentum, das ganz anders agiert als das normativ erwartete, parochiale, über Mitgliedschaft organisierte, „stationäre“ Christentum.[32]

Damit geraten schließlich, pastoraltheologisch gewendet, auch die professionellen Akteur*innen zunehmend unter Druck: Amt und Institution, religiöse Kommunikation und die Sprache der Organisation müssen am Ort des Individu-

---

29 Als Beispiele seien genannt: *Michel Serres*, Erfindet Euch neu! Eine Liebeserklärung an die vernetzte Generation, Frankfurt / M. 2013; *Robert Renisch / Stefan Lorenz Sorgner* (Hg.), Post- and Transhumanism. An Introduction, Frankfurt / M. 2014; *Yuval N. Harari*, Homo Deus, München 2017. Vgl. auch das Plädoyer für eine empirische Forschung im Bereich Big Data bei *Matthew L. Salganik*, Bit by Bit. Social Research in the Digital Age, Princeton 2018.

30 *Tony Jones*, The New Christians. Dispatches from the Emergent Frontier, San Francisco 2008.

31 Vgl. hierzu grundlegend *Jan Hermelink*, Kirchliche Organisation und das Jenseits des Glaubens. Eine praktisch-theologische Theorie der evangelischen Kirche, Gütersloh 2011.

32 Vgl. dazu insgesamt *Klie / Fendler / Gattwinkel* (Anm. 20).

ums spannungsreich austariert werden. Diese individualitätstheoretisch verstandene Existenz „auf der Schwelle“, wie Ulrike Wagner-Rau es nennt,[33] scheint mir durch die Mediatisierung religiöser Kommunikation um eine zusätzliche Facette erweitert.

4 Ausblick

Am Ende der praktisch-theologisch aufmerksamen Wahrnehmung von *rent-a-pastor.com* steht damit eine durchaus gewichtige Aufgabe für die Praktische Theologie, nämlich unter signifikant veränderten gesellschaftlichen und religionskulturellen Rahmenbedingungen die gegenwärtige Theoriebildung voranzutreiben. Die Kontextualisierungen ritueller Praxen, aber auch deren Bedeutung als kontrakulturell wirksame Auszeiten markieren die Dialektik, in der sich Kasualtheorie, Kirchentheorie und Pastoraltheologie künftig bewegen werden bzw. bereits jetzt bewegen, und zwar im Horizont der grundlegenden Transformation unserer Vorstellungen vom Menschen, von Kommunikation, Religion und Gesellschaft.

Ob und wie diese Spannungen nicht einfach einseitig aufgelöst werden, wird dann auch zeigen, wie die Kommunikation des Evangeliums durch eine spezifische Tätigkeit[34] im Kontext mediatisierter Kommunikation befördert werden kann, sich also ein theologischer Beruf professionell im Zeitalter der Digitalisierung fortentwickelt. Samuel Diekmanns Anregungen sind von daher für die Praktische Theologie im besten Sinne bedenkenswert.

---

33 *Ulrike Wagner-Rau*, Auf der Schwelle. Das Pfarramt im Prozess kirchlichen Wandels, Stuttgart 2009.

34 Vgl. hierzu *Grethlein* (Anm. 14), 449–492.

Fachschule für Rituale und Ritualchorprojekt

Berührungspunkte mit der Kirche

Susanna Maeder

1 Mein persönlicher Weg

Seit 1991 arbeite ich mit der Verbindung von Musik, Gesang und Ritualarbeit. Mir erscheint es so, als ob das Leben mir immer wieder Türen und Tore geöffnet hat, und im Durchschreiten derer wurde der rote Faden meines Weges immer klarer ersichtlich. Heute würde ich sagen, in meiner Arbeit geht es darum, an der „Rück-Erinnerung" von uns Menschen mitzuhelfen. Die Rück-Erinnerung an die göttliche Essenz, welche in uns allen lebt und mit der wir zutiefst verbunden sind. Diese Essenz drückt sich als einzigartiges Bewusstsein aus und ist darüber hinaus mit dem Göttlichen verbunden, dem Allumfassenden oder wie auch immer man es benennen mag. Im Verlaufe unserer Menschheitsgeschichte haben wir uns so schmerzlich davon abgeschnitten, durch eine Überbetonung oder falschen Gebrauch des Intellekts, des Rationalen. So vieles kippte aus dem Gleichgewicht. Da genügt ein Blick in das Weltgeschehen.

Doch immer mehr Menschen sehnen sich – bewusst oder unbewusst – nach diesem „Gehalten-Sein-im-Großen-Ganzen" zurück. Ich selber war und bin eine Selbsterforscherin mit Leib und Seele, mit Haut und Haar. Es ist unmöglich, mich einer Religion oder Ausrichtung zuzuordnen. Mir gefällt da Buddhas Gleichnis vom Fingerzeig und vom Mond. Er vergleicht seine Lehre mit dem Finger, der auf den Mond zeigt. Es geht nicht darum, dass man den Finger anstarrt, sondern eigentlich geht es um den Mond selber. Die Lehre weist nur in die Richtung. So ist es mit allen Lehren. Sie sind Fingerzeige, aber nicht der Mond selber. Mir sind im Leben die verschiedensten Fingerzeige begegnet, die mich tief berührt haben und mir immer wieder Wegweiser waren und sind. Auch mit Christus und seiner Botschaft fühle ich mich tief und innig verbunden, obwohl mich mein Weg zuerst vom Christentum weggeführt hat. Heute bin ich in meiner Ausrichtung beim ZEN gelandet. Als Frau der Fülle ruft mich immer mehr die völlige Reduktion, auch in der Spiritualität.

Beruflich sind meine Werkzeuge rituelle Lieder und Gesänge und die Ritualarbeit. Ich empfinde diesen Zugang als Geschenk. Denn es sind kraftvolle Werkzeuge, die viel an Energie bewegen und große Gruppen von Menschen zusammenführen können.

Aus der Essenz meiner Arbeit ist die Fachschule für Rituale sowie das Ritualchorprojekt entstanden. Bevor ich erklären werde, worum es in diesen zwei Arbeitsfeldern geht, möchte ich von zwei Ereignissen berichten, die das Thema der Verbindung zwischen Kirche und freier Ritualarbeit fokussieren.

2 Der Ritualchor und die Kirchen

Es sind zwei Erlebnisse, welche sich im Sommer 2009 und im Sommer 2018 zugetragen haben, also neun Jahre auseinander liegend. Vorausschicken muss ich noch, dass ich während den 27 Jahren meiner Arbeit mit den Ritualchören immer auch die Zusammenarbeit mit den Kirchen gesucht habe. Ich habe mich mit den Priestern und Pfarrer*innen immer verbunden gefühlt in einer Art von „gemeinsamem Auftrag", der sich einfach unterschiedlich zum Ausdruck bringt. Lange musste ich erfahren, dass diese Verbundenheit völlig einseitig war und ich eher als Bedrohung und Störung erlebt wurde. Wahrscheinlich hätte ich vor einigen hundert Jahren auf dem Scheiterhaufen gebrannt. Nun aber scheint sich das Thema der Zusammenarbeit tatsächlich zu wenden. Ich werde später nochmals darauf zurückkommen. Nun zu den Erlebnissen:

2.1 Sommer 2009

Wie immer zu dieser Zeit suchte ich für ein offenes Singen zur Sommersonnwende eine Kirche, die ihre Tore für mich und meine Chöre öffnen würde. Wir laden immer wieder zu offenen Singanlässen und zum Mitsingen ein. Nichts lag näher, als die Kirche meiner Wohngemeinde anzufragen. Der Pfarrer gab mir nach einigem Nachfragen grünes Licht. Als dann plötzlich der Kirchenpflegepräsident einen Flyer mit dem Titel „Offenes Singen zur Sommersonnwende" im Dorf hängen sah, war er entsetzt. Er rief mich an und fragte mich, wie ich denn auf die Idee käme, ein heidnisches Fest in ihrer Kirche zu feiern. Ich erklärte ihm, dass es mir nicht um ein heidnisches Ritual ginge, sondern dass der Punkt der Sommersonnwende eine astronomische Begebenheit sei, die ich zum Anlass nähme, die Menschen zum Singen einzuladen. Dabei ginge es um Lieder zum Thema Höhepunkt, Feuer, Fülle und Natur.

Dies beruhigte ihn nicht. Er verlangte, dass ich ihm alle Liedertexte zur Überprüfung zusenden müsse. Dies tat ich. Natürlich waren es Lieder aus aller Welt und allen Kulturen und viele, die die Verbindung mit den Kräften der Natur besangen.

Daraufhin rief er mich wieder an und kündigte mir eine Woche vor dem Anlass den Mietvertrag. Ich machte mich auf die Suche nach einem Ersatzort, und ironischerweise fanden wir uns für den Anlass gegenüber der Kirche, im Dachgeschoss der Feuerwehr, wieder. Da war wirklich Feuer im Dach! Das Singen fand trotzdem statt und die Menschen konnten vor der Kirchentüre gleich auf die andere Straßenseite umgeleitet werden. Dieser Vorfall ging durch die Presse. Ein halbes Jahr später wurde ich von der Kirchengemeinde zu einem Podiumsgespräch eingeladen zum Thema: „Neue spirituelle Strömungen fordern die Kirche heraus". So lautete die Ankündigung. Der Titel der Veranstaltung hieß danach: „Schamanismus und Talar – das Neuheidentum fordert die Kirche heraus". Mit mir auf dem Podium saßen ein Pfarrer und ein Sektenexperte. Ich habe der Kirche hoch angerechnet, dass sie das Thema in offener Form nochmals aufgegriffen hat. Anscheinend gab es etwas zu reden. Natürlich wollten sie mich in die Schublade des Neuheidentums (mit rechtsextremistischem Gedankengut) stecken. Dies war aber absurd, da es mir im Kern der Sache nur um den Blick in die Natur und deren Spiegel in unserer menschlichen Natur geht. Dies verfolge ich im Rhythmus der Jahreszeiten. Das war anscheinend den Besucher*innen ebenfalls klar. Es gab eine spannende Diskussion ohne Hetze oder Vorwürfe, aber mit klaren Stellungnahmen von beiden Seiten. Es folgt das zweite Erlebnis:

2.2 Sommer 2018

Ich wurde von einem katholischen Gemeindeleiter angefragt, ob ich in Zusammenarbeit mit der Katholischen und der Evangelischen Kirche ein Event auf einem Schiff veranstalten möchte, und zwar zum Thema: Sommersonnwende und Johanni. Mit Freuden sagte ich zu. In einem spannenden Team von fünf Personen, drei aus kirchlichen Kreisen und zwei in der freien Ritualarbeit tätig, entwickelten, planten und organisierten wir den Großanlass.

Die Idee war: 400 Menschen, auch geflüchtete Menschen, fahren auf einem Schiff in den Sonnenuntergang, um die Sommersonnwende mit Singen, Trommeln, Tanzen, Kräutern und Segensritual zu feiern. Wir wollten eine Verbindung herstellen zwischen der Naturspiritualität des keltischen Jahreskreises, die einen Aspekt unserer weit zurückreichenden europäischen Wurzeln darstellt, und dem christlichen Kontext. Zwei junge Schauspieler*innen spielten Johannes den Täufer und Maria Magdalena, die sich (fiktiv) endlich das erste Mal begegnen.

Wir schrieben gemeinsam die Dialoge, gestalteten Ateliers, die auf dem Schiff belegt werden konnten. Eine Frau aus der Katholischen Kirche organisierte mit den geflüchteten Menschen ein großes Apéro-Buffet zum Einstieg. Ein ritueller Übergang vom Land aufs Wasser fand statt. Wir entfachten ein Feuer, verließen das Land und gingen aufs Wasser. Vierhundert Menschen jeden Alters kamen zusammen. Es gab eine Warteliste, der Andrang war groß.

Es wurde ein zauberhafter Abend, ich glaube für alle Beteiligten ein unvergessliches Erlebnis. Es war ekstatisch, verbunden. Da gaben sich zwei Zeitepochen oder Traditionen die Hand. Und darüber hinaus wurde die Verbindung über das gemeinsame Singen von rituellen Gesängen aus allen Kulturen noch umfassender. Verwurzelt im großen Ganzen. Das Feedback war sehr berührend. So viele glückliche Gesichter am Ende des Abends! Anschließend kam eine Frau einer anderen Kirchgemeinde auf mich zu und fragte, ob ich mir vorstellen könne, zu den Themen der Osterliturgie vier offene Singanlässe in Zusammenarbeit mit der Kirche zu gestalten. Bereits jetzt freue ich mich auf diese Anlässe im nächsten Frühjahr.

2.3 *Offene Kirchen und das Heilen der christlichen Wunden*

Diese zwei Beispiele zeigen wunderbar den Wandel der Zeit auf, auch in Bezug auf Religiosität in unserer Kultur. Meiner Ansicht nach sind es neben den vielen Kirchenaustritten auch die Migrationsbewegungen, welche die Kirchen aufgerüttelt haben, ihre Grenzen zu erweitern und ein „Sowohl-als-auch" in der christlichen Spiritualität zuzulassen. Dies heißt für mich eine offene Kirche zu werden, die das Eigene keineswegs verleugnen oder verstecken muss, gleichzeitig aber auch Raum schafft für das Praktizieren einer erweiterten Spiritualität. So genannte „offene Kirchen" sind in der Schweiz ein großes Erfolgsmodell (und dazu gehört unweigerlich das Entfernen der statischen Kirchenbänke, die nur einen „Frontalunterricht" und keine Bewegung zulassen). Dieser Wandel befindet sich erst in den Anfängen. Aber er ist da und dort im Gange und breitet sich aus. An meinem Arbeitsort in Luzern ist nun bereits die zweite offene Kirche entstanden. Aber auch in St. Gallen, Zürich, Bern und Basel gibt es dieses neue Kirchenkonzept mit erweiterten spirituellen Grenzen. Diese Kirchen sind zum Teil über weite Zeiträume ausgebucht, mit Angeboten wie Gebet, Tanz, Gesang, Konzerten, Yoga und anderen Bewegungsformen.

In unserer christlichen Kultur sind viele Verletzungen geschehen. Unser Glaubenssystem wurde immer beschränkter und enger, von Scham und Schuld überdeckt, eine dicke Schicht Moral, Beschränkung, Ausgrenzung, Verurteilung und Bewertung legte sich darüber, sodass immer mehr Menschen dem christlichen Glauben den Rücken zukehrten und zum Teil in anderen Kulturen fanden, was hier nicht möglich war. Die Reformation war in der christlichen Geschichte sicher ein sehr wichtiger Meilenstein, welcher vieles relativierte und entschärfte und auch neue Sichtweisen mit sich brachte. Und doch wurde da das Kind mit dem Bade ausgeschüttet und die ganze Sinnlichkeit der Rituale und somit auch der weibliche Aspekt der Spiritualität ausgeschlossen. Viele Menschen haben sich auch ganz von der Spiritualität abgewandt, weil sie sich in den Kirchen nicht mehr erreicht fühlten. Dieser Prozess ist immer noch im Gange.

Aufgrund der Verletzungen und des Ballastes und der daraus folgenden Abwanderung vom christlichen Glauben ist ein spirituelles Vakuum entstanden. Dieses Vakuum wird von verschiedenen Seiten aufgefüllt, unter anderem durch die freie Ritualarbeit, wie ich sie anbiete.

3 Die Fachschule für Rituale

Die Fachschule für Rituale ist entstanden, weil bei uns in der Schweiz ein neuer Berufszweig gewachsen ist. Es begann in den 1990er Jahren. 1997 trafen sich das erste Mal freie Ritualschaffende aus der ganzen Deutschschweiz, und daraus entstand das „Netzwerk Rituale". Dieses hat sich in der Zwischenzeit zu einem Ritualverband weiterentwickelt. Dies ist ein Berufsverband, welcher Themen wie Qualitätssicherung und Weiterentwicklung dieses neuen Berufes hütet und nach Außen vertritt. Eine weitere Frucht aus der damaligen Zusammenkunft war die Fachschule für Rituale.

Es wurde uns damals klar, dass es für diesen neuen Beruf auch eine fundierte Ausbildung braucht. Durch die Pionierarbeit von einem Leitungsteam, bestehend aus zwei Männern und zwei Frauen, entstand im Jahr 2000 diese Schule, die damals noch dreijährige Lehrgänge anbot.

Die Ausbildung richtete sich an Menschen aus dem pädagogischen, therapeutischen, theologischen, sozialen und kulturellen Bereich. Doch es wurde und wird bis heute immer wieder ersichtlich, dass sich die Ritualarbeit mit allen möglichen Berufen verknüpfen lässt. So haben wir z.B. einen Mann ausgebildet, der Rituale in der Organisationsentwicklung einsetzt, oder einen Architekten, der die ersten Spatenstiche, die Richtfeste oder Schlüsselübergaben bewusst rituell gestaltet. Da gab es auch die Leiterin eines Altersheimes, die die Abläufe im Heimalltag mehr ritualisierte. Und immer wieder sind auch Katechet*innen, Pastoral-Assistent*innen und Religionslehrer*innen zu uns gekommen. Heute zeigen auch vermehrt Pfarrer*innen Interesse an der Fachschule für Rituale.

Die Ausbildung dauert heute noch anderthalb Jahre, unter meiner Gesamtleitung. Mehrere Gastdozent*innen bereichern die Wissens- und Erfahrungsvermittlung. Es gibt neun Ausbildungseinheiten à sieben Wochenenden und zwei Einzeltagen. Der Fokus liegt dabei auf dem Thema der klassischen Lebensübergänge wie Geburt, Segnungsfeier, Initiationsrituale, Hochzeiten und Abschiedsfeiern. Nach anderthalb Jahren gibt es die Möglichkeit, in einem „Praxisbegleitungs- und Berufseinführungsjahr" ein *Certificate of Advanced Studies* in Ritualbegleitung zu erwerben (ein Zertifikat, das kein geschützter Titel ist, sondern lediglich den Umfang einer europäischen Fachausbildung mit ca. 300 Stunden Ausbildungszeit beschreibt).

Ziel ist es, die Teilnehmenden zu bewussten, sorgsamen und kreativen Ritualfachpersonen auszubilden, die Menschen in Lebensübergängen beraten und begleiten können.

3.1 *Die Kernanliegen der Fachschule für Rituale: Vordergrund und Hintergrund*

Rituale sind symbolische Handlungsabläufe, die unbewusste Themen und Prozesse über die Sinnlichkeit erfahrbar machen. Wir wissen wohl alle, dass wir Menschen sinnliche Wesen sind und dass eine ausschließliche Orientierung am Verstand nicht unsere Ganzheit anspricht und viele Aspekte des Menschseins außer Acht lässt. Meine Kernanliegen im Vermitteln in der Ausbildung zur Fachperson für Rituale sind zwei Bereiche:

Einerseits soll fachlich fundiertes Wissen über die Struktur, den Aufbau, die Planung und die Leitung von Übergangsritualen vermittelt werden. Dabei stütze ich mich unter anderem auf die ritualtheoretische Grundlage des Ethnologen Arnold van Gennep, welcher aus den Forschungen mit Naturvölkern die Dreiheit des Rituales erkannte und als „rites de passage" kennzeichnete: die Ablösungsphase, die Schwellenphase und die Integrationsphase. Diese Wissensvermittlung schafft die Grundlage, um klare und stimmige Ritualformen zu entwickeln. Dafür ist einerseits die Theorievermittlung wichtig. Ebenso wichtig ist das immer wieder direkte Erleben von Ritualen. Dabei geht es darum, sich auch selber in den Prozess der zyklischen Wiederkehr von Themen des eigenen Lebens einzulassen und sich damit auseinander zu setzen.

Andererseits richtet der zweite Fokus meiner Arbeit den Blick und das Bewusstsein darauf, was hinter der äußeren Form des Rituals geschieht. Ich spreche da vom „energetischen Hintergrund". Denn wie auch im Leben können wir entweder an der äußeren Form unseres Daseins hängen bleiben oder uns mit den inneren, tiefer liegenden Fragen beschäftigen: Wer bin ich hinter meiner äußeren Form? Wozu bin ich da? Dasselbe gilt auch in der Ritualarbeit. Ich kann meine eigene Wahrnehmung und Tiefe entwickeln, damit ich ein immer stärkeres Gefäß werde, um das, was sich im Ritual zeigen soll und darf, auch energetisch und praktisch halten zu können. Dies braucht Erfahrung, Schulung und ein klares Bewusstsein. Das ist es, was die Fachschule für Rituale von anderen Kurzausbildungen in diesem Bereich unterscheidet, welche nur die äußere Form des Rituals ansprechen.

3.2 *Ritualfachpersonen und ihre Praxis*

Somit ist es mein Ziel, fachlich kompetente Ritualbegleiter*innen auszubilden, die ein gutes Gespür für die dahinterliegenden Themen und Prozesse haben. Dies wiederum setzt das bewusste und lebendige Unterwegs-Sein in die eigenen Tiefen und Höhen des menschlichen Daseins voraus. Ritualfachpersonen sind auch eine Art von Dolmetscher*innen, die im Beratungsgespräch die Themen und Anliegen der Kund*innen erfassen und in eine symbolische Sprache und rituelle Handlungen übersetzen können.

Oftmals verbinden die Ritualfachpersonen den neuen Beruf mit ihrem bestehenden Beruf, welcher dadurch eine weitere Dimension und Tiefe erhält. Und / oder sie bauen sich ein neues Standbein auf und begleiten mit Ritualen freie Taufen, Initiationsrituale für Jugendliche, Hochzeiten, Geburtstage oder Bestattungsfeiern.

Während diese gefeierten Übergänge in den Kirchen deutlich abnehmen, nehmen sie auf dem freien Ritualmarkt zu. Kürzlich hat die evangelische Kirchenordnung in der Schweiz eine neue Regelung herausgegeben, welche es den evangelischen Pfarrer*innen erlaubt, Taufen auch außerhalb der Kirchen abzuhalten, also auch in der freien Natur. Dies war eine Reaktion auf die zunehmende Tendenz, Rituale in der Natur durchzuführen. Es ist also so einiges im Wandel. Abschließend komme ich nochmals auf die eingangs berichteten Beispiele zurück.

4 Das Ritualchorprojekt

Mein Weg hat mich mehr oder weniger autodidaktisch über das Singen in die Ritualarbeit geführt. Ich entdeckte mit 20 Jahren in einem Seminar die Kraft von rituellen Liedern und Gesängen aus aller Welt. Dies war für mich ein Schlüsselerlebnis.

Ich wusste damals, dass dies genau mein Herzenswunsch war: auf diese Art mit den Menschen zu singen und darüber eine Art „Rück-Verbindung“ zu schaffen, einerseits zu sich selbst und zum eigenen Wesenskern; andererseits auch eine Verbindung der Menschen (und Völker) untereinander und nicht zuletzt darüber hinaus die Verbindung zum großen Ganzen, zum Göttlichen. Dieser Weg hat mich immer mehr dazu gebracht, das Singen mit der Ritualarbeit zu verknüpfen. Das ist zu meinem roten Faden geworden. Dies hat mich zuerst weg vom Christentum geführt, zu den Liedern fremder Kulturen. Hier konnte ich faszinierende und neue Welten entdecken, die ich in meinem katholischen Hintergrund nicht gefunden habe.

Im Laufe der Jahre hat mich mein Weg aber auch wieder zurück zu meinen biografischen Wurzeln geführt. Dabei erkannte ich, wie wichtig und versöhnend-heilsam es ist, wenn wir uns in den Strom unserer christlichen Kultur zurücklegen können, zurück in ein Christusbewusstsein, das frei ist von allem Ballast, welcher sich später darauflegte und diese starke Medizin zuschüttete.

Der Strom meiner Wurzeln geht für mich aber noch weiter zurück, zu den prähistorischen Jahreskreisfesten unserer Kultur. Dabei geht es mir nicht um das ganze Drumherum mit den damaligen Gottheiten, sondern um das einfache Prinzip der zyklischen Naturbetrachtung, welche mit ihren Jahreszeiten einen direkten Spiegel in unsere menschliche Natur darstellt. Dies bietet auch für die Ritualarbeit eine reiche und schöpferische Quelle.[1]

So war es z.B. zur Wintersonnwende die Rückkehr der Sonne und des Lichtes, welche am dunkelsten Punkt gefeiert wurde. Später war es Christi Geburt, die fast am selben Datum als Weihnachten gefeiert wird. Und was brachte er uns mit seiner Geburt? Dasselbe wie damals die Sonne: Licht, Hoffnung und ein neues Bewusstsein. So können wir das Christentum auch als Weiterentwicklung der alten Naturrituale betrachten. Es ging damit auf eine neue Ebene. Ob sie besser oder schlechter war, muss meiner Ansicht nach nicht bewertet werden. Heute können wir beides als unsere Wurzeln ehren und uns daran stärken, wie es das Beispiel zu Beginn mit der Schifffahrt zur Sommersonnwende gezeigt hat.

Das Ritualchorprojekt schafft und sucht diese Verbindung. Zu thematischen Schwerpunkten singt der Chor Lieder aus aller Welt und lädt die Menschen zu offenen Singanlässen in Kirchen ein. An der Wintersonnwende in Luzern sind es inzwischen etwa 1.000 Leute, die zum gemeinsamen Singen und Feiern zusammenkommen. Dies ist auch für mich jedes Jahr sehr eindrücklich. Immer wieder berührt es mich, wenn die Menschen gemeinsam in die Tempel unserer Kultur – die Kirchen – strömen und sich im gemeinsamen Singen verbinden. Da heilen

1 Vgl. dazu *Ursula Seghezzi*, Macht Geschichte Sinn? Was uns mitteleuropäische Mythen, Sagen und Bräuche über unsere Zukunft erzählen, Triesen 2011; *Dies.*: Kompass des Lebens. Eine Reise durch die menschliche Natur, Triesen 2013.

für mich und auch für andere spürbar die alten kollektiven Verletzungen unserer Kultur, und das Darunterliegende wird spürbar. Es ist das Praktizieren einer lebendigen Spiritualität, welches viel Potential freilegen kann.

5 Ein neues spirituelles Erlebnis-Feld erschaffen oder: Priester und Pfarrer*innen vereinigt Euch!

Zu guter Letzt möchte ich noch folgende Frage in den Raum stellen: Was beinhaltet der Archetypus des Priesters oder der Pfarrer*in? Sie sind Vermittler*innen von Oben und Unten, von Himmel und Erde. Priester und Pfarrer*innen lassen das Geistige spürbar werden und erinnern die Menschen daran, dass es noch mehr gibt als nur die materielle oder äußere Welt. Dies ist ein verantwortungsvoller Auftrag! Zu Beginn der Ausbildung zur Fachperson für Rituale machen wir uns genau diesen Archetypus bewusst.

Meine Vision ist es, dass Priester und Pfarrer*innen – seien es kirchliche oder nicht-kirchliche – immer mehr auch über die Religionsgrenzen hinaus gemeinsame Felder erschaffen, die sich gegenseitig unterstützen und befruchten. Dabei geht es nicht darum, die Menschen wieder zurück zum christlichen Glauben und zum „Wiedereintritt" zu bewegen. Es geht darüber hinaus, in ein weites Feld von Spiritualität, in welcher das Christusbewusstsein wieder erfahrbar wird. Dies ist nicht ausschließlich über das Wort und den Verstand zu bewerkstelligen, sondern über das sinnliche Erlebnis.

Die Ritualpraxis soll die Menschen bei ihrer Sehnsucht abholen. Sie soll ihnen ermöglichen, eine nährende Spiritualität zu erfahren, welche uns nach Hause navigiert: zum göttlichen Kern in uns allen.

Kasualien und Rituale in der Ausbildung zum ordinierten Dienst in Ostdeutschland

Hanna Kasparick

„Die Kirche [hat] ihr Ritenmonopol verloren; sie bewegt sich mittlerweile in einem Feld von *Konkurrenzen* [...]"[1] Diese Einsicht ist nicht neu. Sie trifft für den Osten Deutschlands schon länger zu als für den Westen. Sie ist aber gerade in der Ausbildung von angehenden Pfarrer*innen immer wieder bewusst zu machen, nicht zuletzt, um das eigene Handeln in größeren Kontexten wahrzunehmen und zu reflektieren. Und da gilt: Konkurrenz kann das Geschäft beleben, auf jeden Fall belebt sie das Gespräch, das zeigt der Beitrag aus Schweizer Perspektive, der die dortige Ausbildung freier Ritualbegleiter*innen vorstellt sowie die Hintergründe ihrer Entstehung beleuchtet.

Aus der Perspektive einer Verantwortlichen für die zweite Ausbildungsphase angehender Pfarrer*innen und ordinierter Gemeindepädagog*innen[2] möchte ich aus diesem Beitrag die folgenden Gesprächsanregungen aufnehmen.

1 Rück-Erinnerung und „forcierte Säkularität"

Gibt es den Wunsch nach Rück-Erinnerung an verlorene religiöse oder kirchliche Bindungen auch im Osten? Eine Sehnsucht nach Transzendenz oder gar nach einer Gottesbeziehung? Im Einzelfall ist das unbestritten. Aber im Blick auf die ostdeutsche Gesellschaft insgesamt scheint mir das eher fraglich zu sein.[3] Das Predigerseminar Wittenberg, dessen Direktorin ich bis Ende 2017 war, liegt im

---

1 *Kristian Fechtner*, Kasualien, in: *Ders.* / *Jan Hermelink* / *Martina Kumlehn* / *Ulrike Wagner-Rau*, Praktische Theologie. Ein Lehrbuch, Stuttgart 2017, 57.

2 In der Evangelischen Kirche in Mitteldeutschland und in der Evangelischen Kirche Berlin-Brandenburg-schlesische Oberlausitz können auch Gemeindepädagog*innen mit Hochschulabschluss nach einem Vorbereitungsdienst und dem zweiten gemeindepädagogischen Examen ordiniert werden.

3 Vgl. *Monika Wohlrab-Sahr* / *Uta Karstein* / *Thomas Schmidt-Lux*, Forcierte Säkularität. Religiöser Wandel und Generationendynamik im Osten Deutschlands, Frankfurt / M. 2009.

Land Sachsen-Anhalt, dem Bundesland mit der höchsten Konfessionslosigkeit in Deutschland. Nur 17 Prozent der Bevölkerung gehören einer christlichen Kirche an, im Kirchenkreis Wittenberg sind es lediglich rund zehn Prozent.

Es gilt zwar weitgehend auch für den Osten, dass das rituelle Handeln der Kirche an Lebensübergängen oder anderen herausgehobenen Anlässen das kirchliche Handlungsfeld „mit der größten partizipativen Reichweite“[4] darstellt. Häufig nehmen auch Konfessionsfreie – so die Selbstbezeichnung –, im Einzelfall auch Angehörige anderer Religionen daran teil und machen dabei durchaus gute Erfahrungen. Dennoch bewegt sich das kasuelle Handeln auf niedrigem Niveau und erscheint in mancher Hinsicht als bedroht. Das gilt insbesondere für die Beerdigung. Schon lange werden nicht mehr alle Evangelischen auch christlich bestattet. Hier sind zum Teil dramatische Einbrüche zu verzeichnen.[5] Und es ist nicht so, dass an dieser Stelle dann freie Trauerredner*innen automatisch die Aufgabe von Beerdigung und Trauerbegleitung übernehmen. Der zuständige Superintendent in Wittenberg kam deshalb zu der Einschätzung: „Die Beerdigungen sind weg. Das machen Familienangehörige oder Freunde.“[6] Was diese Individualisierung und Privatisierung für die öffentliche Wahrnehmung der Kirche, für die Entwicklung der Trauerkultur(en) insgesamt und für die Seelsorge bedeuten, wird noch zu untersuchen sein.

Eine Studie des Sozialwissenschaftlichen Instituts der EKD erbrachte für einen Ostberliner Kirchenkreis folgendes Ergebnis, das sich durchaus verallgemeinern lässt: „Den Konfessionslosen im Osten Berlins geht es gut: Alles in allem sind sie recht zufrieden mit ihrem Leben. In ihrem Lebensgefühl lassen sich keine Hinweise darauf finden, dass ihnen mit der Religion etwas fehlen könnte. Im Gegenteil: Es sind die überzeugten Atheist*innen, die das höchste Wohlbefinden äußern – und sie stellen die Mehrheit der Befragten. Den größten Stellenwert im Leben haben die Familie und das eigene Zuhause.“[7]

Jenseits der Frage nach einem Transzendenzbezug zeigt sich das Ritualbedürfnis dieser Ostdeutschen vornehmlich in der schon zu DDR-Zeiten etablierten „weltlichen Bestattung“ mit Trauerredner*in, der Jugendweihe und der auch durch klassische Elemente einer kirchlichen Trauung angereicherten standesamtlichen Eheschließung. Dem gegenüber stellen freie Ritualanbieter*innen, die in ihren Angeboten darüber hinausgehen, ein Nischenphänomen dar. Sarah

---

4 *Fechtner* (Anm. 1), 57.

5 Vgl. *Evangelische Kirche in Mitteldeutschland* (Hg.), Kirchliches Leben in Zahlen. Statistische Übersichten 2014–2017: www.ekmd.de/kirche/ekm-in-kuerze (Abruf 07.02.2019).

6 Christian Beuchel im Gespräch mit Hanna Kasparick im September 2018.

7 *Petra-Angela Ahrens*, Wer sind die Konfessionslosen? Antworten aus einer Repräsentativbefragung im Osten Berlins, Hg. vom Sozialwissenschaftlichen Institut der EKD, Hannover 2016, 8.

Demmrich stellt in einem Aufsatz fest: Eine „selbstgewählte, individualisierte und somit de-institutionalisierte Religiosität [... lässt] sich auf gesamtgesellschaftlicher Ebene in Ostdeutschland [...] nicht finden."[8] Allerdings, so Demmrich, gibt es im Jugendalter bei einer Minderheit der Jugendlichen auch andere Befunde hinsichtlich einer privaten rituellen Praxis, die auch mit Gebet verbunden ist. Ob diese Praxis sich in den späteren Lebensjahren verfestigt und sich vielleicht auch in einer Teilnahme an öffentlichen religiösen Praktiken überführen lässt oder ob sich Gebet und rituelles Handeln nach dem Jugendalter wieder verlieren, lässt sich noch nicht sagen.

Diese Befunde dämpfen die Erwartungen an die klassischen Lebenslaufbezogenen Kasualien.[9] Sie schärfen gleichzeitig aber auch den Blick für neue Entwicklungen. Diese finden sich zum einen dort, wo öffentliche, von der christlichen Tradition geprägte Rituale – in der Regel Gottesdienste oder gottesdienstliche Veranstaltungen – für eine lokale Gemeinschaft Bedeutung gewinnen, etwa zu Dorf- oder Stadtfesten, zu einem Handwerks-Jubiläum, anlässlich von Katastrophen oder die Gemeinschaft bewegenden politischen Ereignissen.[10]

Zum anderen sind in diesem Zusammenhang kirchliche Angebote im Zwischenraum bzw. intermediären Raum zu nennen. Hierzu gehören die „Religiösen Jugendfeiern" bzw. „Lebenswendefeiern", die Emilia Handke auch empirisch untersucht hat.[11] Sie sind ein Angebot der Kirchen für konfessionsfreie Jugendliche, die nicht an der Jugendweihe oder Firmung bzw. Konfirmation teilnehmen wollen. Dieses Übergangsritual hat sich inzwischen in mehreren ostdeutschen

8 *Sarah Demmrich*, Wieso Rituale? Eine theoretische und empirische Analyse ritueller Praxis ostdeutscher Jugendlicher, in: *Michael Domsgen / Emilia Handke* (Hg.), Lebensübergänge begleiten. Was sich von Religiösen Jugendfeiern lernen lässt, Leipzig 2016, 62.

9 Es gibt Anzeichen, dass dies auch für Kirchenmitglieder gilt. Erste Ergebnisse einer zweiten Studie des Sozialwissenschaftlichen Instituts im selben Kirchenkreis (Anm. 7; Kirchenkreis Berlin Lichtenberg-Oberspree) erbrachte bei den Gründen für die Mitgliedschaft einen deutlichen Rückgang bei der Bedeutsamkeit von Taufe und Beerdigung im Vergleich zur KMU V. Dem Item „Ich bin in der Kirche, weil mir die kirchliche Trauung wichtig ist" stimmten nur 35 Prozent zu. In der KMU V lag der Zustimmungswert bei 69,9 Prozent. Die kirchliche Bestattung als Mitgliedschaftsgrund nennen nur 31 Prozent im Gegenüber zu 76,9 Prozent. Quelle: *Petra-Angela Ahrens*, Die Kirchenmitglieder im Kirchenkreis Lichtenberg-Oberspree: Lebensgefühl und kirchlich-religiöse Bindung. Vortrag beim Pfarrkonvent in Berlin-Lichtenberg am 6. September 2017, www.kklios.de/tl_files/dokumente/2.%20Studie/2.%20Studie.pdf (Abruf 07.02.19).

10 So reagierte z.B. die Kirchengemeinde der anhaltischen Stadt Köthen im September 2018 mit einem Gottesdienst für die Stadtgesellschaft auf den Tod eines 22jährigen, den die Rechten mit einer Demonstration für ihre Zwecke instrumentalisieren wollten.

11 Vgl. *Emilia Handke*, Religiöse Jugendfeiern „zwischen Kirche und anderer Welt". Eine historische, systematische und empirische Studie über kirchlich (mit)verantwortete Alternativen zur Jugendweihe, Leipzig 2016.

Städten etabliert. Im Jahr 2016 meldeten sich in Halle an der Saale rund 600 Jugendliche aus konfessionsfreien Familien dafür an. Entsprechende Rituale im intermediären Raum werden in Zukunft gerade im Zusammenhang mit kirchlichen Bildungsorten weiter an Bedeutung gewinnen können. Es bleibt spannend zu beobachten, dass sich Menschen ohne kirchliche Bindung verstärkt um diakonische Einrichtungen, Bildungsorte wie Schulen, Kindergärten, Familienzentren oder Akademien sammeln und gerade auch musische Angebote, wie das Singen in Chören, gern annehmen.

Schließlich ist das Thema Segen zu nennen, das dann und wann auch einmal überraschend nachgefragt wird, wenn etwa ein neues Einkaufszentrum mit einer ökumenischen Andacht eröffnet werden soll oder am Valentinstag die Möglichkeit, die eigene Partnerschaft segnen zu lassen, angenommen wird. Was tun wir als Kirche eigentlich, wenn wir segnen? Die Auseinandersetzung mit dieser Frage nimmt dann auch im sog. „Kasualkurs" des Wittenberger Predigerseminars eine Schlüsselstellung ein.

2 Kontextsensible Wahrnehmung und hermeneutische Kompetenz

Im Blick auf die genannten Phänomene gilt es in der pastoralen Ausbildung zu allererst Wahrnehmungsfähigkeit und Entdeckungsfreude auch jenseits kerngemeindlicher Grenzen zu stärken. Der Überschrift „Rituale" lassen sich dabei verschiedene Anteile der zweiten Ausbildungsphase zuordnen. Rituale spielen schon im religionspädagogischen Vikariat eine Rolle. Im Predigerseminar und in den Vikariatsgemeinden finden sie sich unter der Überschrift „Kasualien" wieder und umfassen die klassischen Amtshandlungen wie Taufe, Konfirmation, Trauung und Beerdigung, aber auch neue Entwicklungen wie z.B. den Schulanfangsgottesdienst oder Trennungsliturgien. Die Seelsorgeausbildung schärft die Aufmerksamkeit für die Gestaltung kleiner Rituale in Alltags- und Krisensituationen. Und schließlich lässt sich auch der Gottesdienst unter rituellen Aspekten betrachten. Sensibilität in der Wahrnehmung zu fördern sowie Gestaltungskompetenz und theologische Urteilskraft zu stärken sind wesentliche Ziele der Ausbildungsbemühungen indiesen Feldern. Als Instrumente des Bildungsprozesses werden Sozialraumanalysen, eigene Fallstudien, Analysen von Gesprächsprotokollen, Rollenspiele und auch Besuche der Studienleiter*innen in den Vikariatsgemeinden eingesetzt. Ohnehin ist die Bedeutung der Mentor*innen in den Gemeinden nicht zu unterschätzen. Das Lernen am Modell zeitigt in der Regel die stärksten Wirkungen.

Die wesentlichen Bestandteile der Ausbildung zu Fachpersonen für Rituale in der Schweiz weisen große Schnittmengen zur zweiten Ausbildungsphase auf: Eine spezifische eigene Fachlichkeit, die Kenntnis von Ritualtheorien, die Weiterentwicklung der Fähigkeit, Bedürfnisse zu erspüren und Ambivalenzen und Konflikte wahrzunehmen sowie ihnen sprachlich und symbolisch Ausdruck zu verleihen sind Bestandteile pastoraler Kompetenz. Dazu gehört auch die Auseinandersetzung mit der eigenen Biografie und den eigenen Erfahrungen mit Riten und Ritualen. Sie ist als eigener Baustein in das Curriculum integriert. Fest verankert sind auch Gespräche mit und Besuche bei Bestatter*innen. Hier geht es vor allem darum, die Veränderungen in der Bestattungs- und Trauerkultur zu erkunden und sich mit den sog. „weltlichen“ oder freien Bestattungsformen auseinanderzusetzen. Seit einigen Jahren findet ein Austausch mit den Kolleg*innen statt, die in Halle an der Saale die religiösen Jugendfeiern verantworten.

Die Seelsorgeausbildung trägt entscheidend zur Entwicklung der notwendigen Fähigkeiten bei. In allen vier Landeskirchen, die in Wittenberg ausbilden, wurde inzwischen ein sechswöchiger Seelsorge-Grundkurs in die zweite Ausbildungsphase integriert. Und natürlich legt die liturgische Ausbildung wichtige Grundlagen: Liturgische Präsenz, Rollensicherheit, ein sicherer Umgang mit den Zeichen und Symbolen der Tradition, aber auch Entdeckerfreude und Kreativität im Blick auf neue, kontext- bzw. situationsgerechte Ausdrucksformen sind hier die Stichworte. Ich wünschte mir, wir hätten noch mehr Zeit für Übungen und Reflexionen zum Thema Körperlichkeit und Verkörperung.

Dieses Thema bleibt angesichts der knappen Zeit, die für die Fülle der Themen in der zweiten Ausbildungsphase zur Verfügung steht, der Fort- und Weiterbildung überlassen.

Nachdenklich stimmt mich der Hinweis auf die Verletzungen und den Ballast, die kirchliche Rituale offensichtlich immer noch umgeben und zur Abwanderung aus der Kirche bzw. zur Distanz zu ihr beitragen. Es wäre gut, solche Verletzungen bzw. den Ballast noch einmal genauer zu benennen und im Einzelnen zu diskutieren. Es ist ja nicht zu bestreiten, dass kirchliche Kasualien bewusst und unbewusst auch gesellschaftliche Normativität und Ausdrucksformen bürgerlicher Kultur transportiert haben und teilweise noch transportieren. Kasualien sind auch als Mittel der Disziplinierung und der Kirchenzucht gebraucht worden. Am deutlichsten lässt sich diese Geschichte immer noch am Phänomen der niedrigeren Taufquote Alleinerziehender ablesen.[12] In der Deutung dieses Phänomens wird vermutet, dass im Taufaufschub oder in der Taufverweigerung dieser Gruppe die Vorstellung oder der Eindruck eine Rolle spielt, in der Kirche würde doch irgendwie die klassische Normalfamilie als „richtig“ und als Leitbild

12 *Petra-Angela Ahrens*, Taufbereitschaft – Taufvollzug – Taufunterlassung? Antworten der Statistik. Texte aus dem Sozialwissenschaftlichen Institut der EKD, Hannover 2005, 17.

gelten. Wie man hier – etwa durch Tauffeste in der Gemeinde – andere Erfahrungen stiften kann, ist ein spannendes Thema in den Ausbildungskursen; ebenso wie die Milieu-Sensibilität. Es bleibt wichtig, das Bewusstsein dafür zu schärfen, dass Kasualien im Blick auf Musikgeschmack oder andere kulturelle Ausdrucksformen vielgestaltig sein können und kein Mittel vermeintlich notwendiger ästhetischer Erziehung sind.

3 Pastorale Rollen im Feld von Kasualien und Ritualen

Zum Ende ihres Beitrags beschreibt die Leiterin der Schweizer Ritualfachschule es als die Aufgabe von Ritualen, Menschen bei ihrer Sehnsucht abzuholen. Diese Formulierung greife ich gern auf. Friedrich Niebergall sprach ja schon zu Beginn des 20. Jahrhunderts davon, dass in den Kasualien nicht die Pfarrer, auch nicht die Kirche mit ihren Formularen, sondern die Leute „die Hauptsache"[13] sind. Und dennoch sind sie es bei einer kirchlichen Handlung als Menschen vor Gott. Damit ist die Aufgabe gesetzt, Gott zur Sprache zu bringen, heilend und erneuernd, bestätigend und herausfordernd. Das ist noch einmal etwas anderes als sich einer „energetischen Grundlage" zu vergewissern oder die Urkraft der Natur zu feiern. Die Urkraft der Natur hat im Schöpfer ihre Ursache. Und der hat eine Geschichte mit den Menschen und einen Namen. Kasualien und Rituale im kirchlichen Kontext sind und bleiben „zweiseitige liturgische Handlung(en)"[14]. Sie haben ihr besonderes Profil in dem konstitutiven Doppelbezug auf die biblisch-christliche Tradition einerseits und andererseits auf die Biografie und die Lebenswelt.

Dies erfordert in der Ausbildung eine hohe Aufmerksamkeit für die Entwicklung hermeneutischer Kompetenz, für die Entwicklung einer theologischen Sprachfähigkeit, die anschlussfähig ist an die Lebenswelt der Feiernden und die Lebensbegleitung und Lebenserneuerung in Zuspruch und Anspruch gleichermaßen plausibel miteinander zu versprechen versteht.

---

13 *Lutz Friedrich / Helmut Wöllenstein*, Trauung als Familienritual, in: Deutsches Pfarrerblatt (2014) 2, www.pfarrerverband.de/pfarrerblatt/archiv.php?a=show&id=3545 (Abruf 09.10.2018).

14 *Michael N. Ebertz*, Getauft sein – Christ werden? Religionssoziologische Anmerkungen zur Asymmetrie der Perspektiven im Blick auf liturgische Akte, in: HD 54 (2000), 7–15, zitiert ebd.

Damit bin ich bei der Überlegung, dass die ritualtheoretische Perspektive eine wichtige und erhellende, eine für angehende Pfarrer*innen erschließende und notwendige, nicht aber die einzige Perspektive ist, unter der Kasualien betrachtet werden können und müssen. Sie kommen auch unter der Perspektive der Verkündigung und der Predigt in den Blick. Michael Meyer-Blanck hat in seiner Gottesdienstlehre[15] im Zusammenhang mit der Reflexion des Gottesdienstes als Ritual auf den Doppelcharakter der Predigt hingewiesen, die einerseits deutlich erkennbar Teil des Rituals ist, aber gleichermaßen auch ein Einspruch dagegen, weil sie durch die biblischen Texte Gott in seiner Freiheit ins Spiel bringt.[16] Damit hängt für mich die Frage nach dem Rollenverständnis derer zusammen, die Rituale oder Kasualien leiten. In der Schweizer Ausbildung wird die Priester*innen-Rolle sehr stark gemacht. Evangelische Pfarrer*innen verstehen sich traditionell nun gerade nicht als Priester*innen. Dennoch sind die priesterlichen oder mystagogischen Elemente, die auch dem Pfarrberuf innewohnen, in der evangelischen Theologie in den letzten Jahrzehnten mit Manfred Josuttis[17] wieder bewusst geworden. Aber eine priesterlich gefärbte Rolle ist nicht die einzige, die zu spielen ist. Die schon erwähnten Rollen als Seelsorger*in und als Prediger*in gehören ebenso dazu wie die als Anreger*in von Bildungsprozessen.[18] „Rituale können Geborgenheit vermitteln und Herrschaft verschleiern."[19] Weil sie auch Machtphänomene sind, benötigen sie Aufklärung; und Pfarrer*innen brauchen die Fähigkeit zur Ritualkritik. Wie die unterschiedlichen Rollen im Prozess einer Kasualbegleitung und in der Leitung einer Kasualie aufeinander bezogen werden können und müssen, entscheidet sich je nach Situation und bleibt Gegenstand der Reflexion – nicht nur in der Ausbildung, sondern ein Berufsleben lang.

4 Gemeinsame Projekte: „Zeigen, was man liebt"

Vom Reformpädagogen Martin Wagenschein stammt das Diktum: „Lehren heißt zeigen, was man liebt." Fulbert Steffensky hat diesen Satz auf ein dialogisches Verständnis von Mission angewandt, das kommunikativ auf Augenhöhe setzt:

---

15 Vgl. *Michael Meyer-Blanck*, Gottesdienstlehre. Tübingen 2011, 41–51.

16 Vgl. *Lutz Friedrichs*, Die Bestattungspredigt zwischen Einstimmung und Einspruch, in: PTh 101 (2012), 408–424.

17 Vgl. *Manfred Josuttis*, Die Einführung in das Leben, Gütersloh 1996.

18 *Christoph Wulf* (u.a.), Bildung im Ritual. Schule, Familie, Jugend, Medien, Wiesbaden 2004.

19 *Meyer-Blanck* (Anm. 15), 50.

„Mission heißt zeigen, was man liebt."[20] Mit dieser Haltung lassen sich auch gemeinsame Projekte interkultureller oder interreligiöser Art gut gestalten. Deshalb würde ich sehr gern einmal an einem der geschilderten Ritualchorprojekte teilnehmen; zumal das Singen besondere Möglichkeiten eröffnet. Singen befreit und erhebt die Seele. Es stiftet Gemeinschaft. Wenn es ein hervorgehobenes Kennzeichen spezifisch evangelisch-reformatorischer Frömmigkeit gibt, dann ist es das Singen und die singende Gemeinde.

Gut, dass sich auf diesem Feld Berührungsängste abgebaut haben. Dies lässt sich auch für Ostdeutschland, insbesondere für die nachwachsende Generation von Pfarrpersonen wie für die Gemeindepädagog*innen sagen.[21] Sofern das Christliche oder genauer die christliche Gotteserfahrung dabei neben anderen religiösen oder eben nicht religiösen Erfahrungen in ihrer Eigentümlichkeit zu stehen kommen kann, habe ich gar kein Problem damit. Im Gegenteil, warum sollten wir uns nicht gegenseitig an den Schätzen unterschiedlicher Traditionen Anteil geben und uns von ihnen anregen lassen, von ihnen lernen – und das in einem Medium, das gemeinsam beglückt.

---

20 *Fulbert Steffensky*, in: chrismon 14.05.06, www.chrismon.evangelisch.de/das-wort/mission-ist-gewaltlose-werbung-fur-die-schonheit-eines-lebenskonzepts-2804, (Abruf 07.02.19).

21 Ein Beispiel aus dem Osten Deutschlands ist das seit mehr als 15 Jahren stattfindende Singen von Weihnachtsliedern im Stadion „An der alten Försterei" in Berlin-Köpenick, von Fans des 1. FC-Union initiiert, bei dem immer ein Pfarrer die Weihnachtsgeschichte liest.

III Beobachtungen und Konsequenzen

Kasualkirche in Bewegung

Kirchentheoretische Reflexionen zur Tagung „Rituale in Bewegung“

Jan Hermelink

Der folgende Beitrag, der meine Beobachtungen am Schluss der Marburger Tagung entfaltet und systematisiert, nimmt eine dezidiert kirchentheoretische Perspektive ein. Während die praktisch-theologischen Kolleg*innen, die die einzelnen Praxisberichte zu säkularen und kirchlichen „Ritualen in Bewegung“ kommentiert haben, zahlreiche ritual-, medien-, sozial,- pastoral- und auch organisationstheoretische Perspektiven skizzieren, beschränke ich mich also auf nur eine Fragestellung, die bereits in Ulrike Wagner-Raus Einleitung genannt wurde: Welche Konsequenzen haben die gegenwärtigen Bewegungen im Feld der religiösen oder religionsnahen Rituale für die kirchliche Organisation, die in jenem Feld herkömmlich eine starke, inzwischen jedoch vielfach umkämpfte Stellung hat?

Meine Reflexionen gehen von einer doppelten Beobachtung aus. Zum einen erscheint die kirchliche Organisation für viele Einzelne und Gruppen, die an einem religiösen Ritual partizipieren möchten, ausgesprochen *unzugänglich*: Die Kirche – hier und im Folgenden sind vor allem die evangelischen und katholischen Großkirchen gemeint – scheint sich auf Grund ihrer Mitgliedschaftsregeln, ihrer parochialen Organisationsform, ihrer spezifischen Milieuprägungen oder ihrer digital-medialen Rückständigkeit immer mehr an den Rand des religiös-rituellen Feldes zu bewegen. Diese ritualpraktische Selbstmarginalisierung hat, so will ich zunächst erläutern, viel mit einem spezifischen Selbstverständnis der Kirche als „Gemeinde“, genauer: als gemeinschaftlich verfasster Ortsgemeinde zu tun (Abschnitt 1).

Zum anderen lassen die hier vorliegenden Praxisberichte, ebenso viele andere kirchliche Erfahrungen jedoch erkennen, dass es neben und trotz der „Gemeindekirche“ schon längst eine alternative Praxis gibt, in der die traditionellen kirchlichen Rituale bedarfsgerecht transformiert und erfolgreich um neue Formen (etwa Einschulungsgottesdienste oder Jubiläumskasualien) erweitert werden. Es lässt sich gleichsam eine *Kasualkirche in Bewegung* erkennen, die viele religiöse Bedürfnisse – auch von Nichtchrist*innen – aufnimmt (Abschnitt 2).

Diese Kasualkirche soll im Folgenden in ihren organisatorischen und interaktionellen Dimensionen beschrieben werden (Abschnitt 3 und 4). Dabei wird sich zeigen, dass die Kasualkirche ihrerseits neue Formen von „Gemeinde" ausbildet, und dass sie auf wichtige Aspekte der christlichen Religion in der Gegenwart verweist (Abschnitt 5). Schließlich ist zu skizzieren, welche spezifische Position Pfarrer*innen im kasualkirchlichen Kontext einnehmen (Abschnitt 6).

1 Die kasualpraktische Exklusivität der Gemeindekirche

Die vielgestaltige Bewegung der (in einem weiten Sinn) religiösen Ritualpraxis, die die Marburger Tagung vor Augen stellte, verdankt ihre Dynamik diversen kultur-, aber auch vielen kirchenkritischen Impulsen. Immer wieder erscheinen die „Amtskirche", die „Ortspfarrer*innen" oder die „Kerngemeinde" als diejenigen Instanzen, deren – erfahrene oder gefühlte – Verweigerungshaltung das weite Feld von alternativen Ritualen und Ritualanbieter*innen allererst zum Blühen bringt. Auch wenn das Gegenüber „traditionelle Kirche versus spätmoderne Ritualpraxis" sich praktisch-theologisch als schiefe Alternative erweisen lässt,[1] so hat diese kirchenkritische Sicht doch offenbar für Viele eine hohe Plausibilität; sie bestimmt die Debatte jedenfalls auf dem Feld der Trauung und der Bestattung (*Klie, Hillermann, Diekmann*) und erst recht dort, wo individuelle oder gemeinschaftliche Rituale jenseits der vier klassischen Kasualien angeboten werden (*Maeder, Krinke*). Wie lässt sich dieser durchgehende Eindruck, „die Kirche" verweigere sich den veränderten, vermehrten Ritualbedürfnissen der Gegenwart, genauer fassen? Welche kirchlichen Erfahrungen dienen hier als dunkle Folie, vor der die neueren Ritualpraktiken umso heller scheinen? Und lassen sich jene Erfahrungen kirchentheoretisch auf bestimmte Strukturen oder Dimensionen beziehen?

Ein erster Kritikpunkt, der in vielen Berichten genannt oder vorausgesetzt wird, beklagt die ganz praktische Unzugänglichkeit der Kirche, wenn ein lebensbegleitendes Ritual gewünscht wird. Das betrifft nicht nur die digitalen Präsentationen, in denen die pastoralen Gesichter für eine Trauung oder eine Taufe meist gut versteckt und die – ganz unterschiedlichen – gemeindlichen Regeln

---

1 Vgl. die kritische, im Einzelnen unterschiedlich akzentuierte Relativierung dieses Gegenübers in den Beiträgen von *Fechtner, Weyel* und *Kranemann*. Weitere Bezugnahmen auf Beiträge in diesem Band werden durch die Namen der Autor*innen im Fließtext markiert.

eher abschreckend formuliert sind (*Handke, Saß, Fechtner*). Sondern für wohlmeinende Bestatter*innen oder lernwillige Familien ist auch vor Ort nicht leicht zu eruieren, wer denn nun jeweils zuständig und gesprächsbereit ist (*Hammerbacher / Wewetzer*). Die Klage über schwer erreichbare Pfarrer*innen, die wenig Zeit haben, ist längst schon ein Topos der kirchlichen (Selbst-)Kritik.

Von außen schwer zu durchschauen ist auch die territoriale Grundstruktur vieler kirchlicher Ritualpraktiken. Bei welcher Gemeinde man sich für eine Konfirmation bzw. eine Firmung anmelden sollte, warum die gewünschte Pfarrer*in leider für einen anderen Gemeindebezirk zuständig ist oder warum eine beliebte Hochzeitskirche für die einen gebührenpflichtig ist und für die anderen (nämlich die Ortsgemeindemitglieder) nicht, das ist selbst für *Insider* kaum erklärlich.

Viele negative Erfahrungen – oft familiär und kulturell tradiert – verbinden sich sodann mit der „amtlichen" Anmutung der Gemeinde. Wer von einem Kirchenpflegepräsidenten (schon diese Amtsbezeichnung markiert allerhand) so harsch geprüft und schlussendlich zurückgewiesen wird, wie *Susanna Maeder* es bezüglich ihres Chorprojektes schildert, wer an ein unflexibles Gemeindebüro gerät oder an eine Pfarrer*in, die auf agendarische und weitere rechtliche Vorgaben pocht – wird nur bei viel gutem Willen an dem Wunsch nach einem kirchlichen Ritual festhalten. Das amtliche Bild der Kirche fungiert hier als Gegenbild einer persönlichen Zuwendung, der Offenheit für die ambivalenten Gefühle etwa angesichts des Todes, und insgesamt der Bereitschaft, sich auf komplexe Lebensgeschichten einzulassen.

Natürlich wissen alle, die mit der großkirchlichen Praxis vertraut sind, dass dieses amtlich-abgrenzende Bild die gegenwärtige Realität in hohem Maße verzeichnet – aber es muss doch nachdenklich machen, wie rasch jenes Bild auf Zustimmung trifft, wie sehr es die Einstellung vieler Menschen und Milieus bezüglich kirchlicher Rituale prägt.[2] Hier sind offenbar tiefe Enttäuschungen, ja Verletzungen seitens einer machtvollen Kirche virulent (*Maeder*), die angesichts konkreter Erfahrungen – oder einschlägiger Medienberichte – alsbald aktiviert werden.

Verletzend, oder jedenfalls exkludierend wirkt „die Kirche" schließlich auch dort, wo sie als eine höchst anspruchsvolle Gemeinschaft erscheint, zu der man nicht ohne Weiteres Zugang erhält. Zwar sind Tauf- und Brautunterricht seit zwei Generationen verschwunden, aber auch die Firm- oder Konfirmationsvorbereitung wirkt für Viele wie eine Art Gruppensozialisation, die mit den sonsti-

2 In vielen Untersuchungen zu den Gründen eines Kirchenaustritts, dazu in den freien Äußerungen zum Kirchenbild in der jüngsten Kirchenmitgliedschaftsuntersuchung finden sich ähnliche Einstellungen; vgl. *Jan Hermelink*, Kirchenaustritt, in: *Ders. / Thorsten Latzel* (Hg.), Kirche empirisch. Ein Werkbuch, Gütersloh 2008, 95–116.

gen sozialen Erfahrungen der Jugendlichen (zu) wenig zu tun hat. Auch in musikalischer Hinsicht erscheint das kirchliche Ritual weithin milieuverengt – und erwartet zudem die Bereitschaft, in meist kleiner Runde ungewohnte Lieder mitzusingen. Das ist eben etwas sehr anderes als die Beteiligung an einem großen offenen Singen zur Sonnenwende oder zu Weihnachten im Fußballstadion.

Was ist das für eine Kirche, die sich gegenüber den gegenwärtigen Ritualwünschen so widerständig, ja abwehrend und exklusiv zeigt? Die skizzierten Erfahrungen lassen die Kirche als eine amtliche, behördliche, staatsförmige Organisation erscheinen (s.u. Abschnitt 3), und sie zeigen im Einzelnen eine höchst asymmetrische, eher belehrende als begleitende Form der Kommunikation (s.u. Abschnitt 4). Viele Aspekte, von denen sich die neuere Ritualpraxis abgrenzt, verweisen jedoch zugleich auf eine fundamentale Sozialform der europäischen Großkirchen, nämlich auf die *Kirchen- oder Ortsgemeinde*. Diese ist bekanntlich ein Hybrid aus einer bestimmten Rechtsform und einer – dadurch geförderten, aber nicht damit identischen – Form der Vergemeinschaftung.[3]

In rechtlicher Hinsicht geht die Kirchengemeinde auf die mittelalterliche Parochialverfassung zurück. Die Parochie ist primär nicht durch Personen, sondern durch eine staatlich-territoriale Setzung bestimmt. Sie besteht aus einem bestimmten Siedlungsgebiet, einer dort errichteten Zentralkirche und dem Pfarramt, das für die religiös-sittliche Belehrung und Versorgung der „eingepfarrten" Gemeindeglieder zuständig ist. Die territorialen wie die „amtlichen" Vorgaben der kirchlichen Kasualpraxis beruhen auf genau diesem parochialen Erbe.[4] Seit dem 19. Jahrhundert werden mit der Kirchengemeinde sodann bestimmte Vergemeinschaftungsformen verbunden, nämlich entweder ständisch oder nach thematischem Engagement gebildete „Kreise" oder Gruppen, aus denen sich die regelmäßigen Gottesdienstbesucher*innen, die meisten Ehrenamtlichen und auch die nicht beruflichen Mitglieder der Gemeindeleitung rekrutieren. Es ist diese „Kerngemeinde", die die Taufe gerne im sonntäglichen „Gemeindegottesdienst" situiert und regionale Tauffeste oder Konfirmationen eher ablehnt.

3 Vgl. zum Folgenden *Uta Pohl-Patalong*, Ortsgemeinde und übergemeindliche Arbeit im Konflikt, Göttingen 2003, 71ff bzw. 95ff.

4 Dieses Erbe zeigt sich besonders klar in einer Definition, die bis heute in der Kirchenverfassung der Evang.-Luth. Landeskirche Hannovers (von 1971) steht: „Die Kirchengemeinde umfasst die in einem örtlich begrenzten Bezirk innerhalb der Landeskirche wohnenden, unter einem Pfarramt vereinigten Kirchenglieder (Ortsgemeinde)." www.kirchenrecht-evlka.de (Abruf 01.03.2019). Die Verfassung soll 2020 umfassend geändert werden.

Diese – rechtlich wie sozial klar abgegrenzte – „Gemeindekirche" schließt *de facto* nicht allein die außerkirchlichen Rituale, sondern ebenso einen Großteil der kirchlichen Kasualpraxis aus. So finden – mindestens im städtischen Raum – die kirchlichen Bestattungen räumlich wie sozial jenseits der Gemeindekirche statt; das Gleiche gilt für die meisten Trauungen und für eine zunehmende Zahl von Taufen, die zu anderen Zeiten und an anderen Orten als im „Gemeindegottesdienst" gefeiert werden. Abgesehen von der Konfirmation ist die Ortsgemeinde inzwischen nur noch ausnahmsweise zugleich eine Kasualgemeinde.[5]

Erscheint die herkömmliche Gemeindekirche im Blick auf die gegenwärtige „weltliche" *und* kirchliche Ritualpraxis ausgesprochen exklusiv, dann legt sich die Frage nahe, ob diese Ritualpraxis in kirchentheoretischer Hinsicht nur negativ, als Auflösung der traditionellen Organisations- und Gemeinschaftsformen beschrieben werden kann, oder ob jener „Ritualpraxis in Bewegung", wie sie die Marburger Tagung anschaulich gemacht hat, eine eigene, positiv bestimmbare kirchliche Sozialform entspricht. Im Folgenden soll versucht werden, die Konturen einer solchen „Kasualkirche" im Blick auf ihre Praxis sowie auf ihre organisatorischen und kommunikativen Strukturen zu beschreiben.

2 Kasualien in Bewegung: Transzendierungen des gemeindekirchlichen Ensembles

In den praktisch-theologischen Beiträgen dieses Bandes wird immer wieder darauf verwiesen, dass viele sog. alternative Rituale strukturelle Varianten der kirchlichen Kasualtradition darstellen – das gilt insbesondere für die „weltliche" Bestattung, ebenso für die meisten freien Trauungen sowie für die Jugendweihe. Es lässt sich hier gleichsam eine kasualpraktische Säkularisierungstendenz erkennen, die die kirchlich-agendarischen Abläufe, Rollen, rituellen Formen und Texte für Anlässe und Adressat*innen jenseits des kirchlichen Raumes zugänglich gemacht hat. Umgekehrt könnte man dann (in kritischer Sicht) von einer Selbstsäkularisierung oder (positiv) von einer transzendierenden Tendenz der Kasualpraxis sprechen, die ihrerseits viel von der freien Ritualpraxis gelernt hat. Auf diese Weise hat sich das Feld der kirchlichen Kasualien in den letzten Jahrzehnten stark ausgeweitet; ja die klassische Praxis „franst empirisch mehr und

5 So auch *Thomas Klie*, Als Einleitung – Konturen einer neuen Sicht auf Kasualien, in: *Ders. / Folkert Fendler / Hilmar Gattwinkel* (Hg.), On Demand. Kasualkultur der Gegenwart, Leipzig 2017 (Kirche im Aufbruch 24), 7–24, 16f.

mehr aus“[6]. Es sind insbesondere vier Richtungen, in denen die kirchliche Kasualpraxis die im frühen 20. Jahrhundert fixierte Konstellation der „Holy Four“[7] überschritten hat. Jede dieser Bewegungen betrifft – nicht zufällig – eine wesentliche Komponente der Gemeindekirche. So sind Gemeinde- und Kasualkirche mehr und mehr auseinandergetreten.

Eine erste Überschreitung betrifft den Raum, den Ort der kirchlichen Kasualien. Nachdem im 19. Jahrhundert die Bestattung und im 20. Jahrhundert auch die Taufe „verkirchlicht“, nämlich zu einem regulär in der Ortskirche begangenen Gottesdienst geworden sind, verläuft die Bewegung seither umgekehrt: Bestattungen finden meist in städtischen, seltener in kirchlichen Friedhofskapellen statt; seit einigen Jahren kann der Gottesdienst auch in der Feierhalle eines Bestattungsunternehmens vollzogen werden. Ebenso ist die kirchliche Trauung nicht mehr an den Kirchenraum gebunden; es mehren sich die Berichte über Zeremonien am See oder in einem schön gelegenen Hotel, im Freizeitpark oder auf dem Schiff. Der Unterschied zu einer „freien Trauung“ liegt dann, so mag es scheinen, nur mehr in der Pfarrperson. Und selbst die „kirchlichste“ Kasualie, das Sakrament der Taufe, verlässt inzwischen den Kirchenraum, wenn ein regionales Tauffest an einem See oder Fluss gefeiert wird.[8]

Eine zweite Überschreitung gilt den *Adressat*innen* einer Kasualie. Dabei ist nicht nur an die Segnung oder Trauung gleichgeschlechtlicher Paare zu denken. Inzwischen werden auch die tot geborenen „Sternenkinder“ kirchlich bestattet. Noch häufiger, und zudem kontroverser, ist die kirchliche Kasualpraxis für konfessionsfreie oder ausgetretene Menschen, etwa bei einer Trauung, bei einer Bestattung und als Pat*innen und Eltern bei der Kindertaufe.

Das freikirchliche Geschäftsmodell *rent-a-pastor.com*, das Samuel Diekmann in Marburg vorstellte, hat ebenfalls eine großkirchliche Entsprechung, denn auch hier wird das herkömmliche Modell, dass die ortsansässige Pfarrperson als einzige *Akteur*in* für alle Anfragen ihrer Gemeindeglieder zuständig ist, mehr und mehr überschritten. Dass ein Traupaar nicht nur die Hochzeitskirche, sondern – mitunter nach längerer Recherche – auch die Hochzeitspastor*in wählt, ist keine Seltenheit mehr; und die Taufe wird gerne der Pfarrperson anvertraut, die schon die Braut konfirmiert hat. Eine weitere Ausweitung begegnet bei den

6 *Klie* (Anm. 5), 12. Klie gibt einen knappen Überblick über die neueren Formate (10–13); vgl. dazu auch *Emilia Handke*, Kasualien für Konfessionslose? Einige Überlegungen zu einer herausfordernden Entwicklung, in: *Klie / Fendler / Gattwinkel* (Anm. 5), 153–167, 154–159, mit ausführlichen Verweisen auf die praktisch-theologische Diskussion.

7 A.a.O., 10.

8 Wie weit dieses Format inzwischen verbreitet ist, zeigt eine Internet-Recherche mit wenigen Klicks.

vor allem ostdeutschen Feiern zur Lebenswende, die in Marburg vorgestellt wurden:[9] Benedikt Kranemann hebt hervor, dass diese Feiern an leitender Stelle nicht von Priestern oder evangelischen Pfarrer*innen, sondern von Gemeindereferent*innen, Diakon*innen und anderen kirchlich-beruflichen Akteur*innen verantwortet werden. Dies gilt gelegentlich auch für die Taufen oder Segnungen von Frühgeborenen. Und bei den Gottesdiensten zur Einschulung wirken neben großkirchlichen Amtsträger*innen inzwischen vielerorts muslimische Imame, Rabbiner und zudem Lehrer*innen mit.

Schließlich, aber nicht zuletzt gehört zur Bewegung des kasualkirchlichen Feldes die Vermehrung der möglichen *Anlässe*. Schon länger etabliert sind die Einschulungsfeiern; ihnen können die Einführungs- und Ordinationsgottesdienste für kirchliche Mitarbeiter*innen zur Seite gestellt werden. Verbreitet sind sodann die Feiern zur Goldenen Hochzeit und – zunehmend – zur Goldenen Konfirmation. Diskutiert wird, ob die Krankensalbung und die persönliche Segnung als Kasualien aufzufassen sind,[10] und ob auch die Einweihung von Gebäuden, größeren Einrichtungen oder Wohnungen mit kirchlichem Segen erfolgen kann.[11] Eine besondere Herausforderung stellt schließlich die kirchliche Begleitung eines assistierten Suizids dar.[12] Hier rückt das Ritual des Abendmahls in den Mittelpunkt der Kasualpraxis; dies gilt gelegentlich auch für die Gedenkkasualien.

Die erhebliche Vielfalt der kirchlichen Kasualkultur, zu der man unter anderem noch Gottesdienste am Valentinstag oder ein kirchliches „Fest der Erinnerung“ unter Beteiligung eines Bestattungsinstituts zählen könnte,[13] verschärfen die oben gestellte Frage: Ist die Kirche, die diese Rituale verantwortet, begleitet oder doch toleriert, genauer zu beschreiben als mit den Metaphern des Ausfransens, der Verflüssigung oder der Auflösung? Zwar kommen fast alle skizzierten Veränderungen darin überein, dass sie das Strukturmodell der Gemeindekirche – ein Territorium, eine Kirche, eine Pfarrperson und ihre konfessionell

---

9 Einschlägig ist *Emilia Handke*, Religiöse Jugendfeiern „zwischen Kirche und anderer Welt“. Eine historische, systematische und empirische Studie über kirchlich (mit)verantwortete Alternativen zur Jugendweihe, Leipzig 2016. Vgl. zudem den prakt.-theol. Kommentar von *Benedikt Kranemann* in diesem Band.

10 Vgl. *Christian Grethlein*, Grundinformation Kasualien. Kommunikation des Evangeliums an Übergängen des Lebens, Göttingen 2007, 69ff; 384ff.

11 Vgl. *Helmut Schwier*, Sind evangelische Realbenediktionen möglich?, in: *Klie / Fendler / Gattwinkel* (Anm. 5), 109–133.

12 Vgl. *David Plüss / Christoph Morgenthaler*, Trauerfeiern „on demand“. Vom Umgang mit assistiertem Suizid, in: *Klie / Fendler / Gattwinkel* (Anm. 5), 135–152.

13 Vgl. www.goettinger-tageblatt.de/Die-Region/Goettingen/Lesungen-und-Musik-Fest-der-Erinnerung-in-St.-Albani-Goettingen (Abruf 01.03.2019).

gebundenen Gemeindeglieder – zugunsten einer Vielfalt kirchlicher Bezugnahmen dezidiert überschreiten.
Aber lässt sich diese Vielfalt theoretisch in einem distinkten Modell von „Kasualkirche“ fassen? Dazu nun einige organisations- und interaktionsbezogene Überlegungen.

3 Die Kasualkirche als unternehmerische Organisation

Die herkömmliche Kasualpraxis, wie sie sich im 19. und 20. Jahrhundert herausgebildet hat, weist in organisatorischer Hinsicht vor allem staatskirchliche Züge auf. Parochie und Pfarramt, organisiert in strikter Analogie zu einer kommunalen Behörde, sind in ihrem jeweiligen Bezirk für die Taufe, für den kirchlichen Unterricht samt Konfirmation sowie für Trauung und Bestattung zuständig. Voraussetzung für das Recht auf Kasual- „Versorgung“ ist nur die Kirchenmitgliedschaft, die ihrerseits nach staatsrechtlichem Muster gebaut ist. Das Pfarramt steht den Kasualbegehrenden im Prinzip als Sachbearbeiter*in gegenüber, die den jeweiligen Fall nach einheitlichen, weitgehend standardisierten Regeln bearbeitet; daher das große Gewicht, das die Kasualagenden und -ordnungen in der Kirche haben. Natürlich sind individuelle Anpassungen möglich und erwünscht; sie tangieren den agendarischen Rahmen aber gerade nicht, sondern beschränken sich im Wesentlichen auf die Predigt.

Zur staatskirchlichen Organisation der klassischen Kasualpraxis gehört sodann ihre fallunabhängige Finanzierung: Eine Gemeindepastorin wird nicht nach Anzahl der Taufen, Trauungen etc. bezahlt, sondern ihr Gehalt richtet sich – genauso wie bei einer Lehrerin – allein nach der Zahl derer, für die sie prinzipiell und in jeder Hinsicht zuständig ist.

Ich habe die staatskirchliche Organisation der Kasualien etwas überspitzt dargestellt, damit der Unterschied zur Organisation der freien Ritualpraxis deutlich wird. Denn diese weist, ebenso klar, die Grundform eines (ökonomischen) Unternehmens auf, das sich auf einem Markt behaupten muss. Wer ein Bestattungsunternehmen, eine Agentur für Zeremonien oder ein Internetportal *rent-a-pastor.com* betreibt, muss – um nur das Wichtigste zu nennen – auf sich aufmerksam machen, ein klares Profil zeigen, strikt kund*innenorientiert agieren und das eigene Produkt immer wieder verbessern; auch die interne Struktur muss sich am Markt orientieren und daher von hoher Beweglichkeit sein. Die unternehmerische Organisation der freien Ritualanbieter*innen schließt deren Bindung an ethische und weitere inhaltliche Überzeugungen nicht etwa aus, sondern vielmehr ein. Die rituelle *Agency* ist dementsprechend komplex (*Weyel*), in ihrer prinzipiell ökonomischen Grundierung aber nicht strittig. Interessant ist vielmehr, dass auch die kirchliche Kasualpraxis, je weiter sie sich vom klassischen Modell entfernt, immer stärker unternehmerische Züge aufweist. So begeben sich etwa immer mehr Kirchenkreise und Dekanate auf die regionalen Hochzeitsmessen, um in diesem marktförmigen Umfeld auf ihr „Angebot" aufmerksam zu machen. Für Tauffeste und Gedenkkasualien werden mögliche Interessent*innen direkt angeschrieben, also Formen des *personal marketing* betrieben. Und jede Landeskirche hat inzwischen Flyer und Internetseiten entwickelt, um das inhaltliche Profil der Kasualien möglichst einladend zu präsentieren.

Zur Ausbildung von Pfarrer*innen wie von Gemeindesekretär*innen gehört seit geraumer Zeit die Orientierung an den Bedürfnissen der „Kund*innen", was Termine, Orte und Themen, Musik- und weitere Gestaltungswünsche und vieles andere betrifft. Dass vermehrt nach dem „christlichen Profil" etwa einer Trauung oder eines Einschulungsgottesdienstes gefragt wird, spricht nicht etwa gegen die unternehmerische Orientierung der kirchlichen Praxis, sondern unterstreicht vielmehr deren Nötigung, sich auf dem Markt der Ritualdienstleistungen zu positionieren. Zu dieser Marktorientierung gehört sodann die permanente Produktentwicklung – von der Überarbeitung der Agenden bis zur Erfindung neuer Formate wie Tauffest, Lebenswendefeier oder „Fest der Erinnerung".

An die Substanz des herkömmlichen, parochialen Modells der Kasualversorgung rühren aber offenbar vor allem die strukturellen Implikationen einer unternehmerischen Ausrichtung. Wo das Nürnberger Modell einer Kasualagentur vorschlägt, nicht nur die erste Kontaktaufnahme, sondern auch die weiteren Vorbereitungen durch ein eigenes, zentrales Team durchzuführen, da erhebt sich der Einwand, dass damit die regionale Kompetenz wie die theologische Expertise der Gemeindepastor*innen unzulässig beschränkt werde (*Roth*). Interessanterweise unterstellt man sich hier wechselseitig eine zu starke Vereinheitlichung: Dass die Kasualpraxis nicht am Allgemeinen, sondern am Besonderen auszurichten und damit prinzipiell kund*innen- oder klient*innenorientiert zu betreiben ist, wird von beiden Seiten nicht mehr in Frage gestellt.

Von hoher Strittigkeit sind schließlich die finanziellen Implikationen einer unternehmerischen Kasualpraxis. Dass eine erfolgreiche Kasualpastorin sich etwas dazuverdienen könnte, ist bisher wohl nur im freikirchlichen Kontext denkbar.[14] Aber hat eine Gemeinde, die eine beliebte Hochzeitskirche besitzt, die damit verbundenen Kosten alleine zu tragen? Und umgekehrt, muss eine Gemein-

14 So in seinem mündlichen Beitrag *Samuel Diekmann* auf der Marburger Tagung.

de, die einen gut gelegenen, schönen Friedhof besitzt, ihre zusätzlichen Einnahmen zur Gänze an den Kirchenkreis abgeben? Das sind Fragen, die – bisher eher verdeckt – schon seit einiger Zeit innerkirchlich diskutiert werden.
Insgesamt ist die kasualkirchliche Organisation offenbar von hoher Diversität und nicht frei von innerbetrieblicher Konkurrenz. Je stärker sich das Feld der Kasualien erweitert, umso mehr kommen auf die regionalen Kirchenleitungen strukturelle Moderationsaufgaben zu, die schwieriger sein dürften als die Einbindung pastoraler Eigenarten oder unterschiedlicher Frömmigkeitsprofile.

4 Die Kasualkirche als Ensemble gemeinschaftlichen Engagements

Lassen sich auch im Blick auf die konkreten Begegnungen oder Interaktionsmuster, die mit der erweiterten Kasualpraxis der Gegenwart einhergehen, Konturen einer spezifischen Form von Kirche bestimmen? Auch hier ist der Vergleich mit den Interaktionsstrukturen der klassischen Kasualpraxis aufschlussreich.

Wird die Dimension konkreter Begegnung betrachtet, so treten bei den Kasualien offenbar zwei verschiedene Situationen in den Blick, nämlich nicht allein die gottesdienstliche Feier, sondern auch zuvor das Kasualgespräch. Dieses ist in der Kasualpraxis bekanntlich erst dort als nötig erkannt worden, wo der pastorale Kontakt mit den (meisten) Gemeindegliedern nicht mehr selbstverständlich war, also angesichts verstärkter Mobilität und großer, städtischer Gemeinden. Seither dient das vorbereitende Gespräch der Pfarrperson zur biografisch-situativen Orientierung und zur Information über die liturgischen Abläufe; seit den 1960er Jahren sind auch die seelsorglichen Potenzen dieses Gesprächs in den Blick getreten.[15]

In allen seinen Dimensionen hat dieses Gespräch offensichtlich eine asymmetrische Struktur: Es ist die Pfarrperson, die sich biografisch orientiert, die den Angehörigen ihrerseits zur Orientierung bezüglich des Gottesdienstes verhilft und sie gegebenenfalls in seelsorglicher Weise begleitet. Diese strukturelle Asymmetrie verstärkt sich – nach allem, was man weiß – in der Perspektive der Kasualbegehrenden. Sie erleben, zumal wenn sie zum binnen-kirchlichen Leben wenig Kontakt haben, das Kasualgespräch nicht selten als Prüfungssituation,

15 Vgl. zur Theorie des Kasualgesprächs den Überblick bei *Lars Charbonnier*, Kasualien als Aushandlungsprozess, in: *Klie / Fendler / Gattwinkel*, (Anm. 5), 37–60, 42–48.

mitunter als Auseinandersetzung und in der Tendenz jedenfalls als pastorale Belehrung.[16]
Diese Asymmetrie kennzeichnet auch die Interaktion im Kasualgottesdienst. Hier steht, wie in den meisten Gemeindegottesdiensten, die Pfarrperson den jeweils Betroffenen, den Angehörigen und einer mehr oder weniger großen, aber im Wesentlichen passiven Gemeinde gegenüber; diese polare Struktur zeigt sich in der Predigt wie in den Gebeten und Segensritualen. Allerdings, in vielen Kasualgottesdiensten versammelt sich nicht die jeweilige Kerngemeinde; namentlich Trauungen und Bestattung sind gerade keine vereinskirchlichen Veranstaltungen. Die Kasualgemeinde umfasst vielmehr die familiäre und freundschaftliche, dazu das nachbarliche und oft das weitere soziale Umfeld der Betroffenen. „Gemeinde" ist hier insofern erheblich vielfältiger und vielschichtiger als im binnenkirchlichen Raum üblich. Nichtsdestotrotz bleiben die Kommunikationsstrukturen, die Formen der Begegnung asymmetrisch. Die nichtkirchliche Ritualpraxis, die die Marburger Tagung vorgestellt hat, legt nun auf die vorbereitenden Gespräche (meist im Plural!) ganz erheblichen Wert. In einem Prozess, der eher beratend und begleitend (*Hillermann*), eher biografisch explorativ (*Klie*) oder eher kreativ-gestalterisch ausgerichtet sein kann, sieht sich die Ritualleiter*in programmatisch auf Augenhöhe mit den Angehörigen und Freund*innen; es geht um einen gemeinsamen Transformations- und Lernprozess, der im Ritual seinen Zielpunkt findet. Auch dieses ist wesentlich durch die Aktivität der Angehörigen (im weiteren Sinne) geprägt, die durch biografische Rückblenden, Wünsche für die Zukunft oder symbolisch-körperliche Praktiken, wie etwa gemeinsames Singen, zu einer eindrücklichen, stimmigen Gesamtgestalt beitragen.

Gleichwohl steht auch in den meisten freien Ritualen die Rede im Mittelpunkt. Sie hat hier eine individualisierende, ja – mit Andreas Reckwitz – eine singularisierende Tendenz (*Fechtner*): Es wird die unvergleichliche Besonderheit dieser Biografie bzw. dieser Paarbeziehung herausgearbeitet; die Einzigkeit des Moments wird mit sprachlichen und weiteren ästhetischen Mitteln zur Geltung gebracht. Dem ästhetischen Grundzug des Rituals entspricht die Zusammensetzung seiner Teilnehmer*innen: Es sind, so lässt sich vielen Berichten entnehmen, meist Gleichgesinnte und Gleichgestimmte, die einem bestimmten Milieu angehören und sich emotional eng verbunden fühlen.

Diese singularisierende, auf ästhetische Stimmigkeit einer ganz besonderen Konstellation zielende Gestalt eignet nun auch vielen kirchlichen Kasualfeiern der Gegenwart. Auch hier dürften die vorbereitenden Gespräche größeres Gewicht erhalten – obwohl dies in den Marburger Diskussionen selten thematisch

16 Vgl. *Konrad Merzyn*, Die Rezeption der kirchlichen Trauung. Eine empirisch-theologische Untersuchung, Leipzig 2010, 268ff.

wurde; auch hier sind tendenziell mehr Angehörige aktiv am Ritual beteiligt. Im Unterschied zu vielen freien Ritualen zeichnen sich gerade die neuen kirchlichen Kasualien jedoch durch eine größere Vielfalt der Teilnehmerschaft aus. Beim Tauffest, bei der Einschulung, der Lebenswendefeier und ebenso bei der Goldenen Konfirmation kommen jeweils Familien und Gruppen aus sehr unterschiedlichen Milieus zusammen. Es ist die soziale Vielfalt einer Region, eines schulischen Einzugsbereichs oder einer ganzen Generation, die in den kirchlichen Kasualgemeinden zur Darstellung kommt.

Für die Interaktionsstrukturen der neuen Ritualpraxis, und zwar im weltlichen wie im kirchlichen Raum, ist schließlich eine andere, nämlich eine gemeinschaftlichere Form der Ritualleitung charakteristisch. Während in der klassischen Kasualpraxis eine Pfarrperson der ganzen Gemeinde gegenübersteht, agiert in den neueren Kasualien meist ein Team, zu dem mehrere Pfarrpersonen, vielleicht aus unterschiedlichen Konfessionen gehören, und dazu weitere pädagogische oder künstlerische Akteur*innen. Häufiger beteiligen sich auch Angehörige sowie die Betroffenen – so formulieren in den Lebenswendefeiern die Jugendlichen selbst gebetsartige Wünsche, und es sind vor allem die Eltern, die ihnen faktisch einen Segen zusprechen (*Kranemann*). Die pastoralen Akteur*innen treten eher in den Hintergrund; sie sind und bleiben in der Vorbereitung wichtig, nicht mehr so sehr in den Ritualen selbst.

Führt man diese Beobachtungen kirchentheoretisch weiter, dann kann man im Blick auf die neuere Kasualkirche ebenfalls von einer bestimmten Form von *Gemeinde* sprechen. Im Unterschied zu der territorial definierten und darin vor allem geselligen „Kerngemeinde" ist die Kasualgemeinde jeweils durch ein bestimmtes Thema – eben eine biografische oder soziale Schwellenerfahrung – bestimmt, und dazu oft durch einen außerkirchlichen institutionellen Kontext, etwa die Schule (auch bei vielen Lebenswendefeiern) oder das Krankenhaus (bei der Segnung von Frühgeborenen oder der Bestattung von „Sternenkindern").

Die Kasualgemeinde ist sehr viel stärker durch individuelle Präferenzen bestimmt, die ihrerseits einer singularisierenden Logik folgen: Wichtig ist den Teilnehmenden eine ganz besondere, emotional anrührende und sinnlich eindrückliche Erfahrung.[17] Hier spielen digitale Technologien und Formate eine zunehmende Rolle (*Saß*): Aus der Kasual-Fotografie ist längst eine Kasual-Videografie geworden, die Facebook-, Instagram- und Youtube-tauglich sein muss, um das einmalige Erlebnis so öffentlich wie möglich zu machen.[18]

17 Vgl. *Andreas Reckwitz*, Die Gesellschaft der Singularitäten, Berlin 2017, 285ff.

18 Ich bin daher nicht so skeptisch wie *Birgit Weyel* in ihrem Beitrag in diesem Band, was die öffentliche Reichweite der neuen Rituale, dann auch der neuen Kasualien angeht.

Allerdings, die Kasualgemeinde besteht nicht aus lauter isolierten Individualist*innen. Vielmehr lebt das weltliche wie das kirchliche Ritual von einer *gemeinschaftlichen Praxis*, vom gemeinsamen Engagement, von einer möglichst aktiven Beteiligung an den verschiedenen Vollzügen. Auch dies dokumentiert sich gerade in der interaktiven digitalen Kommunikation. Der Unterschied von Adressat*innen und Akteur*innen wird in den neuen Kasualien daher immer schwächer: Angehörige und Gemeinde rezipieren nicht mehr passiv, sondern agieren gemeinsam; und sie werden nicht mehr von der einen Pfarrperson belehrt, rituell geführt und gesegnet, sondern es sind mehrere professionelle Akteur*innen in ganz verschiedenen Rollen, die das gemeinschaftliche, rituelle Erleben ermöglichen.

Das Engagement der Kasualgemeinde beschränkt sich schließlich nicht auf das – gemeinsam gestaltete – Ritual selbst. Es umfasst vielmehr zum einen eine ganze Fülle von vorbereitenden Praktiken, die die Räumlichkeiten und ihre Ausstattung, die Musik und andere Beiträge sowie weitere organisatorische wie inhaltliche Kooperationen betreffen. Zum anderen bleibt die Kasualgemeinde oft auch nach dem Gottesdienst aktiv, wenn sie die Familien im Anschluss an die Tauffeier oder die Goldene Konfirmation zum Feiern in das Gemeindehaus einlädt oder wenn sie – wie die Nürnberger Kasualagentur plant – für Kasualien nach geeigneten Räumlichkeiten sucht und „weitere flankierende Angebote in Kooperation mit anderen Einrichtungen“ vorsieht (*Hammerbacher / Wewetzer*). Auf diese Weise schwindet die strikte Trennung von Gottesdienst und anschließendem Fest, die die herkömmliche Kasualpraxis kennzeichnet und mitunter belastet; die Kasualgemeinde wird vielmehr zu einer *einladenden Gemeinde* und realisiert damit ein weit verbreitetes Leitbild für die Kirche im Ganzen.[19]

5 Die Kasualkirche als Verweisung auf Konturen eines spätmodernen Christentums

Gerade weil die neuere Kasualkirche viel von der weltlichen Ritualpraxis gelernt hat, stellt sich – auch in vielen Beiträgen dieses Bandes – die Frage nach dem unterscheidend Christlichen: Ist es allein die pastorale Person, sind es nur noch

19 Vgl. nur *Jan Hendriks*, Gemeinde als Herberge. Kirche im 21. Jahrhundert – eine konkrete Utopie, Gütersloh 2001; *Ulrike Wagner-Rau*: Auf der Schwelle. Das Pfarramt im Prozess kirchlichen Wandels, Stuttgart 2009, 97ff.

bestimmte Formen wie der Segen oder das Gebet, die einem religiösen Ritual „Anteil geben am Christusgeschehen“ (*Kranemann*)? In der gebotenen Kürze soll hier der Vermutung nachgegangen werden, dass – über die jeweiligen personellen, sprachlichen sowie rituellen Bezugnahmen hinaus – auch die spezifischen organisatorischen und kommunikativen Strukturen der Kasualkirche als implizite Verweise auf die „Sinngehalte des christlichen Glaubens“ (*Fechtner*) verstanden – und dann auch gestaltet – werden können.

a) In seinem „Panorama der Ritualdynamik“ hat *Paul Post* in Marburg darauf hingewiesen, wie wichtig die Dimension der Erinnerung für die gegenwärtige Ritualkultur ist. Das spiegeln im vorliegenden Band nicht nur die Berichte zur Bestattungspraxis (*Hillermann*), zu den Ritualchören (*Maeder*) und zu Trauzeremonien, die den Ursprung der jeweiligen Paarbeziehung zum Angelpunkt der Rede machen (*Klie*, *Fechtner*), sondern auch in den ökumenischen Lebenswendefeiern spielt der Rückblick auf die Kindheit eine wesentliche Rolle; und die Gedenk- oder Jubiläumskasualien sind wesentlich von dieser Perspektive geprägt.

   Die neueren Kasualien stellen den Rekurs auf biografische Wurzeln jedoch durch ihre kirchliche Einbettung jeweils in weitere Horizonte. Konzentrieren sich die weltlichen Rituale auf die familiär-privaten und die (milieu-)kulturellen Herkunftserfahrungen, so rufen die kirchlichen Feste zur Taufe, zur Einschulung oder zur Lebenswende / Konfirmation / Firmung jeweils noch andere Prägungen auf. Die individuelle Lebensgeschichte erscheint hier von Anfang an eingebettet in eine vielfältige *regionale Kultur*, wie sie die anderen Familien aus der Nachbarschaft, bzw. die Schule und später, bei den Gedenkkasualien, auch die beruflichen Zusammenhänge repräsentieren. Es ist eine oft sehr gemischte, sozial wie religiös diverse Ritualgemeinschaft, es sind komplexe soziale Transzendenzen, in deren Kontext die je eigenen Wurzeln hier vergegenwärtigt werden.

b) Eine weitere zentrale Funktion moderner Rituale, so Paul Post, besteht in ihrer *transformierenden, ja heilenden Kraft*. Auch hier kommen weltliche und kirchliche Rituale überein, sei es bei der Bestattung, der Begehung von Jahreswenden oder einer Trauzeremonie. Wiederum dürfte es jedoch einen Unterschied machen, ob die rituelle Passage vor allem im Kreis der Großfamilie und der Gefährt*innen aus ähnlichen Milieus begangen wird oder ob der kasualkirchliche Kontext noch weitere, vielleicht ganz fremde Lebenswelten zur Darstellung bringt.

Die Taufe, die Wende zum Erwachsenenalter, der Eintritt in eine nachberufliche Phase (Goldene Konfirmation) – das alles sind Passagen, die einen anderen, tieferen Sinn bekommen, wenn sie in einen weiteren, öffentlichen Zusammenhang gestellt werden; und genau dafür steht auch unter gegenwärtigen Bedingungen vor allem ein kirchliches Ritual. Die kulturelle Weite, in der sich die biografische Transformation vollzieht, wird in der Kasualkirche vielleicht besonders dort präsent, wo das Ritual *ökumenisch* geleitet ist. Das gilt für die meisten Einschulungsgottesdienste wie für die Lebenswendefeiern, zudem gegebenenfalls für die Trauung und ihre Jubiläen. Gelegentlich kann diese ökumenische Weite sogar die Beteiligung nichtkirchlicher Akteur*innen – eine professionelle Rednerin im Kirchenraum, ein Pastor bei der alternativen Bestattung – erlauben. Auf diese Weise begegnen, ja versöhnen sich Erfahrungswelten, die in der binnenkirchlichen Praxis streng getrennt erscheinen.

c) Die eigentümliche, meist sozialkulturell gemischte Zusammensetzung der Kasualgemeinde dürfte es schließlich leichter machen, eine spezifisch religiöse Signatur des kirchlichen Rituals geltend zu machen, nämlich seine *kritische Distanz* zu allen sozialen und biografischen Vorgaben. Die „heilsame Differenz zwischen dem Wollen und dem Vollbringen", die Gebet und Segen kennzeichnen (*Fechtner*), der kritisch-aufklärende Impuls des christlichen Glaubens (*Kasparick*) – dies lässt sich in einer ohnehin von Differenzen und Ambivalenzen durchzogenen Kasualgemeinde vielleicht plausibler artikulieren als in den kulturell und emotional homogeneren Ritualen säkularer Veranstalter*innen.

Alle diese Bemerkungen wollen keine prinzipielle Differenz zwischen der weltlichen und der kirchlichen Ritualkultur der Gegenwart behaupten – das würde Absicht und Ertrag der Marburger Tagung zuwiderlaufen. Aber sie wollen doch dafür sensibilisieren: Die religiöse Dimension der christlichen Kasualkultur hängt nicht zum wenigsten daran, wie sie in die übergreifenden sozialen wie organisatorischen Zusammenhänge der Kirche(n) eingebunden ist.

6 Pfarrpersonen in der Kasualkirche: vom Amtsträger zur Ritualkoordinatorin

Im Horizont der kirchentheoretischen These, dass die gegenwärtige Ritualpraxis eine Unterscheidung nahelegt zwischen einer parochial-gesellig verfassten Gemeindekirche und einer unternehmerischen, gemeinschaftlich-engagierten Kasualkirche, soll schließlich kurz bedacht werden, welche Rolle die Pfarrer*innen in diesem kirchlichen Transformationsprozess einnehmen.

Wieder kann eine – etwas überspitzte – Skizze der Stellung der Pfarrperson in der Gemeindekirche den Ausgangspunkt bilden. Er (vor allem er!) wird in der Gemeinde, im Sonntagsgottesdienst wie in der Kasualpraxis als alleiniger Leiter wahrgenommen. Seine amtliche Machtposition zeigt sich in der asymmetrischen Gestaltung des Kasualgesprächs (s.o. Abschnitt 4) wie des Gottesdienstes, in dem andere Personen allenfalls in Nebenrollen agieren. Die Kehrseite der zentralen, in Predigt wie Ritual konstitutiven Stellung besteht nicht nur in der Sorge, trotz aller Mühe nur als „Zeremonienmeister" oder gar als Baalsdiener (Bohren) zu erscheinen, sondern auch in einer prinzipiellen Überlastung des Pfarrers: Jede Kritik, jede Distanz, jeden Kirchenaustritt kann er nur sich selbst zurechnen.

Es ist nun zunächst keineswegs so, dass die freien Ritualgestalter*innen, die in Marburg aufgetreten sind, sich eine bescheidenere, weniger konstitutive Position zuschreiben. Zwar agieren sie nach eigenem Selbstverständnis viel stärker situations- und kund*innenorientiert; die Gespräche sollen auf Augenhöhe verlaufen, das Ritual wird gemeinsam geplant. In dessen Zentrum jedoch steht meist nach wie vor eine Rede, die – jedenfalls bei Imke Klie – mit durchschnittlich 30 Minuten länger ist als die meisten Sonntagspredigten.

In dieser Rede, dazu im Ritual wird ein singularistisches, nicht selten quasireligiöses Event inszeniert, in dem das persönliche Engagement der Redner*in *de facto* die göttliche Zuwendung repräsentiert: „Es ist der freundliche, der anerkennende Blick, der auf dem Hochzeitspaar ruht: Ich sehe euch und begleite euch [...]".[20] Man könnte, im Anschluss an Foucault, von einer Pastoralmacht sprechen, mit der die freie Rednerin, der im Netz gemietete Pastor (*rent-a-pastor.com*) die Adressat*innen in einer umfassenden, unentrinnbaren und zugleich höchst individuierenden Weise auf sich selbst verpflichtet. Insofern scheint es mir jedenfalls zweischneidig, die *Agency* der Pastor*innen, wie es Weyel vorschlägt, ebenfalls als freie, institutionsdistante Ritualbegleitung zu begreifen.

---

20 Beitrag von *Kristian Fechtner* in diesem Band.

Der kirchliche Kontext pastoraler Ritualleiter*innen erlaubt stattdessen zwei andere Rollenbeschreibungen. Zum einen, darauf hat Hanna Kasparick hingewiesen, ist die Pfarrer*in nicht nur moderne Priester*in, sondern sie ist stets auch in kirchliche Lehr- und Lernvorgänge eingebunden; im Konfirmandenunterricht wie in der Predigt regt sie Bildungsprozesse der verschiedensten Art an. So kann die Pfarrperson sich auch im Kasualgeschehen verstehen: als (Mit-)Gestalter*in eines komplexen Lernprozesses, der allen Beteiligten vielfältige Transformationserfahrungen eröffnet.

Zum anderen sei schließlich an die Beobachtung erinnert, dass die gegenwärtige Ritualpraxis, außerhalb wie in der Kirche, in der Regel gemeinschaftlich, durch ein Team geleitet – oder doch verantwortet – wird (s. o. Abschnitt 4). Augenfällig ist dies bei den alternativen Bestattungen wie in der digitalen Präsentation von „Imke Klie Zeremonien" und ebenso bei den Lebenswendefeiern; in der Nürnberger Kasualagentur bildet eine Arbeit im Team sogar den Kern der Projektidee (*Hammerbacher / Wewetzer*). In diesem Horizont braucht sich die Pfarrperson nicht als Herr*in des Rituals zu begreifen, sondern kann sich als dessen Koordinator*in verstehen – und zwar in der Vorbereitung, also bei der Absprache mit Musiker*innen, Angehörigen und Küster*in, wie dann in der Feier selbst, in der sie eher zu moderieren als allein zu agieren hätte.

Auf dieser Linie wäre schließlich eine Überzeugung zu relativieren, die in der evangelischen Kasualtheorie fast selbstverständlich erscheint und die die Marburger Tagung mit ihrem Untertitel „... pastoraltheologische Herausforderungen" markiert: Muss das kirchliche Ritual notwendig durch einen Pfarrer, eine ordinierte Theologin geleitet werden? Die Katholische Kirche ist hier teils aus Not, teils aus Einsicht bereits weiter: Sie schult und beschäftigt in vielen Diözesen ehrenamtliche oder nebenberufliche Bestattungsleiter*innen.[21] Auch die ostdeutschen Lebenswendefeiern haben, aus anderen Gründen, die Rolle des Priesters wie der Pfarrerin deutlich zurückgenommen (*Kranemann*).

Es erscheint mir im evangelischen Raum nun ebenfalls denkbar, ja konsequent, die pastorale Rolle in der Kasualpraxis – wie in anderen Bereichen des kirchlichen Handelns – stärker als begleitende, als bildende und koordinierende Aufgabe zu verstehen und dann anderen Personen – etwa Diakon*innen oder Prädikant*innen – die Leitung einer Bestattung, einer Trauung selbst zu überlassen. Auf diese Weise könnte die Dynamik der gegenwärtigen Ritualkultur, wie sie in diesem Band erkennbar wird, am Ende das Rollenverständnis der evangelischen Pfarrer*in selbst noch einmal in Bewegung bringen.

---

21 Vgl. www.kirche-und-leben.de/artikel/ein-laie-leitet-katholische-beerdigungen/ (Abruf 01.03.2019).

Von einer Amtskirche zu einer Dienstleistungskirche

Auf dem Weg in eine Kasualpraxis der Zukunft

Emilia Handke

Es ist interessanterweise weniger der Blick in die Forschungsliteratur der Praktischen Theologie als der Blick in das Internet, der zeigt, dass die Ritualkultur zu den sog. Übergängen des Lebens in Deutschland rasant in Bewegung geraten ist.[1] Der Stand der Forschung besteht überwiegend[2] aus Einzelbeiträgen unterschiedlicher Provenienz und kann insgesamt als übersichtlich gelten.[3] Eine grundsätz-

---

1 Vgl. nur die großen Portale www.zeremonienleiter.eu/; www.freieredner.com/; www.rent-a-pastor.com/; www.pastor2go.de/ (Abruf 01.07.2019). Einen Eindruck vom Wandel ihrer Branche seit dem Jahr 2008 zeigt der Beitrag von *Imke Klie* in diesem Band. Zum Titel vgl. die Aufnahme eines Gedankengangs bei *Eberhard Hauschildt / Uta Pohl-Patalong*, Kirche, Gütersloh 2013, 171.

2 Eine Ausnahme bildet die kulturwissenschaftliche Dissertation von *Christian Kohn*, „Zweigleisig mit einem Wort". Versuch einer dichten Beschreibung des Arbeitsalltags freier Trauerredner unter Berücksichtigung der kulturwissenschaftlichen Kategorien Wandel und Kontinuität, Tübingen 2016. Die Dissertation von *Teresa Schweighofer* zum Selbstverständnis und zu Handlungskonzepten freier Ritualbegleiter*innen in Österreich erscheint im September 2019.

3 Vgl. *Marianne Kramer Abebe*, Aufbruch zu neuen Ritualen. Eine Annäherung an die Praxis freiberuflicher Ritualbegleiter und Ritualbegleiterinnen, in: JLH 39 (2000), 35–64; *Jan Hermelink*, Die weltliche Bestattung und ihre kirchliche Konkurrenz. Überlegungen zur Kasualpraxis in Ostdeutschland, in: JLH 39 (2000), 65–86; *Ders.*, „Christlich, weltlich und von allem ein wenig". Gegenwärtige Bestattungsfeiern jenseits der kirchlichen Institution, in: PrTh 37 (2002), 206–209; *Dorothea Lüddeckens*, Neue Rituale für alle Lebenslagen. Beobachtungen zur Popularisierung des Ritualdiskurses, in: ZRGG 56 (2004) 1, 37–53; *Andreas Fincke*, Freie Theologen, freie Redner, freie Ritendesigner. Der neue Markt kirchenferner Riten, in: Materialdienst der EZW 67 (2004) 4, 123–135; *Susanna Meier*, Ersetzen außerkirchliche Rituale die Riten der Kirchen?, in: KBl 129 (2004), 82–85; *Stefan Schütze*, Konkurrenz für die Kirchen? „Freie Anbieter" von Ritualen, Lebensfeiern und Amtshandlungen, in: KJ 131/132 (2004/2005), 80–124; *Ders.*, Die Kasualie Trauung im Wandlungsprozess, in: Materialdienst der EZW 68 (2005) 3, 102–110; *Anja Kirsch*, Freie Bestattungsredner, in: Handbuch der Religionen 12 (2006), 1–11; *Christian Ruch*, Extra ecclesiam etiam salus? Ritualdesign im außerkirchlichen Bereich, in: Materialdienst der EZW 7 (2012) 4, 243–248; *Jan Hermelink*, Die weltliche Bestattung als religiöse Praxis. Was die Kirche von den Bestattern

liche wissenschaftliche Diskussion hat gerade erst begonnen. Aufschluss gewähren außerdem einige Praxisberichte.[4] Die evangelische Praktische Theologie hat sich zwar vielfach mit dem Wandel der Kasualpraxis in Bezug auf neue Anlässe und eine veränderte Teilnahmeklientel beschäftigt, aber eben nur am Rande mit der Provokation durch die Marktsituation mit ihrer wachsenden Zahl an freien Ritualbegleiter*innen. Auch im Bereich der Kultur- und Sozialanthropologie mit dem Sonderforschungsbereich der DFG „Ritualdynamik – Soziokulturelle Prozesse in historischer und kulturvergleichender Perspektive" stehen vor allem historische und außereuropäische Perspektiven im Fokus.[5] Ein ähnliches Bild ergibt sich beim interdisziplinären Forschungsgebiet der „Ritual Studies" – auch

lernen kann, in: BThZ 29 (2012) 2, 208–228; *Daniela Leitner*, „Ritualdesign" als Beruf. Religionswissenschaftliche Überlegungen zur (In-)Varianz freier Trauungen, in: Forum Ritualdynamik 19 (2013), 1–17; *Dorothea Lüddeckens*, Trauerrituale in der alternativen Trauer- und Bestattungskultur, in: *Thomas Klie / Martina Kumlehn / Thomas Schlag* (Hg.), Praktische Theologie der Bestattung, Berlin u.a. 2015, 207–227; *Kim de Wildt*, Kasualien-Konkurrenz: die Kirche und ihre „Kunden", in: ἐυangel 3 (2015); *Teresa Schweighofer*, Auf der Suche nach dem passenden Ausdruck. Alternative Rituale und Freie Ritualbegleitung in Österreich, in: HlD 69 (2015), 243–250; *Emilia Handke*, Weder Jugendweihe noch Konfirmation. Erkundungen in einem unbekannten Feld, in: PTh 105 (2016) 3, 105–120; *Teresa Schweighofer*, Individuell und einmalig – Freie Rituale in Österreich, in: *Hans Gerald Hödl / Johann Pock / Dies.* (Hg.), Christliche Rituale im Wandel. Schlaglichter aus theologischer und religionswissenschaftlicher Sicht, Göttingen 2017, 143–157; *Dies.*, Was Freie RitualbegleiterInnen der Theologie zu denken geben, in: ThPQ 164 (2016), 123–130; *Dorothea Lüddeckens*, Alternative death rituals in Switzerland: building a community of shared emotions and practices, in: Journal of Contemporary Religion 33 (2018) 1, 107–121; *Elina Bernitt*, Können weltliche Trauerfeiern Trost spenden?, in: *Thomas Klie / Jakob Kühn* (Hg.), Bestattung als Dienstleistung. Ökonomie des Abschieds, Stuttgart 2019, 109–121. Vgl. des Weiteren die allgemeiner ausgerichteten Schwerpunkthefte der PrTh 50 (2015) 3, 180–192 sowie der ThPQ 164 (2016) 2.

4 Vgl. *Birgit Janetzky*, Lebensdeutung und Abschiedsritual. Die Gestaltung „weltlicher" Trauerfeiern, in: *Albert Gerhards / Benedikt Kranemann* (Hg.), Christliche Begräbnisliturgie und säkulare Gesellschaft, Leipzig 2002, 231–251; *Dies.*, Unsere Liebe ist einzigartig – wir wollen ein einzigartiges Ritual. Die Gestaltung nichtkirchlicher Hochzeitszeremonien, in: *Benedikt Kranemann / Joachim Hake* (Hg.), Hochzeit – Rituale der Intimität, Stuttgart 2006, 71–93; *Arbeitsstelle „Kirche im Dialog"*, „The times, they are a-changin' ...". Kasualien neben den Kirchen, Rostock 2016; *Katholische Arbeitsstelle für missionarische Pastoral* (Hg.), Postmoderne Rituale als Herausforderung für die kirchliche Kasualpraxis, Erfurt 2017; *Dirk Battermann*, Die weltliche Trauerrede als Dienst für die Hinterbliebenen. Ein Praxisbericht, in: *Thomas Klie / Jakob Kühn* (Hg.), Bestattung als Dienstleistung. Ökonomie des Abschieds, Stuttgart 2019, 77–86; *Martin Schulz*, Kirchliche Aufgabe ohne Kirche? Palliative Care und Bestattung aus Sicht eines freien Theologen. Ein Praxisbericht, in: a.a.O., 87–107.

5 Vgl. www.gepris.dfg.de/gepris/projekt/5485282 (Abruf 01.07.2019); *Janina Karoleswki / Nadja Miczek / Christof Zotter* (Hg.), Ritualdesign. Zur kultur- und ritualwissenschaftlichen Analyse „neuer Rituale", Bielefeld 2012.

hier werden freie Ritualbegleiter*innen lediglich erwähnt.[6] So konstatiert Teresa Schweighofer 2017 weitgehend zu Recht: „Alles in allem ist dieser expandierende Dienstleistungsbereich bisher [...] Großteils [sic!] unerforscht – eine theologische Reflexion fehlt völlig – und belastbare Daten zu dieser neuen Form der Ritualität sind Mangelware."[7] Für besonders dringlich erachte ich dabei das Fehlen empirischer Studien zu den Kund*innen der freien Ritualbegleiter*innen. Für die Praktische Theologie sind dabei insbesondere diejenigen interessant, welche durch die (in der Regel mit einer Kirchenmitgliedschaft verbundenen) religiösen Bezüge in der eigenen Biografie die klassische Kasualklientel bilden, die Angebote der Kirche aber nicht (mehr) in Anspruch nehmen.

1 Zur Fragilität der gegenwärtigen Kasualkultur

Kasualien sind in erster Linie familiale Sozialisationsrituale und damit ein Phänomen der intergenerationalen Transmission.[8] In der Regel entfaltet die Kindertaufe eine „Sozialisationslogik"[9] hin zur Teilnahme an weiteren Kasualien im Lebenslauf. Dabei sind es vor allem die Mütter, die für die Tradierung der religiösen Bindung sorgen.[10] Ein signifikantes Störpotential stellt dabei die Möglichkeit einer weltanschaulichen Heterogenität innerhalb der Partnerschaft dar – die eigene religiöse Lebensoption muss dann offensiv vertreten werden gegenüber jenem Menschen, mit dem man sein Leben führen will und der *in rebus religionis* mitunter gänzlich andere Auffassungen oder Prägungen vorzuweisen hat. Neben der kirchlichen Trauung ist dabei insbesondere die Taufe von gemeinsamen

---

6 Vgl. *Christiane Brosius / Axel Michaels / Paula Schrode* (Hg.), Ritual und Ritualdynamik. Schlüsselbegriffe, Theorien, Diskussionen, Göttingen 2013.

7 *Teresa Schweighofer*, Individuell und einmalig – Freie Rituale in Österreich, in: *Hans Gerald Hödl / Johann Pock / Dies.* (Hg.), Christliche Rituale im Wandel. Schlaglichter aus theologischer und religionswissenschaftlicher Sicht, Göttingen 2017, 143–157, 146.

8 Vgl. dazu *Oliver Arranz Becker / Daniel Lois / Anja Steinbach*, Kontexteffekte in Familien – Angleichung von Paaren und intergenerationale Transmission am Beispiel Religiosität, in: KZfSS 66 (2014), 417–444.

9 *Emilia Handke*, Religiöse Jugendfeiern „zwischen Kirche und anderer Welt". Eine historische, systematische und empirische Studie zu kirchlich (mit)verantworteten Alternativen zur Jugendweihe (APrTh 65), Leipzig 2016, 447.

10 Vgl. *Gert Pickel*, Atheistischer Osten und gläubiger Westen? Pfade der Konfessionslosigkeit im innerdeutschen Vergleich, in: *Ders. / Kornelia Sammet* (Hg.), Religion und Religiosität im vereinigten Deutschland. Zwanzig Jahre nach dem Umbruch (Veröffentlichungen der Sektion Religionssoziologie der DGS), Wiesbaden 2011, 43–78, 63; *Arranz Becker / Lois / Steinbach* (Anm. 8), 422.

Kindern unsicher. Wird diese in der Folge des – in der Regel wohl eher impliziten – weltanschaulichen Konflikts dem Kind selbst überlassen und die religiöse Erziehung nicht gewährleistet, sind eine spätere Taufe und Konfirmation dieses Kindes eher unwahrscheinlich.[11]

Die Tradierung der Taufe ist allerdings auch dann infrage gestellt, wenn die Mütter ihre Kinder alleine erziehen. Das Sozialwissenschaftliche Institut der EKD hat gezeigt, dass Kinder von nicht verheirateten evangelischen Müttern trotz einem hohen persönlichen Interesse dieser Mütter an der Taufe faktisch überwiegend nicht getauft werden.[12] Neben der Herausforderung, eine Taufe zwischen getrennt lebenden Eltern zu vereinbaren und zu organisieren, ist dies vor allem auf das als unzureichend wahrgenommene Passungsverhältnis der eigenen Familiensituation gegenüber dem zugeschriebenen kirchlichen Familienbild zurückzuführen und verweist nachdrücklich auf die Notwendigkeit der Schaffung und Bewerbung von anderen Taufanlässen wie Tauffesten o.ä..[13] Hinzu kommt, dass die Kasualien von den Eltern und Gästen bei der Kindertaufe, von den Konfirmand*innen anlässlich der Konfirmation[14] und von anderen Kirchenmitgliedern bei der Bestattung auch im Blick auf deren *Entsprechung zum eigenen Leben* überprüft werden.[15] Addieren sich dazu generelle Entfremdungsprozesse von Kirche und Gemeinde, verwundert es wenig, dass im Jahr 2017 auf dem Gebiet der Nordkirche lediglich 63 Prozent der Kinder mit mindestens einem evangelischen Elternteil getauft worden sind.[16] Dies ist als ein dramati-

11 Vgl. dazu auch *Pickel* (Anm. 10), 48f sowie *Michael Domsgen*, Von Generation zu Generation. Was tun, wenn das nicht mehr zu funktionieren scheint?, in: ZThK 115 (2018) 4, 474–497, 482f.

12 Vgl. *Sozialwissenschaftliches Institut der Evangelischen Kirche in Deutschland*, Analysen zum Taufverhalten der evangelischen Bevölkerung in Deutschland, Hannover 2006, 8f. Vgl. dazu auch den Beitrag von *Elke Wewetzer* und *Jörg Hammerbacher* in diesem Band.

13 Vgl. dazu auch *Claudia Schulz*, Methodischer Zuschnitt der Studie „Taufentscheidungen erkunden und verstehen", in: *Folkert Fendler / Dies.* (Hg.), Taufentscheidungen erkunden und verstehen (Gottesdienstqualität. Veröffentlichungen des Zentrums für Qualitätsentwicklung im Gottesdienst 1), Hildesheim 2013, 6–27, 10, 18f.

14 Vgl. *Michael Domsgen,* Kirche auf dem Prüfstand. Perspektiven von Konfirmandinnen und Konfirmanden sowie deren Familien in Ost und West, in: *Ders. / Emilia Handke* (Hg.), Lebensübergänge begleiten. Was sich von Religiösen Jugendfeiern lernen lässt, Leipzig 2016, 122–139, 124.

15 Vgl. *Lüddeckens* (Anm. 3), 51: „Verbindlichkeit besteht nicht mehr gegenüber einer Gruppe oder Tradition, sondern sich selbst gegenüber."

16 Für diese Auskunft danke ich Statistikreferent *Jörg Petersen*. Unter Kindertaufen werden dabei alle Taufen bis zur Vollendung des 14. Lebensjahres gezählt.

scher kasueller Tradierungsabbruch zu werten. Dass jedes 20. evangelisch getaufte Kleinkind dagegen *kein* evangelisches Elternteil hat,[17] vermag diesem Prozess nur wenig entgegenzusetzen – zudem aus meiner Sicht hier mintunter auch noch institutions- und traditionsbezogene Verhaltenskonflikte innerhalb von Gemeinden und damit Kommunikationsschwierigkeiten nach außen bestehen. Mit der Organisation von Tauffesten und dem Etablieren eventbezogener Taufzeitpunkte wie z.B. in der Osternacht versuchen einige Kirchenkreise und -gemeinden auf die nachlassenden Taufzahlen zu reagieren und ihre Zielgruppenarbeit zu verstärken. Rückmeldungen zum Briefversand des deutschlandweit größten Tauffestes „Moin Welt" am Pfingstwochenende 2019 in Hamburg mit etwa 500 Taufen haben gezeigt, dass viele Familien einen Anlass, gezielte Informationen sowie einen attraktiven Gestaltungsrahmen für die Taufe brauchen. Sie buchen damit ein „Kasualpaket", welches ihnen neben der Taufe weitere Motive bietet, mit denen sie ihr Leben verbinden können: u.a. der Bezug zur Elbe und zur Stadt Hamburg, die Kombination von Taufe und Ausflug in die Natur, der (auch finanziell) entlastende Feierrahmen, die eventbezogene kirchliche Gemeinschaft. Hier sind viele Fragen, die gegenwärtig im Blick auf die Taufe auf Gemeinden zukommen (Plausibilisierung der Kindertaufe für eine eher kirchenferne Klientel, Ansprache von Zielgruppen und Gestaltung eines kasuellen Rahmens für diese Zielgruppen), exemplarisch – und mit großem Erfolg – durchdacht worden.

Viel stärker als die Taufzahlen ist die Zahl der kirchlichen Trauungen zurückgegangen. Dabei muss bedacht werden, dass die kirchliche Trauung durch die 1875 eingeführte Zivilehe ohnehin an Performanz verloren hat und die obligatorische standesamtliche Trauung immer nur *ergänzen* kann. Allerdings macht sich auch hier die zunehmende weltanschauliche Heterogenität der Partnerschaften und der sich verändernde gesellschaftliche Kontext zu Ungunsten einer Inanspruchnahme des kirchlichen Rituals bemerkbar. Kann sich der eine nicht in die Tradition des oder der anderen integrieren, wird etwas gesucht, was für beide möglich ist und so gestaltet werden kann, dass es dem individuellen Wunsch des Paares entspricht: eine freie Trauung – frei von Vorgaben, die der eine oder die andere nicht (mehr) erfüllen mag.[18] Ebenso kann der fehlende persönliche Kontakt zu einem Pastor bzw. einer Pastorin gegen die Anfrage in einer Gemeinde sprechen. Wenn die Feier ohnehin nicht in einer Kirche, sondern z.B.

---

17 Vgl. *Matthias Kreplin*, Veränderungen bei der Kasualie Taufe und angezeigte kirchliche Reaktionen, in: *Franziska Beetschen / Christian Grethlein / Fritz Lienhard* (Hg.), Taufpraxis. Ein interdisziplinäres Projekt, Leipzig 2017, 17–37, 25.

18 Nicht unwesentlich ist dabei, dass die Paare Ritualbegleiter*innen zunächst zu einem unverbindlichen Kennlerngespräch treffen, indem unkompliziert ausgehandelt werden kann, was für die Gestaltung dieser symbolischen Passage gewünscht wird.

in einem Landgut geplant ist, sinkt die Motivation, die kirchliche Dimension überhaupt organisatorisch in die eigene Hochzeit miteinzubeziehen.[19] Der freie Redner bzw. die freie Rednerin ist in jedem Fall mobil und mitunter eben auch mobil*er*.

Der Kasus der Bestattung scheint mir im Gegensatz zu Taufe und Trauung in der Fragilität seiner Inanspruchnahme im kirchlichen Rahmen etwas anders gelagert zu sein. Weshalb selbst im volkskirchlich geprägten Milieu Schleswig-Holsteins derzeit nur noch etwa 70 Prozent der evangelischen Kirchenmitglieder eine evangelische Bestattung in Anspruch nehmen – in Hamburg sind es sogar nur noch etwa 50 Prozent –, ist keinesfalls monokausal zu erklären. Hier stehen neben dem fehlenden persönlichen Kontakt in die Gemeinden, dem Wunsch nach Reduktion der Öffentlichkeit, dem Problem der Erreichbarkeit der Pastor*innen im Gegensatz zu Bestatter*innen und freien Ritualbegleiter*innen, Erfahrungen von Unzufriedenheit mit der Qualität mancher kirchlicher Bestattung, Beratungsstrategien auf Seiten mancher Bestatter*innen sowie dem Konfliktpotential im Blick auf die Gestaltung der Rede, die Wahl der Musik sowie des Bestattungsortes unterschiedliche Erklärungsmuster nebeneinander. Außerdem werden weltliche Feiern durch Elemente wie Vaterunser oder Segen eben auch zunehmend zu einer religiösen Alternative.[20] Des Weiteren kann es sich für die Familien als entlastend darstellen, wenn alles in einer Hand – und d.h. in der Hand der Bestatter*innen – bleibt. Die Entstehung einer alternativen Bestattungsszene mit einem sehr ausdifferenzierten und umfassenden Angebot als Trauerbegleiter*innen[21] sowie der sog. *Death Cafés* zeigt, dass die Kirche längst nicht mehr die zentrale Ansprechpartnerin bei Fragen um Tod und Sterben ist. Der vormalige Vertrauensvorschuss schwindet, „Seelsorge" ist in das Angebot bestimmter Bestattungshäuser auf anspruchsvolle Weise integriert worden.[22] Die kasusbezogene Öffentlichkeitsarbeit wird als eigenes Aufgabenfeld identifiziert.

---

19 Vgl. dazu auch den Beitrag von *Imke Klie* in diesem Band sowie die Beobachtungen von *Janetzky* (Anm. 1), 71–93, 75f.

20 Vgl. dazu auch die Angaben bei *Battermann* (Anm. 4), 84.

21 Vgl. den Beitrag von *Christian Hillermann* in diesem Band.

22 So berichtet Christian Hillermann von in der Regel drei Beratungsgesprächen zu jeweils bis zu drei Stunden sowie einem Abschlussgespräch zur Nachsorge, was einer Begleitung bis zu vier Wochen gleichkommt. Der Einbezug der Trauernden in die Gestaltungspraxis ist Teil der Trauerverarbeitung, vgl. den Beitrag von *Christian Hillermann* in diesem Band. Die Württemberger Studie hat hier bei über 80 Prozent der befragten Pastor*innen ergeben, dass sie dem Gespräch mit den Angehörigen ein bis zwei Stunden widmen, vgl. den Beitrag von *Birgit Weyel* in diesem Band. Ein Abschlussgespräch wird von etwa 60 Prozent der Pastor*innen durchgeführt.

Dies beinhaltet mitunter sogar die Kooperation mit Bildungseinrichtungen wie Schulen. Die freien Ritualbegleiter*innen sind „Unternehmer".[23] Diese Logik deutet sich auf Seiten der Kirchen durch die Präsenz auf Hochzeits- oder Babymessen sowie das Anschreiben evangelischer Eltern nichtgetaufter Kinder, wie es bei Tauffesten vorkommt, allenfalls an.[24]

2 Zur Praxis der freien Ritualbegleiter*innen

Die freien Ritualbegleiter*innen investieren als *spezialisierte Profession* für die Begleitung des Trauprozesses in der Regel viel Zeit – mehr als den meisten Pastor*innen in dieser Hinsicht zur Verfügung steht. Diese arbeiten als *Generalisten* – „Kasualdienste" machen im Durchschnitt lediglich sechs Prozent ihrer Arbeitszeit aus.[25] Die freie Rednerin Imke Klie, deren Kundschaft offenbar auch aus distanzierten Kirchenmitgliedern besteht, trifft sich nach dem unverbindlichen Erstgespräch noch zwei- bis dreimal mit dem jeweiligen Paar.[26] Die Gespräche dauern insgesamt sechs bis acht Stunden und haben mitunter auch einen therapeutisch akzentuierten Charakter: Oft werden in diesem Gespräch das erste Mal Fragen über die Ambivalenzen des Lebens laut – auch hier stellt die Vorbereitung auf die Trauung also eine institutionalisierte „Verständigung über das Leben"[27] dar. Die etwa 30minütige Ansprache rückt das Paar im Spiegel der bei der Trauung versammelten Wahlverwandtschaften in den Mittelpunkt – die individuelle Liebesgeschichte des Paares bildet als „biografischer Ursprungsmythos"[28] das zentrale Element der Feier. Die Pastor*innen haben neben der persönlichen Geschichte des Paares hingegen noch eine zweite normative Größe auszumitteln und einzuweben: die christliche Tradition. Ihre Aufgabe ist es, den „biografische[n] Ursprungsmythos" in die große Erzählung des Christentums einzubetten, für das Paar individuell aus dem symbolischen Orientierungspotential der Bibel zu schöpfen. Dieses Orientierungspotential steht faktisch natürlich auch den freien Ritualbegleiter*innen zur Verfügung – aber es wird diesen nicht auf

---

23 Vgl. dazu die Beiträge von *Jan Hermelink* und *Birgit Weyel* im Anschluss an Dorothea Lüddeckens in diesem Band.

24 Vgl. dazu den Beitrag von *Jan Hermelink* in diesem Band.

25 Vgl. *Alexandra Eimterbäumer*, Pfarrer/innen. Außen- und Innensichten, in: *Jan Hermelink / Thorsten Latzel* (Hg.), Kirche empirisch. Ein Werkbuch zur vierten EKD-Erhebung über Kirchenmitgliedschaft und zu anderen empirischen Studien, Gütersloh 2008, 575–394, 385.

26 Vgl. den Beitrag von *Imke Klie* in diesem Band.

27 Vgl. den Beitrag von *Birgit Weyel* in diesem Band und die Ausführungen von *Birgit Janetzky* (Anm. 4), 92f.

28 Vgl. den Beitrag von *Kristian Fechtner* in diesem Band.

gleiche Weise *zugerechnet*. Sie stehen gerade nicht mit ihrer Person für diese Tradition und deren Wahrheit ein. Imke Klies rituelles Repertoire „wächst und [...] wandelt [sich stetig]“[29] – es kommt zu rituellen Transferprozessen aus unterschiedlichen Kulturkreisen. In dieser *persönlichen* – und d.h. sich selbst in seiner religiösen Subjektivität stärker preisgebenden – Darstellung der Bedeutung der christlichen Religion liegt m.E. die Chance für die pastorale Gestaltung der Kasualien. Der Gründer der Agentur *rent-a-pastor.com*, Samuel Diekmann, hatte auf der Marburger Tagung davon berichtet, dass Fragen nach der christlichen Tradition dann gestellt würden, wenn er zu Anfang des Gesprächs erzähle, dass er Pastor ist. Dann beginne die eigentliche (auch seelsorgerlich profilierte) Ritualarbeit, die er als „missionarische Chance“ begreift.[30] Den Zugang zu seiner Person finden diese Paare aber eben nicht über die Gemeinde, sondern über das Internetportal *rent-a-pastor.com*. 80 Prozent der Kund*innen kommen über Google. Christliche Elemente werden dann angenommen, wenn zwischen ihm und dem Paar ein Vertrauensraum konstituiert ist. Dies wirft noch einmal eine andere Perspektive auf den Charakter des sog. Kasualgesprächs: Hier finden elementare religiöse Kommunikations- und Lernprozesse statt, die in jedem Fall als eine „religionspädagogische [...] Chance“[31] aufzufassen sind. Es geht heute offenbar stärker um eine *gemeinsame* Arbeit am Ritual, welches es am Fall des individuellen Paares in seinem Sinngehalt – mitunter auch durch Übersetzungsvorgänge wie z.B. beim Segen – zu erschließen gilt. Traditionell stand für diese religiösen Kommunikations- und Lernprozesse der Begriff der Katechese, die aber üblicherweise über einen längeren Zeitraum vor dem eigentlichen Kasualgespräch stattgefunden hat.[32]

Im Unterschied zu den Kirchen *werben* die Ritualagenturen darum, ihren Mitarbeiter*innen das Vertrauen für die Gestaltung dieses wichtigen Kasus zu schenken. Dabei spielen „Marketing- und Kommunikationsstrategien“ eine erhebliche Rolle: „Eine Homepage und Kooperationspartner*innen in der Branche reichen nicht mehr aus, um auf sich aufmerksam zu machen und ausreichend gebucht zu werden.“[33] Weder eine ausstrahlungskräftige Homepage noch der Blick auf Kooperationspartner*innen sind allerdings auf Seiten der Kirchen selbstverständlich. Imke Klie begreift die Konkurrenz-Situation zu anderen Anbieter*innen als

---

29 Vgl. den Beitrag von *Imke Klie* in diesem Band.

30 Vgl. dazu und im Folgenden auch den Beitrag von *Marcell Saß* in diesem Band.

31 *Andreas Kubik*, Kasualien und ihre Konkurrenz. Ein Dilemma als religionspädagogische Chance, in: *Thomas Klie / Folkert Fendler / Hilmar Gattwinkel* (Hg.), On Demand. Kasualkultur der Gegenwart, Leipzig 2017 (Kirche im Aufbruch 24), 169–187, 171.

32 Vgl. dazu den Beitrag von *Paul Post* in diesem Band.

33 Vgl. den Beitrag von *Imke Klie* in diesem Band.

> „Einladung, uns unseren Ansatz, unser Konzept und das dahinterstehende Anliegen noch einmal vor Augen zu führen. Dabei geht es gar nicht nur darum, durch Werbekampagnen zu zeigen, inwiefern sich unser Angebot von anderen unterscheidet; sondern wir können nochmals für uns selbst ergründen, warum uns diese Arbeit so viel Freude macht und dass es uns nicht um Event-Gestaltung geht, sondern darum, Räume fürs Innehalten anzubieten und authentische Momente zu gestalten, die Kraft und Freude schenken."[34]

Von diesem Haltungswechsel können die Kirchen m.E. viel lernen. Hier wird ja in der Regel auf Kasualanfragen gewartet und danach entsprechend darauf reagiert. Der rituelle Schatz des Christentums findet sich jedenfalls kaum dargestellt und wenig beworben. Modelle, die mitunter in der Praxis gestaltet werden wie z.B. eine Bartrauung, werden in der Regel nicht veröffentlicht. In Internetportalen findet man lediglich freikirchliche Pastoren oder freie Theolog*innen, die z.B. mit kleinen Videos anschaulich machen, wie sie die entsprechenden Anlässe gestalten.

Mit Hochzeitsplanungsagenturen arbeiten Pastor*innen in der Regel nicht zusammen. Aus der Diskrepanz zwischen den Erwartungen der „Anerkennung des außeralltäglichen und die Grenzen aller Normalität sprengenden Dimension ihres Falles" auf Seiten der Kasualbegehrenden und den Erwartungen der „Eingliederbarkeit des Falles in die Routine des pfarramtlichen Alltagsgeschäfts"[35] auf Seiten der Pastor*innen entstehen in der Praxis sowohl Zuordnungs-, als auch Gestaltungs- und Zeitkonflikte. Im ersten Fall ist es die Parochiallogik, die bei der Trauung kaum noch greift, im zweiten Fall die Frage, auf welche Orte und auf welches Maß an Mitbestimmung man sich einzulassen bereit ist. Im Blick auf Zeitkonflikte gilt: Je mehr sich Pastor*innen auf die Bedürfnisse des Gegenübers einlassen, desto mehr Zeit braucht es für die Vorbereitung der Kasualie – der „Kommunikations- und Moderationsbedarf"[36] ist im Blick auf *alle* Kasualien gestiegen.

---

34 Ebd.

35 *Christian Albrecht*, Kasualtheorie. Geschichte, Bedeutung und Gestaltung kirchlicher Amtshandlungen, Tübingen 2006, 6.

36 Vgl. den Beitrag von *Birgit Weyel* in diesem Band.

3 Was zu lernen ist

Die Kirchen stecken in einem institutionellen Dilemma. Die weitgehende Fixierung auf das parochiale Selbstverständnis fördert die von Jan Hermelink diagnostizierte „ritualpraktische Selbstmarginalisierung“[37]: Erreicht werden eben nur diejenigen, die den „Access“[38] zu Kasualien über die Gemeinde wählen. Damit ist bereits eine hohe Schwelle gesetzt: Wer auch sonst keinen Bezug zur Gemeinde hat, für den oder die ist es keinesfalls mehr selbstverständlich, an den Übergängen des Lebens nach pastoraler Begleitung zu fragen – der „Austauschprozess“ stimmt nicht mehr. Stereotypisierte Zuschreibungen, was ein Pastor bzw. eine Pastorin womöglich erwartet oder fragen wird, schlechte Erfahrungen sowie Unkenntnis über die Kostenfreiheit der Kasualien und Missverständnisse über die Möglichkeiten der Gestaltungen an nichtkirchlichen Orten tragen ihr Übriges dazu bei, dass auch eine wachsende Zahl an Kirchenmitgliedern die Begleitung durch freie Ritualbegleiter*innen vorzieht.[39] Auf den Beitrag von Imke Klie gewendet könnte man aber ebenso provokativ fragen, ob diese das Evangelium nicht vielleicht auch einfach besser *kommunizieren*?

Eine Kirche, in deren Umfeld die Selbstverständlichkeit der religiösen Weitergabe und der klassischen Partizipationsformen nachlässt, wird ihre Kommunikationswege verändern müssen. Sie wird stärker „ambulant“ und nicht allein „stationär“ zu agieren haben,[40] die (Dienstleistungs-)Logik, die in anderen Lebensbereichen selbstverständlich geworden ist,[41] in die eigene religiöse Zeigepraxis miteinbeziehen müssen. Das Bistum Essen hat daher u.a. ein „Pfarreiübergreifendes Team für Trauungen“ gebildet, um auf die besondere Suspendierung der Parochiallogik bei den Trauungen zu reagieren.[42] Dieses (Zweier-)Team hilft dabei herauszufinden, zu welcher Pfarrei das Paar gehört und unterstützt es bei der Suche nach einem Priester oder einem Diakon, der die Trauung nach ihren

---

37 Vgl. dazu den Beitrag von *Jan Hermelink* in diesem Band.

38 Vgl. *Markus Hero*, Das Prinzip „Access“. Zur institutionellen Infrastruktur zeitgenössischer Spiritualität, in: ZfR 17 (2009), 189–211, 189. Dort heißt es: „Gefragt sind institutionelle Vermittlungsformen, die einen temporär und sozial flexiblen Zugang zu religiösen Ideen unterschiedlicher Provenienz und Elaboriertheit ermöglichen.“

39 Freie Ritualbegleiter*innen aus Österreich vermuteten im Rahmen einer Internetbefragung aus dem Jahr 2013 bei ihren Kund*innen insgesamt am häufigsten „Unzufriedenheit mit kirchlichen Angeboten“, „Entfremdung von den etablierten Kirchen“ und den Wunsch nach „individueller Betreuung“ bzw. die „große Gestaltungsfreiheit“ als Entscheidungsgründe, vgl. *Teresa Schweighofer* (Anm. 3), 152.

40 Vgl. *Thomas Klie*, Als Einleitung – Konturen einer neuen Sicht auf Kasualien, in: *Ders. / Fendler / Gattwinkel* (Anm. 31), 7–24, 17.

41 Vgl. dazu den Beitrag von *Marcell Saß* in diesem Band.

42 Vgl. www.trauteam.bistum-essen.de (Abruf 01.07.2019).

Vorstellungen durchführen kann. Auch für Fragen zur Vorbereitung und Durchführung steht dieses Trauteam zur Verfügung. Gleichzeitig wird der Blick auf die Streckung und Vertiefung dieser Kasualie gerichtet: Die Paare erhalten zur Trauung als Geschenk einen „Ehebrief", der sie zu Fragen der Partner- und Elternschaft berät. Des Weiteren verweist das Team auf das Angebot von „Paar-Oasentagen" in Kooperation mit dem Exerzitienreferat sowie die Begleitung durch eine Ehe-, Familien- und Lebensberatungsstelle der Caritas.

Von dieser Initiative ist es gedanklich nicht weit zu dem bayrischen Modell einer „Kasualagentur". Es braucht vielleicht weniger eine „Fachstelle" im Sinne eines zentralen „Informations- und Servicebüros"[43], welches die beiderseitigen Ansprüche von Kasualbegehrenden sowie Pastor*innen wiederum zu vermitteln hat, sondern in Metropolen vor allem eine stadtübergreifende Einrichtung, welche a) andere Zugangswege zu Kasualien eröffnet und dabei zeitliche Flexibilität sowie eine kreative geistliche Gestaltung der Kasualpraxis garantiert und offensiv über eine zentrale Homepage bewirbt, sowie b) die Gemeinden zu einer Profilierung ihrer Kasualpraxis anregt, dabei unterstützt und vernetzt.[44]

Wenn die Logik der Lebenswelt den Ausgangspunkt der kirchlichen Kommunikation des Evangeliums bilden soll, werden Kasualien stärker als bisher digital gedacht werden müssen.[45] Menschen informieren sich im Internet und dessen Beratungsforen über die Möglichkeiten der Lebensgestaltung, zu denen auch die Inanspruchnahme von Ritualen gehört. Damit soll der gemeindliche Zugangsweg zu Kasualien keinesfalls ersetzt, aber jedenfalls ergänzt werden. Bisherige kasuelle Einzelstrategien wie die Präsenz auf Hochzeits- und Babymessen, die Idee eines zentralen Bestattungstelefons für eine Region sowie die Beauftragung zur Organisation von Tauffesten könnten in einer solchen Einrichtung regional gebündelt werden. Neben einer Geschäftsführung und einem Stammpersonal von mindestens zwei Pfarrstellen bräuchte es eine freie Assoziierung von interessierten Pastor*innen aus der Region.

Ähnlich wie bei den freien Ritualbegleiter*innen wäre dabei zunächst an den digitalen Ausbau der persönlichen Präsenz dieser Pastor*innen zu denken: Warum bin ich Pastorin geworden? Was ist mir heilig? Was mache ich besonders gerne?46 „Glaub-Würdigkeit" muss erzeugt werden – sowohl digital als auch im

43 Vgl. dazu den Beitrag von *Elke Wewetzer* und *Jörg Hammerbacher* in diesem Band.

44 Damit geraten hier natürlich Fragen kirchlicher Organisationsentwicklung in den Blick: Wie wird das kirchliche Personal eingesetzt? Wie werden Anreize für kasuelles Engagement geschaffen? Welche Formen von Wertschätzung und Entlastung gibt es vor Ort?

45 Vgl. dazu den Beitrag von *Marcell Saß* in diesem Band.

46 Der Stellenwert, den das Zeigen der eigenen religiösen Subjektivität hat, wird auch durch die Auswertung des Seminarformats „Der fremde Blick" in den Jahren 2013 und 2014 der Nordkirche unterstrichen. Pastor*innen hielten ihre Bestattungen vor konfessionslosen Teilnehmer*innen und diese meldeten zurück: „Ich glaube dir etwas, ohne dass ich es

direkten Gespräch. Des Weiteren wäre es die Aufgabe einer solchen Einrichtung, die Kasualien zielgruppenspezifisch zu profilieren und die kirchliche Ritualarbeit zu vernetzen.47 Im Blick auf die Profilierung der Taufe ist dabei an die Entwicklung von parochialen Begrüßungsformaten für Neugeborene, das Angebot von Segnungen von Müttern und Kindern auf Geburtsstationen, die Entwicklung von Elternkursen zur religiösen Kindererziehung, Fortbildungen zum Thema Taufe in der KiTa sowie Taufvorbereitungskurse mit mehreren Familien, die Planung von Tauffesten sowie die Profilierung des Tauftags und von Tauferinnerungsfeiern in den Gemeinden zu denken. Hier zeigt sich exemplarisch, dass einer solchen Einrichtung sowohl eine kasualspezifische Fortbildungs- und Hintergrundarbeit als auch das persönliche Einstehen für das digitale Kasualangebot aufgegeben wäre.

Für die Kasualie der Trauung gerieten neben der Präsenz auf Hochzeitsmessen die Kooperation mit Hochzeitsplaner*innen und Locations in den Fokus, ebenso wie die Bewerbung der regionalen Traukirchen,[48] die Entwicklung und Vernetzung von Beratungsangeboten für Paare sowie Werbekonzepte für die kirchliche Trauung für frisch verheiratete Paare oder Angebote der Erinnerung an den jeweiligen Hochzeitstag, die auch Gemeinden für sich adaptieren könnten.

Im Blick auf die Bestattung wäre es die Herausforderung, Kooperationen mit Bestattungsinstituten und Trauereinrichtungen auszubauen sowie Gemeinden dabei zu begleiten, das Thema „Tod und Sterben" stärker als Angebot des Gemeindelebens zu profilieren (Patientenverfügung, Organspende, Sterbehilfe, gelingendes Altern, Glaubensfragen), stadtteilbezogene Events um den Ewigkeitssonntag zu etablieren oder auch das eigene Engagement bei Sozialbestattungen stärker sichtbar werden zu lassen: Warum tut die Kirche, was sie vielerorts tut? Auch der Gedanke von christlichen Bestattungshäusern, Beratungsstellen für Trauernde auf der Ebene des Kirchenkreises[49] sowie der Einrichtung und Profilierung christlicher Bestattungswälder wie z.B. auf dem Schwanberg rücken dabei in den Blick.

---

selber glaube." Vgl. www.gottesdienstinstitut-nordkirche.de/wp-content/uploads/2017/04/R%C3%BCckmeldungen-kirchenferner-Menschen-auf-Traueransprachen.pdf (Abruf 01.07.2019).

47 Anregungen und Ideen dazu verdanke ich der Projektskizze „Gerne evangelisch – Lebensbegleitung stärken durch Kasualien" zur Vorlage für die Landessynode der Bayrischen Landeskirche in Lindau vom 24. bis 28. März 2019.

48 Vgl. die Katholische Kirche in Köln: www.meinetraukirche.de (Abruf 01.07.2019).

49 Vgl. *Anna Ziegenhagen*, Trauerbegleitung für alle! Kirchliche Angebote zusätzlich zur Parochie, in: *Thomas Klie / Jakob Kühn (Hg.)*, Bestattung als Dienstleistung. Ökonomie des Abschieds, Stuttgart 2019, 123–130. Die Beratungsstelle des Kirchenkreises Tempelhof-

Gemeinde und „Kasualagentur“ dürften dabei kirchenpolitisch keinesfalls gegeneinander ausgespielt werden – sie stehen für verschiedene Zugangswege und auch für verschiedene Milieus, die eigenständig entscheiden, was zu ihrem Leben passt und was nicht. Die religiöse Kommunikation differenziert sich aus, wird komplexer – Ritualagenturen sind daher tatsächlich „Seismografen“ dieser Veränderungsprozesse, die kirchlicherseits nicht zu ignorieren sind.[50] Es ist zudem bei dem aktuellen Zuschnitt des Gemeindepfarramts in einem hohen Maße unwahrscheinlich, dass die oben genannten Aufgaben allein an die Gemeinden delegiert werden können. Auch die Entwicklung von verschiedenen Kasualpaketen (z.B. Schlager-, Bar- oder Stadiontrauung, Taufe im Garten oder See, Bestattung im naturnahen Raum) ist im Rahmen einer Gemeinde allenfalls begrenzt möglich. Auch eine sog. „Suchendenpastoral“ wie sie vor allem die Katholische Kirche initiiert, wäre wohl eher in einer solchen Einrichtung als in den Gemeinden anzusiedeln.[51] Ebenso erscheint es unrealistisch, dass Gemeinden selbst den Service einer gut abgesicherten Erreichbarkeit über verschiedene Medien (u.a. Homepage, Social Media, Chat, Telefon) sowie die Einrichtung von digitalen Gästebüchern und Beispielvideos garantieren können. Was die Kirche einer Stadt im Blick auf die Geburt eines Kindes, das Fest der Liebe sowie den Abschied von einem Menschen bietet, ist bisher überall unterschiedlich und nirgends gebündelt. Große Kasualkampagnen der Kirchen werden nichts nützen, wenn die beworbene Umsetzung vor Ort nicht garantiert ist.

Schöneberg ist bereits im Jahr 1995 gegründet worden und versucht ebenfalls dem Dilemma, welches bei einer alleinigen Konzentration auf die parochialen Zugangswege entsteht, eine ergänzende kirchliche Kommunikationsstelle an die Seite zu stellen: „Bedenkt man [...], dass nur etwa zwei bis vier Prozent der evangelischen Christen überhaupt aktive Mitglieder in der Gemeinde sind, bedeutet dies, dass die Wenigsten der zu Bestattenden und somit auch deren Hinterbliebene eine persönliche Beziehung zu ihrer Gemeinde und zur Pfarrerin oder zum Pfarrer haben. Deutlich wird, dass Trauerbegleitung unter diesen Umständen nur für einen ausgewählten Kreis möglich ist und diejenigen allein zurückbleiben, die sich von der Gemeinde nicht erreichen lassen oder denen die Schwelle in die Gemeinde zu hoch ist. Trauerbegleitung allein im Kontext alltäglicher Gemeindeaktivität zu verorten, liegt deshalb fern der Realität. [...] Unsere Erfahrung zeigt, dass es sinnvoll ist, solche Angebote auf kreiskirchlicher Ebene zu etablieren, da der Kirchenkreis nicht so eng ist wie das Gemeindemilieu und dadurch vor allem für kirchenferne Menschen die Angebote niedrigschwelliger sind und eher wahrgenommen werden.“ (A.a.O., 125f.) Auch hier geht es also um eine zweiseitige Dienstleistung: gegenüber Gemeindefernen einerseits sowie gegenüber Gemeinden und kirchlichen Mitarbeiter*innen andererseits, die durch diese Arbeit entlastet werden sollen und über Bestattung und Bestattungsgespräch hinaus Seelsorgebedarf an die Beratungsstelle delegieren können.

50 Vgl. dazu den Beitrag von *Marcell Saß* in diesem Band.

51 Vgl. dazu den Beitrag von *Verena Krinke* in diesem Band.

Kasualien müssen jedenfalls stärker als bisher als gesamtkirchliche Aufgabe wahrgenommen werden und der Diskurs weniger als „Erlaubnis-“ denn als „Ermöglichungsdiskurs“[52] geführt werden. Sie haben eine Schlüsselfunktion in der Mitgliederkommunikation und stellen „das Handlungsfeld der Evangelischen Kirche mit der größten partizipativen Reichweite“[53] dar. Dass sich das Nutzungs- und Kommunikationsverhalten der Menschen in einem „Optionszeitalter“[54] verändert,[55] markiert nicht mehr und nicht weniger als eine Lernaufgabe für eine Kirche, die sich als „Kirche im Dialog“ begreift.

52 Vgl. *Rainer Bucher*, Der lange Weg vom Erlaubnis- zum Ermöglichungsdiskurs, in: *Ders.*, An neuen Orten. Studien zu den aktuellen Konstitutionsproblemen der deutschen und österreichischen katholischen Kirche, Würzburg 2014, 131–148. Diesen Hinweis verdanke ich *Teresa Schweighofer* (Anm. 3), 129.

53 *Kristian Fechtner*, Kasualien, in: *Ders. / Jan Hermelink / Martina Kumlehn / Ulrike Wagner-Rau*, Praktische Theologie. Ein Lehrbuch, Stuttgart 2017, 57–80, 57.

54 *Domsgen* (Anm. 11), 484.

55 Damit ist natürlich auch immer die finanzielle Dimension der Kirchenmitgliedschaft tangiert.

Autor*innenverzeichnis

- *Fechtner, Kristian*, Jg. 1961, Dr. theol., Professor für Praktische Theologie an der Johannes Gutenberg-Universität Mainz.

- *Hammerbacher, Jörg*, Jg., 1966, bis Mai 2019 Kirchenrat im Referat Gemeindeentwicklung in der Evang.-Luth. Kirche in Bayern, seit Juli 2019 Dekan in Weilheim / Oberbayern.

- *Handke, Emilia*, Jg. 1986, Dr. theol., Leiterin des Werks „Kirche im Dialog" der Nordkirche in Hamburg.

- *Hermelink, Jan*, Jg. 1958, Dr. theol., Professor für Praktische Theologie / Pastoraltheologie an der Georg-August-Universität Göttingen.

- *Hillermann, Christian*, Jg. 1970, Inhaber des Bestattungsinstituts „trostwerk – andere Bestattungen" in Hamburg.

- *Kasparick, Hanna*, Jg. 1954, Dr. theol., 2005–2017 Direktorin des Evangelischen Predigerseminars Wittenberg, seit 2017 Wissenschaftliche Mitarbeiterin an der Evangelischen Hochschule Berlin.

- *Klie, Imke*, Jg. 1979, Freie Rednerin und Geschäftsführerin von „Imke Klie Zeremonien".

- *Kranemann, Benedikt*, Jg. 1959, Dr. theol., Professor für Liturgiewissenschaft an der Katholisch-Theologischen Fakultät der Universität Erfurt.

- *Krinke, Verena*, Jg. 1963, Referentin für Suchendenpastoral.

- *Maeder, Susanna*, Jg. 1970, Ausbildungsleiterin der Fachschule für Rituale und des Ritualchorprojektes, Gesangspädagogin und Ritualfachfrau in Rüti / ZH.

- *Post, Paul*, Jg. 1953, Dr. theol., Professor für Ritual Studies an der Tilburg Universität (NL, School of Humanities and Digital Sciences, Department of Culture Studies, Member of the Research Group Ritual in Society), Vorstandsvorsitzender des Instituts für Ritual and Liturgical Studies (IRILIS), der Camino Academie und der Funeraire Academie.

- *Roth, Ursula,* Jg. 1967, Dr. theol., Professorin für Praktische Theologie an der Goethe-Universität Frankfurt.
- *Saß, Marcell,* Jg. 1971, Dr. theol., Professor für Praktische Theologie mit dem Schwerpunkt Religionspädagogik an der Philipps-Universität Marburg.
- *Wagner-Rau, Ulrike,* Jg. 1952, Dr. theol., em. Professorin für Praktische Theologie an der Philipps-Universität Marburg.
- *Wewetzer, Elke,* Jg. 1968, Pfarrerin der Kircheneintrittsstelle im *eckstein* in Nürnberg.
- *Weyel, Birgit,* Jg. 1964, Dr. theol., Professorin für Praktische Theologie an der Eberhard Karls Universität Tübingen.